数字经济创新驱动与技术赋能丛书

数字化转型2.0

数字经济时代传统企业的进化之路

刘继承 编著

本书首先回顾了我国数字化转型的发展历程，认为数字化转型在"十四五"期间将进入深水区，数字化技术将推动业务战略、商业模式、运营模式、IT架构的全面升级，需要构建更加科学的方法论，为数字化转型提供更有价值的指引。基于这样的理解，本书构建了一个转型的SMART+框架，作者称之为传统企业的数字化转型2.0方法论，并基于此对企业下一步数字化转型给出了全面、科学、可行的指引。全书共9章，分别是企业数字化的表象与本质；数字化转型2.0的总体框架；创新战略：数字化转型2.0的新标配；商业模式：数字化转型2.0的核心；运营转型：技术加持下的提质增效；架构升级：夯实数字化转型的地基；转型方法：有路径无捷径；资源保障：数字化转型的软实力；创新机制：数字化转型的永动机。

本书读者对象为企业的CEO、CDO、CIO、IT总监，以及从事企业数字化转型规划建设的相关人群。

图书在版编目（CIP）数据

数字化转型2.0：数字经济时代传统企业的进化之路/刘继承编著. —北京：机械工业出版社，2021.9
（数字经济创新驱动与技术赋能丛书）
ISBN 978-7-111-69267-6

Ⅰ.①数… Ⅱ.①刘… Ⅲ.①企业管理–数字化–研究 Ⅳ.①F272.7

中国版本图书馆CIP数据核字（2021）第199733号

机械工业出版社（北京市百万庄大街22号　邮政编码100037）
策划编辑：王　斌　　责任编辑：王　斌
责任校对：徐红语　　责任印制：李　昂
北京圣夫亚美印刷有限公司印刷
2022年1月第1版第1次印刷
184mm×240mm・15.25印张・346千字
标准书号：ISBN 978-7-111-69267-6
定价：99.00元

电话服务　　　　　　　　　网络服务
客服电话：010-88361066　　机　工　官　网：www.cmpbook.com
　　　　　010-88379833　　机　工　官　博：weibo.com/cmp1952
　　　　　010-68326294　　金　书　网：www.golden-book.com
封底无防伪标均为盗版　　　机工教育服务网：www.cmpedu.com

数字经济创新驱动与技术赋能丛书编委会成员名单

丛书顾问 张久珍 刘卓军 吴志刚

主　　任 杨明川

副 主 任 谭海华 钱　兵

委　　员（按姓氏拼音排序）

白欢朋 曹建军 车春雷 陈树华
邓　勇 段效亮 高　伟 黄冬如
刘继承 潘　蓉 沈文海 唐汝林
王仰富 魏　凯 张　亮

秘 书 长 时　静

副秘书长 王　斌

序 言
PREFACE

  数字化新技术正在带来新的商业模式和管理模式，各行各业正在朝全业务、全流程、全场景的数字化方向转型，在这场产业变革中，风险与挑战并存，企业不得不在"战略机遇"与"沉没成本"中寻找合适的机会点。而作为企业数字化的领军者，CIO们更加迫切需要深度交流，以明大势，洞真相，从而规避数字化转型道路上的各种陷阱。企业数字化没有没有规定的模式。不同行业、不同企业、同一企业不同阶段的价值点都不一样，我们需要在不确定的未来去探索。面对未来的不确定性，企业需要采取适当的策略和方法，才可能真正创造有效的价值，避免成为"前浪"。

  关于转型的策略与方法，我们可以从一些先行者的经验与教训中总结出一些规律性内容。

  首先，数字化转型应该从企业的痛点和问题入手，切忌财大气粗、贪大求全。往往投入越大，风险越高，因为大投入之后往往是大的价值实现不了，小的价值不屑一顾，最终只能是以失败而告终。

  其次，数字化转型需要小步快跑，快速迭代。把大项目做小，把长周期项目变成短周期项目，企业才能快速应对需求和变化。面对不确定的未来，需求很难事先详细定义出来，而只能在不断推进和使用过程中逐步迭代出来。

  再次，数字化转型需要建立数字化运营能力。与传统信息化做项目、上系统的模式不一样，新的数字化更加强调持续运营。数字化是一个持续投入的过程，企业需要一个数字化持续交付与运营的能力体系。数字化转型需要从过去不断建系统的模式变成不断打磨数字化产品的模式。

  最后，数字化转型需要不断积累数据。数字化是一个持续不断的过程，在整个迭代前进的过程中，不断积累数据将是不断深入推进数字化的基础。这些数据包括用户数据（特别是客户数据）、生产工艺数据、设备运行数据、以及运营状态数据等。大数据分析和数据智能都是建立在大量有效数据的采集和处理之上。在某种意义上，数据积累就是智能的积累。随着大数据和人工智能技术的深入应用，各行业各领域都将逐步进入"数据＋计算"的智能时代。

  刘继承老师是我北大研究生同学，我们曾一起并肩奋斗过多年，与我一起把TOGAF、FEA等企业架构认证培训引入中国。再后来，他专职从事了咨询工作，我们一直保持着联系、沟通与合作。刘老师的这本《企业数字化转型2.0——数字经济时代传统企业的进化之路》是他多年来研究与思考的结晶，也是众多企业实践经验的总结，对于正在进行数字化转型的企业高管来说是一本难得的、很有价值的指导书。

  是以为序。

CIO时代创始人兼研究院院长 姚 乐

前言 PREFACE

随着"云大物移智"等新技术的高速发展和广泛应用,数字化已成为世界各国经济、社会发展的战略选择,数字化水平已成为衡量一个国家或地区现代化水平和综合实力的重要标志。以互联网、大数据、人工智能为代表的网络信息技术与实体经济,尤其是制造业的深度融合,正在全球范围内不断颠覆传统制造模式、生产组织方式和产业形态,推动传统产业加快转型升级。

新一代信息技术的加速应用可能使成熟企业原有的商业模式被颠覆,原来的行业格局被打破,既有的市场位置可能归零。面对颠覆,没有哪个企业能够长期视而不见。企业想要可持续发展,就不能仅仅依赖曾经的成功经验,而要敢于真正"革自己的命"。在一个大变革的时代,如果没有变革的基因、变革的特点、变革的追求,很快就会被时代淘汰。无论企业历史多悠久,也无论行业多么成熟,都存在被颠覆的可能。

2018年,时任中国海洋石油公司董事长的杨华在一封公开信中写道:最近我常常感受到一种焦灼。数字技术正在依照库兹韦尔定律以指数级的增长规模海啸般颠覆着很多边界与规则。"财大气粗"的能源行业尚且如此,对大部分身处充分竞争行业的传统企业来说,全面数字化就绝不是一个选择题,而是一道必答题了。可能未来只会有两种企业:一种是数字化原生企业,创立伊始就按照数字化、智能化方式运营和发展的企业;第二种是通过数字化转型实现重生的企业。数字经济时代,企业唯有进化,别无选择。在重大发展机遇面前,谁能顺应发展趋势,把握历史大势,下好先手棋,谁就能赢得发展主动。

在媒体的大力宣传下,数字化转型的必要性已广为人知,众多企业从2016年左右开始启动数字化转型。在过去几年时间里,笔者发现部分企业已经在数字化转型上初见成效,进入了数字化的快速推广期;但还有更多的企业面临着重重困难,举步维艰,仍处于转型初期,企业面临的问题与困惑主要有如下几方面:

第一是"看不清"。数字化转型是一个时髦的概念,但也是一个内涵极不确定的概念,到底什么是数字化,什么叫数字化转型,并没有权威的解释。领导者想转型,但不知道往哪里转。看不清的原因可能是外界变化太大,也可能是领导者的战略视野不够,很多企业盲目地跟着外界的概念走，被动地跟着厂商的方案转，而忽略了自身真正的需求，从一开始就埋下了转型失败的种子。

第二是"不愿转"。很多企业有着非常辉煌的历史，虽然近年来内忧外患不断，但很多人尤其是中层管理人员仍然不愿变革，仍然沉浸在原来的成绩中不愿醒来，和他们谈转型，他们口头上说得头头是道，但就是不愿行动，表面的拒绝理由是方案不成熟、转型有风险，背后真实的原因更多是对透明化和未知的恐惧。

第三是"不敢转"。还有部分企业认识到了转型的必要性，也对转型的难度有充分的认知，知道转型不是简单的技术应用，而是一项系统工程，涉及战略、组织、业务、流程、经营、管理、人员等方方面面，资金投入大，持续时间长，短期内难以见效益。面对这样的巨大挑战，很多企业一拖再拖，迟迟不敢下定决心，也很少有人站出来主动扛起转型的大旗。于是，转型就在一次次的会议中议而不决，变成一场长期的拉锯战。

第四是"不会转"。等到克服了前面所有的障碍之后，很多企业才发现，转型绝对不是说一说那么简单。大部分传统企业对数字技术了解得并不充分，缺乏清晰的数字化战略和转型实施路线图，缺乏足够的数据平台或数字业务运营经验，在如何变革业务流程、培育商业模式方面踌躇不前。面对这些难题，很多企业发现仅有热情、决心和斗志是不够的，还需要有科学的方法、稳妥的路径。既要有坚定的意志，又要尊重客观规律，以科学的方法指引才能真正推动转型。

在过去几年时间里，中国有无数的传统企业就是在这样的困惑和犹豫中逐步推进数字化转型的。应该说，在这个过程中也取得了一定成效，比如很多企业实施了电商销售、O2O融合、系统上云、部署了大数据系统等。但在看似热闹的喧闹背后，很多企业的数字化实践却存在诸多问题：认知不全面、策略不明确、执行不到位、效果不明显，更有很多先行者在几番探索失败后停止了变革的步伐。此时，企业面对的难题与之前有所变化：

第一是"干不全"。对传统企业来说，数字化转型是一场高难度的组织进化革命，需要找一个好的破局点、切入点，但很多企业仅仅满足于点状的成就，不愿意将转型推向深入。虽然媒体不断报道各种成功案例，但细究之下发现，这些成功案例大部分是某个单项数字化技术的成功应用，仍然处于点状，真正能够脱胎换骨实现数字化转型的传统企业非常少见。

第二是"干不久"。转型是一个持续的过程，中间必然会出现很多的挫折和反复。部分企业数字转型思路不清、意志不坚定，没有从企业发展战略的高度进行谋划，认为只要买硬件、上系统就会取得立竿见影的成效，短期看不到经营的提升就左右摇摆、打退堂鼓，导致转型失败。要想达到胜利的彼岸，既需要有战略的高度，又需要持久的坚持，只凭一时的冲动是不够的，要有战略的定力，要有科学的机制做支撑，转型的行动才能长久。

总之，目前大多数企业都认为数字化转型势在必行，并已经初步开始实施，但经过几年的探索，容易做的事都已经做完，接下来要做的是业务创新、组织变革、IT架构调整等大事，难度大、见效慢，而且仅靠IT部门难以真正推动。有鉴于此，笔者认为，数字化转型在经过几年无序的探索之后已经进入深水区。

要进一步将数字化转型向纵深推进，首先要对数字化转型有更全面、科学的认知和方法。从认知角度看,企业数字化转型不是简单的新技术的创新应用,而是发展理念、组织方式、商业模式、经营手段等全方位的转变,既是战略转型,又是系统工程,系统推进数字化转型既需要克服战略上的盲目性,又需要执行的定力、科学的方法指引,以战胜转型道路上的种种挫折。

任正非说过,没有理论的突破,小改小革就是一地鸡毛。很多企业的数字化转型看似如火如荼,但实则盲目试错、没有章法。因此,需要构建更加科学的方法论,为转型提供更有价值的指引。基于这样的理解,本书构建了一个SMART+框架,笔者称之为传统企业的数字化转型2.0方法论。具体如图0-1所示。

图0-1 数字化转型2.0的SMART+框架

SMART+是几个英文单词的缩写,其中:

S代表Strategy,即数字化转型战略,通过战略解决"看不清"问题,为转型提供一个明确的目标、可行的路径。

M代表Model,即商业模式和运营模式转型,这是数字化转型的核心内容,用于明确数字化转型的核心和重点。

A代表Architecture,即IT架构的重构,是对企业应用架构、数据架构、技术架构的重构,使IT技术适应数字化时代的需求;M和A用于解决转型"干不全"问题。

R代表Resource,即资源保障,为转型提供组织、人员、资金、文化、领导力等保障措施。

T代表Transformation,即转型的措施和步骤,是保障变革成功的管理举措,确保变革可以按部就班有序推进,降低变革的风险。R和T用于解决"不愿转""不敢转"的难题。

+是数字化的持续创新机制,通过机制不断推动创新滚滚向前,解决转型"干不久"的问题。

上述SMART+框架虽不敢说是重大的理论创新,但却是一个系统化的转型框架。正如木桶理论一样,上述六个要素缺一不可,任何一块出现短板都将大大影响企业的数字化转型效果，一旦某一要素发展滞后，将会影响转型整体的进程和结果。

在未来的五年内，数字化转型将进入2.0阶段，容易做、容易见效的事已经基本做完，剩下的都是难以攻克的堡垒，包括商业模式的创新，组织的变革，运营的集约化整合，跨部门、跨组织的系统实施，IT架构从纵向向横向的转移等。这些都是非常艰巨的任务，SMART+就是解决这一系列难题的指导框架，力争对数字化转型给出全面、科学、可行的指引。

本书以SMART+框架为总纲组织全书内容，第1、2章介绍数字化的内涵，引出全书的总体框架；第3章重点阐述数字化创新战略如何制定；第4、5章从商业模式、运营模式两个层面论述如何实现数字化的创新与转型；第6章介绍数字化时代IT架构如何升级；第7章介绍转型的步骤和转型中的变革管理；第8章介绍转型的保障措施，为转型保驾护航；第9章则论述如何构建数字创新机制，为转型提供持续的动力。

沉舟侧畔千帆过，病树前头万木春。用这句诗来形容当下企业非常合适，一批企业倒下，一批企业新生。数字化转型是一场全面的蜕变，是一个化茧成蝶、涅槃重生的过程，尽管过程痛苦，甚至会有牺牲，但目标是为了新生，是不断的优化和升华。

最后要说的是，传统企业的数字化转型近两年成为一个热门话题，相应的图书也非常多，本书在这些成果的基础上力争有所创新，但限于个人能力，肯定还会存在很多问题和不足，希望读者批评指正。笔者的邮箱是250206570@qq.com，期待收到您的批评意见和建议。另外，本书也参考引用了很多专著、论文、案例等，大部分已在正文或者参考文献中说明，但仍可能有所遗漏，在此一并向这些作者表示感谢。

雄关漫道真如铁，而今迈步从头越！让我们在数字化转型的道路上共勉！

刘继承
2021.10

目录

CONTENTS

序言
前言

第1章 企业数字化的表象与本质 / 1

1.1 多维度理解数字化的内涵 / 2
1.2 数字化与信息化的差异何在 / 6
1.3 信息化和数字化的双重挑战 / 14

第2章 数字化转型2.0的总体框架 / 15

2.1 数字化转型：一场华丽的自我进化 / 16
    2.1.1 互联网倒逼下的变革与创新 / 16
    2.1.2 转型是自我进化的必然之举 / 17
2.2 企业数字化转型的SMART+战略 / 19
    2.2.1 什么是数字化转型 / 19
    2.2.2 数字化转型到底转什么 / 20
    2.2.3 数字化企业的真实面貌 / 23
2.3 数字化转型进入了深水区 / 26
    2.3.1 数字化转型的成熟度模型 / 26
    2.3.2 数字化转型的成就与挑战 / 29
    2.3.3 数字化转型进入2.0时代 / 34
2.4 不同类型企业的数字化转型策略 / 38
    2.4.1 大型国企数字化如何深入推进 / 38
    2.4.2 中小企业转型如何快速破局 / 41

第3章 创新战略：数字化转型2.0的新标配 / 43

3.1 市场领先者为何频频失败 / 44
    3.1.1 领先者是如何一步步被打垮的 / 44
    3.1.2 破坏性创新重塑企业竞争格局 / 45
3.2 制定数字化时代的企业创新战略 / 51
    3.2.1 开启第二曲线创新征程 / 51
    3.2.2 构建双元数字化创新战略 / 53

3.2.3　数字化创新战略的内容框架　/　56

第4章　商业模式：数字化转型2.0的核心　/　58

4.1　商业模式是价值创造方式的再造　/　59
　　4.1.1　到底什么是商业模式　/　59
　　4.1.2　为什么商业模式如此重要　/　62
　　4.1.3　如何有效地表达商业模式　/　65
4.2　企业数字化商业模式创新指引　/　70
　　4.2.1　数字化商业模式创新的思路　/　70
　　4.2.2　洞察行业发现创新机遇　/　72
　　4.2.3　寻找商业模式创新的机会点　/　74
　　4.2.4　如何评价商业模式的优劣　/　81

第5章　运营转型：技术加持下的提质增效　/　89

5.1　与时俱进的企业运营理念　/　90
　　5.1.1　运营管理的基本内涵　/　90
　　5.1.2　数字化时代的运营管理　/　91
5.2　数字时代的用户持续运营　/　94
　　5.2.1　从流量思维到用户思维的升级　/　94
　　5.2.2　获客：通过全触点连接用户　/　99
　　5.2.3　留存：扩大用户的蓄水池　/　107
　　5.2.4　忠诚：让用户持续创造价值　/　109
5.3　数字时代的平台化运营转型　/　111
　　5.3.1　集约化运营实现降本增效　/　111
　　5.3.2　平台化运营为一线赋能　/　120
5.4　数字化时代的数据驱动运营转型　/　123
　　5.4.1　数据驱动运营的内涵与价值　/　124
　　5.4.2　数据驱动运营的困境与应对　/　127

第6章　架构升级：夯实数字化转型的地基　/　134

6.1　从中台的争议看架构的演进　/　135
　　6.1.1　从企业架构角度看中台建设　/　135
　　6.1.2　中台建设面临的挑战与建设思路　/　146
6.2　数字化时代业务与应用架构的进化　/　151
　　6.2.1　业务与应用架构的内涵与演进　/　151
　　6.2.2　业务中台建设策略与步骤　/　154
6.3　数字化时代数据架构的进化　/　158
　　6.3.1　数据架构的内涵与演进历程　/　158
　　6.3.2　数据中台建设策略与步骤　/　164

第7章　转型方法：有路径无捷径　/　172

7.1　转型有风险，变革需谨慎　/　173
　　7.1.1　数字化转型的共性错误　/　173
　　7.1.2　数字化转型的保守错误　/　174
　　7.1.3　数字化转型的冒进错误　/　175
7.2　从乐高的数字化转型说起　/　175
　　7.2.1　乐高不成功的数字化转型　/　176
　　7.2.2　乐高转型是如何起死回生的　/　180
7.3　数字化转型推进方法指引　/　182
　　7.3.1　数字化转型的三步走策略　/　182
　　7.3.2　如何寻找转型的破局点　/　185
　　7.3.3　推动数字化转型真正落地　/　187

第 8 章　资源保障：数字化转型的软实力　/　192

8.1　领导力与人才：为转型提供生力军　/　193
8.1.1　领导力：发挥一把手的作用　/　193
8.1.2　CDO：数字化转型的先锋官　/　195
8.1.3　人才：留人与管人的学问　/　197
8.2　组织与文化：培育转型的软实力　/　199
8.2.1　数字化推进部门：合适就好　/　199
8.2.2　文化变革：打破转型的心魔　/　201
8.3　IT 投资管理：为转型提供资金支持　/　204
8.3.1　为什么要做 IT 投资组合管理　/　205
8.3.2　怎样做好 IT 投资组织管理　/　206

第 9 章　创新机制：数字化转型的永动机　/　209

9.1　企业内部创新的困境　/　210
9.1.1　内部创新失败的原因　/　210
9.1.2　打造科学的数字化创新机制　/　213
9.2　数字化创新的过程管理　/　214
9.2.1　让新创意不断涌现　/　214
9.2.2　让好创意脱颖而出　/　217
9.2.3　让创新理念快速实现　/　221
9.3　数字化创新保障机制建设　/　222
9.3.1　构建科学的创新组织　/　222
9.3.2　设计创新的激励机制　/　224
9.3.3　数字化创新的方法和工具　/　226

参考文献　/　230

第 1 章
企业数字化的表象与本质

> 科技自由与产业跨界是开创人类商业梦想的又一个催化剂,今天我们面对的是科技无限畅想,产业自由跨界,商业灵活变革的伟大时代。
>
> ——吉利汽车董事长李书福

自从几年前"数字化转型"这个概念提出来后,传统企业的 IT 建设理念进入了一个更加混乱的时期,各种新理论满天飞,数字化、数智化转型、中台、N 朵云、云原生、赋能、数字孪生等概念纷纷进入企业的战略报告中。

为了真正了解数字化,我们首先需要穿越这些概念的迷雾,深刻理解到底什么叫数字化?数字化产生的深刻背景到底是什么?数字化与信息化到底有什么区别?数字化时代与信息化时代相比,到底有哪些因素发生了变化?还要回答一个很关键的问题,那就是没有完成信息化建设能否开启数字化转型?

作为全书的开篇,本章主要论述作者对数字化的理解,对上述问题逐一做出回答,为全书奠定理论和认知上的基础。

1.1 多维度理解数字化的内涵

我们处在一个希望与焦虑交织的时代。科技的飞速发展，让我们看到人类正在迈向新世界。然而目不暇给的新概念，也让我们对未知充满不确定性的恐惧。自20世纪80年代后期算起，作为企业IT从业者，我们接触了MRP、MIS、ERP、PDM、CAPP、CIMS、BPM、ESB、PLM、SCM、SRM、TMS、APS、MES、CRM、LES等一系列"洋三字经"式的专业系统缩写术语。近年来又涌现了云原生、微服务、数字中台、物联网、深度学习、工业5.0、数字孪生等"中式三字经"。对这一现象，安筱鹏博士有一个形象的比喻，称之为"概念雾霾"。

这些令人眼花缭乱的概念就是技术快速发展的结果。概念的空前爆发不仅行外人不理解，很多专业人员也经常感到困惑。在漫天飞舞的新语汇中，我们似乎难以分辨哪些概念是真正足以引导人类进步的新理论，而哪些又只是商业炒作的伪命题。数字化就是这样一个被广泛传播而又内涵不确定的概念，大家都在讨论，但每个人理解的似乎又都不一致。如果大家对数字化定义没有达成共识，那就无法明确数字化转型的成功标准是什么，方向是什么，实施路线是什么。因此，在全书的最前面，我们有必要对这个关键概念做一个全面的解读。

到底何谓数字化？到底应该怎么理解这一热门概念呢？各个咨询公司、研究机构、IT公司都结合自身的理解给出了数字化的定义。我们发现，大家在谈论数字化概念时经常不在一个频道上。例如IT公司在谈到数字化时不论前面怎么铺垫，后面落地的都是实现转型的软硬件技术、平台、工具。而咨询公司则认为转型最重要的是战略、是管理，兜售的一定是一套管理理念、方法。政府报告里的数字化转型更宏观，更多强调的是传统经济向数字经济的迁移。

应该说这些关于数字化转型的认识都有其正确的一面，都是从一个侧面描述了数字化转型的某种特征。鉴于数字化是一个如此复杂的概念，本书认为可以从以下四个维度去深入理解其内涵。具体如图1-1所示。

第一是从技术角度看传统要素如何数字化，这是分析的起点，更多从技术角度分析数字化是什么？数字化与传统的信息化到底有什么差异？

第二是从产业应用与创新视角，分析数字化技术到底如何影响产业创新，到底催生了什么样的商业文明？从这个角度看，典型代表是互联网企业，

图1-1　理解数字化内涵的四个维度

正是在数字化技术的推动下，诞生了一批成功的数字化原生企业，他们是数字化浪潮之巅的引领者。

第三个维度是传统企业的数字化转型视角，在数字化技术的冲击下，传统企业面临内外

部的冲击，传统的业务与管理都遭遇重重危机，必须借助新技术开展业务创新与转型。

第四个维度是数字经济，数字化产业自身就是一个朝气蓬勃的产业，数字化技术又成为推动产业转型升级的新动能，这双重身份助推动了数字经济的诞生与繁荣。

接下来，本书就从这四个维度分别阐述数字化的内涵。

1. 要素数字化：从数据生产的层级上理解数字化

我们经常会提到与信息、数据类似的几个概念，比如知识、智慧，这几个看似差不多的概念其实是有层级关系的，具体如图1-2所示。

图1-2 数据、信息、知识、智慧的层级关系

- **数据**：是对客观事物的数量、属性、位置及其相互关系进行抽象表示，以人工或自然的方式进行保存、传递和处理。如果做一个比喻的话，数据就是含有黄金的沙子，数据量非常大，但含金量往往并不高。
- **信息**：是具有时效性的，有一定含义的，有逻辑的、经过加工处理的、对决策有价值的数据流。信息可以比喻为沙子中的黄金，吹尽黄沙始到金，这个淘金的过程也就是数据向信息转化的过程。
- **知识**：通过人们的参与对信息以归纳、演绎、比较等手段进行挖掘，有价值的部分沉淀下来，并与已经存在的人类知识体系相结合，这部分有价值的信息就转变成了知识。知识就像是一串金项链，通过系统化的梳理，变得有条理，结构清晰。
- **智慧**：是人类基于已有的知识，针对物质世界运动过程中产生的问题，根据获得的信息进行分析、对比、演绎找出解决方案的能力。如果沿用前面金子的比喻，智慧就好比如何把那串金项链戴在你心仪的女神脖子上。

由于技术发展的原因，我们的IT应用是从信息化阶段开始的，信息化时代，因为技术手段有限，我们在使用IT系统时经常需要手工录入数据，所以数据量就不可能太大，很多数据都是经过人工计算形成一条信息后才录入系统，再依靠关系数据库加以管理。在这个过程中会存在两大挑战：第一个挑战是，IT系统经常只是一个简单的信息存储工具，并没有减少人工数据处理的工作量，反而增加了系统录入的工作量，这给很多一线工作人员带来了额外的负担，因此很多软件难以推广，即使勉强上线也会最后不了了之。第二个挑战是，数据存储与处理的技术不成熟，传统数据库是关系数据库，只能处理结构化数据，非结构化数据难以有效处理，而非结构化数据才是数据的主体，这也使得信息化系统能够发挥价值的空间大大受限。

随着人工智能、大数据、云计算等一系列新兴技术的发展，数据的录入渠道已经不仅仅限于人工录入，IT技术自身能够记录事物的运行过程，我们可以利用技术把现实的缤纷世界在计算机世界全息重建，将物理世界运行的轨迹自动转化成0和1表示的二进制代码，并将这一过程产生的数据进行多维集成和实时分析，这一过程就是信息的数字化过程。

目前的技术已经能够实现数据的自动记录、整合、分析、利用，实现数据自动向信息层级的跃迁。从这个层面去理解，数字化就是要把物理系统在计算机系统中仿真虚拟出来，在计算机系统里体现物理世界。而且，随着技术的发展，用数字记录物理世界的发展空间会越来越大。

因此，从技术角度看，数字化实现了两个层面的升级：一是将企业工作场景中必须用到的数据、文字、图像、语音等各种要素，通过人机交互、传感器等自动化手段，自动转换为二进制数据，实现了"数据原生"，把人从大量的数据录入工作中解放出来；二是实现了数据的自动整合、分析，使数据自动变为信息，不仅解放了人的双手，还解放了人的大脑，这是技术的升级与进阶。

2. 业务数字化：从业务创新与应用上理解数字化

IT 技术的创新会带来新的商业模式，这似乎成为一个常识，但这一改变是如何发生的呢？到底哪些业务是在数字化技术创新下诞生的呢？我们可以用另一个模型来展示，如图 1-3 所示。

图 1-3　数字化技术创新的逻辑模型

1）机器的发明解放了人的身体，这是过去 500 年塑造世界格局的主要动力；

2）数字技术的发展解放了人的大脑，实现了人的在线和连接，创造了无数新的商业模式；

3）传统机器开始实现智能化，通过数字技术实现自我感应、自动传输、自主决策、自主响应，机器开始连接起来，工业互联网迅速发展；

4）互联网发展积累了大量数据，这些数据极大地提高了企业的决策和运营水平；

5）随着机器智能化，机器也在积累大量数据，实现机器智能；

6）随着数据量的积累，数据开始脱离互联网和机器，成为独立的、有价值的资产，为企业赋能并创造价值。

在这个过程中，共诞生了三类创新企业，它们都是这个时代的佼佼者，引领着时代的发展。数字化技术下催生的三类企业如图 1-4 所示。

图 1-4　数字化技术下催生的三类企业

- **智能硬件设备制造企业**。既包含智能计算机、存储和网络设备制造企业，更包含众多的物联网设备制造企业，还有移动通信设备制造企业等；
- **智能软件平台开发企业**。云计算、大数据、物联网系统等的制造企业，与智能硬件设备制造企业一起改变了传统IT技术的格局，重塑了云、管、端的技术架构；
- **数字化创新应用企业**。主要是利用数字化技术进行行业重塑的企业，它们利用技术或是降低了交易成本，或是提升了人员协同效率，在此过程中开创了诸多传统上不存在的商业模式、盈利模式。

放眼看看最近20多年崛起的企业，一般都是上述某一种或几种模式的组合。这一点从上市领先企业的变迁中可以看出来。谈到这个问题时，人们经常喜欢用现在与10年前市值排名最靠前的企业做对比。20年之前全球最大的10家企业，基本上都是石油、汽车企业。而现在，高市值企业基本变成了数字化高科技企业。股票市值的变迁是互联网企业集体崛起的画像，也是数字化技术快速创新发展、应用的必然结果。这些企业中有部分是智能软件平台开发企业，例如微软，有部分是数字化创新应用企业；例如Facebook、腾讯、阿里巴巴等；还有部分企业是软硬件及应用全部创新重塑的企业，比如苹果。本质上讲，这个时代，创造财富的核心驱动力是数字底座的制造、数字传输、数据分析、数据应用，并在信息当中抽取知识，用知识不断重组人类社会的现有资源，最终实现财富的快速创造。

在这一过程中，一大批年轻的企业和企业家走进人们的视野，正在深刻地改变着我们的生活和工作方式。这些企业在本领域取得成功后，开始跨界，利用手中的先进技术颠覆诸多的传统产业，原本2C的互联网企业开始纷纷向2B转型，产业互联网热潮此起彼伏，这也引起了传统企业数字化转型的热潮。

3. 数字化转型：传统企业的自我救赎

互联网企业在完成本专业领域的业务建设之后，纷纷开始向传统行业发起挑战，驱动传统企业开始了一场名为数字化转型的自我救赎。对传统企业来说，数字化已经不是简单的内部业务与管理系统化了，其本质是在信息技术驱动下的业务转型，根本目的在于提升企业竞争力。一方面经济新常态下增长趋缓，竞争加剧，要求企业优化或转变现有管理、业务或商业模式；另一方面移动终端和互联网的普及令企业能够直接接触最终消费者，更加便捷、准确地了解消费者的需求，加上新一代信息技术的成熟和实用化，让基于数据的、以较低的成本快速满足客户个性需求，并改善用户体验的新的管理、业务或商业模式成为可能。

传统企业的数字化真正的价值不是要改变消费端，而是要改变供给端，也就是制造端。真正的数字化，是通过技术进行价值链的重塑，实现了这些改造，就会诞生无限可能的新产业组合和全新机会。李书福先生结合汽车行业对科技革命有过一番精彩的论述：汽车产业革命已经开始"暴动"，从理论到实践、从传闻到现实、从小规模到大规模、从局部到全局、从边缘到中央，这是一部正在发生的汽车产业革命剧，这是一场充满机遇与挑战的百年汽车变革剧，很精彩。传统汽车公司可以不屑一顾，顽强抵抗，坚持到底，也可以自我颠覆，出奇制胜，化腐朽为神奇。可以被动参加革命，也可以主动发起革命，可以单独闹革命，也可以联合闹革命，可以在坚守老根据地的同时，开拓新的疆域，大家都可以有自己的独立判断，毕竟行业变革才刚刚开始。

总之，数字化转型是以数字化思维，通过数字化技术的应用，构建一个全新的数字世界，对现有商业模式、运营方式、企业文化进行创新和重塑，实现业务价值，从这个角度讲，数字化转型与互联网+转型的内涵很类似。但很多传统企业或大企业身上有很多历史包袱，它们的转型之路通常更艰难，跨越的时间也很长，如何实现转型是一个异常复杂的课题，这恰是本书关注的重点。

4. 数字经济：数字化技术成为经济转型升级的新动能

数字化产业的快速发展以及传统企业的数字化转型，共同催生了数字经济的诞生。数字经济是继农业经济、工业经济之后全新的社会经济发展形态，也是世界经济创新发展的主流模式。1996年唐·泰普斯科特（Don Tapscott）在其撰写的《数字经济：智力互联时代的希望与风险》中提出了"数字经济"的概念，他也因此被誉为"数字经济之父"。

当前，世界正处于百年未有之大变局，数字经济已成为全球经济发展的热点，美、英、欧盟等纷纷提出数字经济战略。数字新技术与国民经济各产业的融合不断深化，有力推动着各产业数字化、网络化、智能化发展进程，成为我国经济社会发展变革的强大动力。《中华人民共和国国民经济和社会发展第十四个五年规划和2035年远景目标纲要》中也提出了明确目标：迎接数字时代，激活数据要素潜能，推进网络强国建设，加快建设数字经济、数字社会、数字政府，以数字化转型整体驱动生产方式、生活方式和治理方式变革。

据中国信通院发布的《中国数字经济发展与就业白皮书（2019年）》显示，2018年，我国数字经济规模达到31.3万亿元，按可比口径计算，名义增长20.9%，占GDP比重为34.8%，中国的数字经济发展指数排名全球第二，预计2035年中国数字经济规模将达到150万亿元。

中国走出了一条独特的用户数字化——产业生态化的发展道路。中国的总体科研水平并不突出，但是在数字经济相关的大数据、人工智能等领域，依托海量数字化消费者的独特场景，实现了快速发展。和众多发展中国家相似，中国部分行业成熟度较低，许多需求无法被传统行业满足，而数字经济提供了创造性的解决方案，直击消费者痛点，从而得到了跨越式发展的机会。

以上从数字化技术架构、数字化技术应用、传统企业数字化转型、数字化经济四个维度分析了数字化的内涵。本书关注的是第三个方面，即传统企业如何利用数字化技术推动自身的业务、运营和管理创新，以应对数字化时代的重重挑战。

1.2 数字化与信息化的差异何在

在理解了数字化的基本概念之后，另一个问题紧随其后就会冒出来，数字化与信息化到底有什么不同？这些年来，到底哪些因素变了，哪些没有改变？本节就来具体分析这个问题。

1. 企业 IT 应用的发展历程

我们首先要明白信息化和数字化在时间发展阶段上的前后关系。根据时间先后顺序，可以将企业 IT 应用的发展历程分为五个阶段。

（1）电子化处理阶段

电子化处理阶段是企业 IT 应用的最初阶段，基本就是利用孤立、简单的计算工具辅助手工处理数据，IT 的主要价值体现在效率提升上。目前已经很少有企业处于这个阶段，所以本书也不再做详细论述。

（2）单业务应用阶段

企业信息化发展的第二个阶段是单业务应用阶段，在这个阶段囿于技术和认知能力，企业信息化缺乏统筹，业务系统建设分散开展，只满足部门级需求，如财务核算、人事系统建设等，实现了部门效率的提升，"重功能、轻数据"现象普遍存在，可以说信息化是通过碎片化的方式对企业业务进行不均衡的支撑。其最显著的特点就是孤立系统建设，以及由此造成的数据重复生成、不一致问题。

单业务应用阶段是企业尤其是中国企业 IT 技术应用的起点，很多企业的信息化就是从财务系统、工资管理系统等单个业务系统开始的，这些系统虽然解决了部分问题，但总体效果仍然欠佳，最大的问题就是信息孤岛。由于缺乏总体规划和管控，各个业务部门都可以自己主导进行系统建设，在建设时又往往不太注重与其他系统的集成和整合，异构或数据标准不一致导致形成信息孤岛成为普遍现象。

对于一家集团企业来说，从纵向看，会发现下属企业的系统五花八门，信息孤岛、数据孤岛林立，系统重复建设，既浪费了大量的 IT 投资，又使集成共享变得非常困难，集团总部对下属单位的管控力度很弱。从横向看，会发现孤立的信息系统加剧了部门墙现象，部门之间的隔阂由于孤立系统变得更加严重，部门的优化可能导致整体效率更低，即 $1+1<2$。应该说，这是信息化建设的早期阶段，目前中国仍有相当部分的企业处于这个阶段。

（3）大平台整合阶段

单业务应用阶段形成了大量的信息孤岛，在进行跨部门、职能、组织运作时，IT 系统不但没有起到应用的促进作用，反而成为障碍，这让很多企业开始着手进行系统的整合。大概从 2005 年前后，国内的大型集团企业纷纷开始了跨业务整合的信息化建设阶段。很多大型的集团企业在十一五、十二五期间进行了大规模的系统整合工作，以总体架构思想为指引，在全集团范围内进行系统重构与整合，实现了企业级纵向应用的大规模建设和推广，实现了集团的统一管控、标准运营。对很多企业来说，这一阶段信息化建设才算是进入了正轨。跨业务整合阶段有几大特点：

- 集成系统替换分散系统。2000 年前后，国外的 ERP 厂商开始进入中国，在它们的大力推动下，企业逐步认识到孤岛系统存在的问题，并逐步开始探索通过集成系统替换原有的分散系统。如制造企业纷纷开始通过建设 ERP 优化、整合企业的业务流程，通过建设 SCM 使得企业与上、下游共享信息等资源以减少库存，通过运用 CRM 将企业有限的资源投入给最有价值的客户等。尽管对应不同的行业和不同的企业，上述系统的名称不尽相同，但通过整合系统替换孤立系统成为 IT 系统建设的主基调。

- **强化总部对下属机构的管控力度**。传统的集团管控由于信息的不对称，很难实时对下属机构进行管控，在跨部门、跨组织的系统整合、平台统一之后，纵向管控力度大为增强。事实上，很多集团企业之所以大力投入系统的建设和整合，背后的主要推动力就是增强管控力度的需求。基于这样的诉求，很多企业提出了"统一规划、统一平台、统一管控、统一组织、统一标准"等强调统一的 IT 原则，并从总部出发，通过强力推动整合系统的实施。
- **端到端流程替换职能流程**。2000 年前后，业务流程重组（BPR）理念传入中国，并与 ERP 等系统实施捆绑在一起，先进行流程的优化再进行系统实施这样一种全新的理念得到了很多企业的认可，伴随着这一过程，端到端流程逐步被接受。这一理论把企业流程划分为两类：职能流程和端到端流程，其中职能流程是部门级流程，但部门级流程之间是靠人工衔接，运作过程会存在割裂现象。而端到端流程是从客户需求端出发，提供端到端服务，端到端的输入端是市场，输出端也是市场。这个端到端应该非常快捷，非常有效，中间没有阻碍，运行很顺畅。

总之，纵向大平台整合阶段是企业 IT 建设历程中的一个重要阶段，很多大型集团企业为了实现这一任务付出了艰巨的努力，用了十多年的时间才完成这一转型。此阶段面临的系统整合、互联互通互操作任务是非常艰巨的，甚至有专家称之为"系统集成的陷阱"。到目前，还有很多企业仍然没有实现系统从分散向整合的跨越，由于系统分散、数据标准不一、流程不统一导致的运营效率低下已经成为这些企业继续发展的最大障碍。

（4）数字化创新时代

在传统企业艰难地进行系统整合和流程重塑时，一类新的企业快速地成长起来，这就是互联网企业。互联网企业到今天也只有 20 多年的历史，但其成长速度却创造了历史。互联网技术带来了前所未有的消费革命，也不断冲击和挑战传统企业。一时间，颠覆、降维打击、跨界成为互联网精英们的口头禅。

在这样的大背景下，传统企业奋起抵抗，揭开了数字化转型大幕。对很多传统企业来说，数字化已经不仅仅是 IT 技术的应用了，而是变成了一种救亡与图存的斗争，一开始就具有某种悲壮的色彩。云计算、大数据、物联网这些技术已经不仅仅是简单的技术了，而变成某种具有魔力的神奇工具，不仅是推动传统企业优化升级的工具，更是商业模式创新和企业转型的重要力量。数字化浪潮席卷各个行业，各种论坛、沙龙言必称数字化建设、数字化创新、数字化转型。目前，数字化创新与转型已经成为企业 IT 应用的热点和重点。

（5）智能化应用阶段

技术发展的脚步永不停歇，在大多数人仍然对数字化技术感到迷茫之际，很多人已经为下一个时代提前做准备了，这就是智能化时代。人工智能、脑机接口、量子计算等技术也在快速成熟的过程中，未来智能化时代的曙光已经初现。

智能化是事物在网络、大数据、物联网和人工智能等技术的支持下，具备了灵敏准确地感知功能、正确的思维与判断功能、自适应的学习功能、行之有效的执行功能等，能够对外部变化做出及时响应，代替人进行决策。智能化解决的核心问题是人与机器的关系，未来业务决策会越来越多地依赖于机器学习、依赖于人工智能，机器在很多商业决策上将扮演非常重要的角色。人们有理由相信，未来 IT 技术可以具备甚至超越人类的智慧，实现自动感知、自动传输、自我决策，机器真正具备人类的智能，它能取得的效果将超过今天人工运作带来的效果，从而降低管理人员决策的工作难度，提高决策效率和准确性。

以上把 IT 在组织中的应用划分为五个阶段，但这五个阶段不是简单的替代关系，而是继承发展的关系。后一阶段充分继承前一阶段的成果，并在此基础上引入新技术、新理念，解决前一阶段的问题或瓶颈，实现新的业务价值。从企业 IT 建设历程看，数字化是信息化建设的新阶段，也是未来智能化的前奏。

2. 信息化与数字化的时代变迁

上面介绍了 IT 技术在企业应用的过程，很多人可能对数字化与信息化的区别仍有不同的理解，这就需要从多个维度来系统、深刻地揭示信息化与数字化的异与同、变与不变。概括来说，信息化时代与数字化时代在五个方面：IT 建设的关注重点、服务对象、建设重点、建设方法、技术架构上发生了巨大的变化，如表 1-1 所示。

表 1-1 数字化时代与信息化时代的变迁

关注领域	信息化时代	数字化时代
关注重点	内部运营优化	商业模式创新
IT 服务对象	内部业务管理人员	客户为主中心
IT 建设重点	流程驱动	数据+算法
IT 建设方法	刚性的瀑布式建设	面向客户的敏捷开发
IT 技术架构	单体式、竖井式架构	分布式、微服务架构

（1）IT 应用的关注重点发生了变化

信息化时代，企业的竞争很激烈，商场上的厮杀也很残酷，但有一点是可以肯定的，那就是竞争对手比较固定，竞争的本质还是成本之间的博弈。就拿国内的家电行业来说，不管外人看来竞争多么激烈，行业内部还是会相互配合保持一定的利润率。在这样背景下的 IT 建设，无论是客户关系管理（CRM）、企业资源管理（ERP），还是排产计划、工艺设计等，都是基于大众化、规模化导向的相对确定性的需求，这些软件使企业的工作协同效率和资源利用效率倍增，但并没有让企业的主营业务和商业模式发生根本性变化。

数字化时代，企业面对的是一个更加不确定的市场环境，最大的不确定性来自于跨界竞争。1990 年，当三次荣获财经新闻界最高荣誉杰洛德罗布奖的畅销书作家布赖恩·伯勒出版《门口的野蛮人》的时候，估计他从来没有想到这个短语会在多年后如此风靡，并且它的含义已经扩大到更广阔的范围。这本书讲的是美国雷诺兹—纳贝斯克公司被收购的前因后果，试图全面说明企业管理者应该如何获得和掌握公司的股权。"门口的野蛮人"这六个字原本是用来形容不怀好意的收购者的，但现在我们常把行业壁垒以外的人称为"门口的野蛮人"。

凯文·凯利说，不管你身处哪个行业，真正对你构成最大威胁的对手一定不是你现在行业内的对手，而是那些行业之外的你看不见的竞争对手。在互联网的推动下，市场进入了一个机会纷纭、跨界竞争的时代。在这个时代，最勇猛的"野蛮人"正举着互联网的大旗杀来，行业壁垒已被打得粉碎，站在门口的"野蛮人"并不遵从门内的行业规则，却对门内的市场垂涎三尺。

在这一趋势下，传统的广告业、教育业、零售业、酒店业、服务业、医疗卫生等行业，都可能会遭遇不明对手的打击，那些转型慢的企业都将在劫难逃。所以有人说，如果你这个行业和互联网没什么关系，那么过不了多久，你就和这个行业没有什么关系了。

当然，"门口的野蛮人"冲进门内的同时，门内的人也并非毫无触动。他们也在提升自己。传统企业积极用互联网思维和数字化工具武装自己，用互联网工具变革自己，许多被人们贴上"传统"标签的行业、企业正在加速与互联网融合。这时候的企业信息化的建设内容与传统信息化时代已经有所不同，由于外部环境剧烈变化，仅对内部流程进行微调和优化已经难以适应多变的外部环境，这就要求数字化技术能够推动企业不断适应外部环境的变革，不断实现商业模式的创新和运营模式的重塑，通过更加激进的变革提升企业的竞争力。

（2）IT 服务对象发生了变化

在过去几十年的商业发展历程中，关于商业主导权有不同的说法，最早是"产品为王"，而后是"渠道为王"，到互联网时代，变成了"用户为王"。

在物资缺乏的年代，消费者是没有选择的，在这样的年代，企业拥有绝对的控制权，我生产什么你就只能买什么。随着产品的日益丰富，市场竞争的激烈程度与日俱增，产品生产厂家不再为"王"，而与消费者直接联系的渠道地位急剧上升，得渠道者得天下，渠道真正占据了价值链的主导，苏宁、国美就是典型的成功案例。与之相对的，IT 系统建设也要满足产品制造、渠道管理的需求，IT 服务的对象主要是内部用户。

时代在变化，互联网对传统企业最大的冲击就是渠道模式，互联网天生的连接功能，逐渐消除了信息的不对称，使得厂商得以直接面对最终消费者，渠道变得异常扁平，传统的"渠道为王"的观念逐步成为历史。互联网时代是一个消费者主权的时代，互联网打破了信息在时间和空间层面的不对称，为供求关系一体化提供了更大的便利，在需求和供给之间建立起更深远的关系，使得用户的转移成本更低，谁能长久吸引消费者的眼球谁才能赢得主导权。

数字化时代，由互联网所引发的全新商业范式，基本特征是"客户驱动"。过往以厂商为中心、大规模生产同质化商品、单向"推式"的供应链体系、广播式的营销模式必然会被抛弃。以消费者为中心，个性化营销捕捉碎片化、多样化需求，"拉动式"的供应链体系，大规模社会化协同实现多品种小批量快速生产的新模式才有未来。因此，未来的生意将是 C2B 而不是 B2C 模式，用户需求会改变企业。

小米集团创始人雷军说过，做小米的时候，他真正学习的是这几家公司：同仁堂、海底捞、沃尔玛。第一点，要像同仁堂一样做产品，货真价实、有信仰；第二点，向海底捞学用户服务，做超预期的口碑；第三点，向沃尔玛这样的公司学运作效率，把中间渠道、零售店全部边缘化，少做事，用最聪明的人简化流程。因此，用一个公式来总结小米的成功经验就是：

小米 =（同仁堂 + 海底捞 + 沃尔玛）× 互联网思维

简单说，小米成功的关键就是依靠内部高效的运作，再加上互联网时代的思维模式，创造出超越用户预期的产品和体验，最终获得消费者的青睐。

周鸿祎也特别强调，用户是互联网商业模式的基础。所有的互联网公司都是以免费的、体验好的产品吸引用户。一个有一千万人用的产品和一个有一亿人用的产品，它们的商业价值相差不是十倍，而是几百倍、上千倍。所以，互联网公司都不敢得罪用户，而是千方百计做出好产品，吸引用户、讨好用户。在这样的情况下，IT 服务的对象也必然向如何为客户提供更好的服务转型。

因此，数字化与信息化相比较，IT 服务的范围从组织内部转移到外部，围绕用户需求，帮助企业以实现用户的需求为中心，重新定义客户价值和企业战略，并将数据转化为企业的洞察力以及竞争优势，实现数字化的关键在于以用户为中心利用新的技术创造新的、独特的用户体验，打造新的智能化、数字化的产品或服务，实现德鲁克所说的"企业存在的唯一目的是为用户创造价值"。

（3）IT 建设的重点发生了变化

以往的企业信息化从构建之初，所体现的思想就是一种管理思维，所要体现的信息化管理目标就是：管好、管死、管严格。所以信息化时代的 IT 建设重点是利用成熟的套装软件进行流程的优化、管控的强化，在这样的情况下，SAP 等国外套装软件大行其道，先僵化、后优化的思路也得到了大家的认可。很多企业通过一段比较痛苦的历程实现了全集团范围内的流程标准化、数据标准化，集团上下一体、协同运作的管理框架初步构建起来，这是信息化建设最大的价值。

在基本实现这一目标后，很多企业发现，通过系统固化的流程仅仅解决了办事管道化的问题，让做事有了章法，但对于运营和管理中的决策并没有太大提升，系统并不能为决策提供切实有效的建议，于是，如何整合、分析、挖掘数据的价值就成为数字化时代 IT 建设的核心和重点。

近年来，大数据这一概念广泛传播，其认知范围早已超越专业人士，成为大众普遍接受的一个热词。目前，人们普遍认识到数据与算法已经成为企业的重要竞争力。多数企业曾经以产品为核心，后来是以服务为核心，接着是以技术为核心，但未来的企业一定将走向以数据为核心。当数据成为企业核心竞争力的时候，企业的商业模式必然发生重构。

数字化时代，"数据 + 算法 + 产品"日益融合成为一体。阿里巴巴集团首席战略官曾鸣在《智能商业：数据时代的新商业范式》一文中对此进行了精彩分析：用户行为通过产品的端实时反馈到数据智能的云，云上的优化结果又通过端实时提升用户体验。在这样的反馈闭环中，数据既是高速流动的介质，又持续增值；算法既是推动反馈闭环运转的引擎，又持续优化；产品既是反馈闭环的载体，又持续改进功能，为用户提供更赞的产品体验的同时，也促使数据反馈更低成本、更高效率地发生。索尼前总裁出井伸之也认为：新一代基于互联网 DNA 的企业的核心能力在于利用新模式和新技术更加贴近消费者、深刻理解需求、高效分析信息并做出预判，所有传统的产品公司都只能沦为这种新型公司的附庸，其衰落不是管理能扭转的。

信息化时代，企业搭建了信息系统，产生了大量数据，但这些数据大多是作为附属物而存在，数据的互联互通很难，数据收集、处理的技术成本高昂，无法产生真正的经济价值。数字化时代，如何使杂乱无用、静态的数据变成鲜活、有生命的数据就成为 IT 建设的重点工作。

（4）IT 建设方法发生了变化

前面讲过，信息化建设经历了一个从分散到整合，从孤岛到集成的过程，经过 20 多年的信息化建设，业界达成了一个基本的共识，信息化建设需要顶层设计，要从上到下进行总体的规划，然后再逐步推进、建设。应该说这个结论是历经重重失败之后总结出的经验教训。

但在数字化时代，外部环境发生了巨大变化，"VUCA"即 Volatile（动荡）、Uncertain（不确定）、Complex（复杂）以及 Ambiguous（模糊）成为时代的主旋律，易变性、不确定性、复杂性和模糊性成为新常态，顶层设计本身变得非常困难。在这样的情况下，数字化建设的指导原则就要变成顶层设计 + 摸着石头过河。过去信息化时代强调的统一、标准等都要让位于敏捷、迭代、试错等理念。

基于这样的理念，设计思维、精益创业、敏捷开发等相互关联的几大方法近年来得到了业界广泛的认可，形成了一套从业务理解到方案迭代再到敏捷开发的新的方法论，具体如图 1-5 所示。

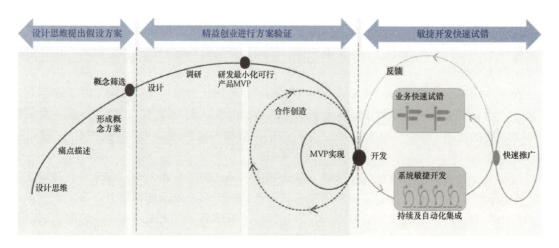

图 1-5　数字化时代的敏捷方法

这些方法会在第 9 章详细介绍，这里不做过多赘述，要说明的一点是：数字化时代外界环境的高度不确定迫使 IT 建设的方法也要与时俱进，这与信息化时代基于套装软件进行二次开发的方法有了巨大的变化。以往那种基于目标，按照刚性死板的瀑布式开发的模式将会被淘汰，取而代之的是面向客户需求的快速迭代，注重用户体验、倾听用户声音、让用户参与 IT 产品开发成为新时代 IT 建设的新策略、新方法。

（5）IT 技术的总体架构发生了变化

实践证明，在人类走向智能时代的进化历程中，技术进步和商业进化两条主线总是并驾齐驱、交相辉映。经济学家卡洛塔·佩雷斯提出了"技术—经济"范式,她认为一场技术革命能为整个经济带来巨变,降低成本,提升效率,并推动经济爆发性增长和结构性变革。她将技术革命分为爆发、狂热、协同、成熟四个阶段,每个阶段大约 10 年。成熟阶段既是这一轮经济的高峰,也是下一轮技术革命的开端。

数字化时代商业文明的变革同样也离不开数字技术的创新发展,IBM 前首席执行官郭士纳曾提出,计算模式每隔 15 年发生一次变革,这被人们称作"十五年周期定律"。1965 年前后发生的变革以大型机为标志,代表产品是 IBM360、IBM370,IBM 公司就是在这时成长为蓝色巨人;1980 年前后发生的革命是个人计算机的普及应用,代表产品是 APPLEII 和 IBM 的 PC,造就了微软、INTEL;自 20 世纪 90 年代以来,在信息技术革命的推动下,人类进入了互联网经济时代,并逐步从 1.0 版 PC 互联网到 2.0 版移动互联网再向 3.0 版万物互联网快速演进发展。

信息化时代的主流架构更多的是 PC 互联网时代的单体式、竖井式架构,系统的建设、运维和修改成本都很高,也很难适应业务的快速变革,信息技术往往成为企业业务变革的障碍,遭到业务部门的强烈质疑。

最近 10 年时间,信息技术处于一个快速发展的阶段,而且数字技术的进步不是单一维度,而是多项技术的突破、发展、融合引发的一种质变过程。我们经常说的"大智移云物",其中每一项技术都为其他技术的推广应用推波助澜。这些新技术可以概括为云、管、端三个层面,云端是数据计算分析的工具、管道是数据传输的通道、终端是自动化数据采集的技术。

- **端:数据采集终端技术**。主要通过物联网设备(IoT)进行数据的自动采集,取代传统的手工录入;典型技术包括二维码、RFID、人脸识别、图像识别等。
- **管:数据传输管道技术**。主要是数据传输的网络通道,将数据传输在集中的处理中心与终端之间相互传输;典型技术包含 5G、NB-IoT、区块链等。
- **云:数据处理平台技术**。主要是支持数据统一处理的计算机硬件平台、软件平台、数据算法等;典型技术包含云计算、大数据、人工智能。

对于这些新的 IT 技术,黄奇帆先生用人来类比,显得非常形象:互联网、移动互联网以及物联网就像人类的神经系统,大数据就像人体内的五脏六腑、皮肤以及器官,云计算相当于人体的脊梁。没有网络,五脏六腑与和脊梁就无法相互协同;没有云计算,五脏六腑无法挂架;而没有大数据,云计算就是行尸走肉、空心骷髅。有了神经系统、脊梁、五脏六腑、皮肤和器官之后,加上相当于灵魂的人工智能——人的大脑和神经末梢系统,基础的大智移云物平台就已经成型了。而区块链技术,就像更先进的基因改造技术,从基础层面大幅度地提升大脑反应速度、骨骼健壮程度、四肢操控灵活性。互联网数字化平台在区块链技术的帮助下,基础功能和应用将得到颠覆性改造,从而对经济社会产生更强大的推动力。

当然,在看到信息化和数字化区别的同时,也不能人为割裂两者的联系。数字化丰富了信息化本身的含义,两者在本质上没有改变,还是通过连接、算法和算力去驱动业务发展,把过去商业模式中无效或者低效的连接打破,选择和尝试新的对象去连接和运算。只不过数字技术更加便利,连接的机会点更多、算法更复杂、算力更强大,更重要的是数字化技术可以更快地进行迭代试错,在这个唯快不破的年代,可以更快速地找到创新点,更快速地验证商业模式能否持续创造价值,让企业跟上时代的步伐。

1.3 信息化和数字化的双重挑战

虽然目前数字化已经成为企业IT建设的热门词汇,但企业也普遍感到数字化建设困难重重,阻力巨大。这其中的原因是多方面的,其中一个重要原因是很多企业的信息化建设,尤其是大平台整合没有完成,就被动地进入数字化创新阶段,在外界互联网公司的冲击下,要被迫两面作战,一方面要进一步完成跨业务、领域的整合,另一方面又要进行业务创新、产品创新、服务创新,难度之大前所未有。

未来已来,但过去未去。对于传统企业来说,面对信息化整合与数字化创新的双重挑战,不同的企业做出了各自不同的选择,可以用一个矩阵来对其进行分析,如图1-6所示。

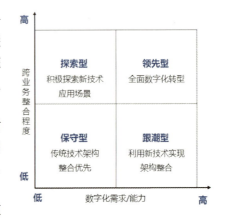

图1-6 信息化与数字化的选择矩阵

如上图所示,将面临信息化整合和数字化创新双重挑战的企业按照跨业务整合程度、数字化需求/能力两个维度,分为四个象限:

1)左下角是保守型企业,整合程度和数字化需求/能力都较低,跨业务整合任务尚未完成,虽有数字化需求但并不强烈,相应能力不足,实践有限。这类企业优先采用传统技术进行系统建设,推动跨部门的系统整合,在这个过程中探索数字化创新机会点。

2)左上角是探索型企业,整合程度较高,但数字化需求/能力较低,跨业务整合任务基本完成,但数字化能力一般。建议此类企业尽快开展数字化探索,探索新的数字化应用场景,并逐步开展IT架构的迁移。

3)右下角是跟潮型企业,整合程度较低,但数字化能力需求较高,跨业务整合任务尚未完成,但数字化需求很强烈,企业开始积极开展数字化探索,但大都呈现点状应用,效益不显著。这类企业跨业务整合的信息化补课与数字化探索应两者并重,可以尝试探索新技术背景下如何实现系统整合、业务协同。

4)右上角是领先型企业,整合程度较低,但数字化需求/能力都较高,跨业务整合任务基本完成,且数字化需求很强烈,数字化能力也很强。此类企业可以开展全面的数字化创新,全面推动业务变革和架构迁移。

总之,信息化和数字化之间的界限并不是泾渭分明的,而是存在一定的重叠,信息化是数字化的基础,由信息化到数字化是一个由量变到质变的过程。对很多传统企业来说,信息化与数字化将在一定时间内并存。

第 2 章
数字化转型2.0的总体框架

> 数字化转型不是去解决公司已有的明确问题,而是从根本上去改变企业思考的方式、看待世界的方式,以及在世界中生存的方式。
>
> ——斯坦福大学教授 马丁·科里纳

当前,我国经济增长进入了追求高质量发展的阶段,数字化正在成为经济新增长点与新动能,数字化转型也成为关乎很多中国企业生存与否的一道必答题。数字化转型已经不是做与不做的问题,而是何时做以及如何做的问题,这是必须面对的现实。

对于互联网公司这类数字化原生企业而言,数字化似乎不算什么太难的事,但对诸多传统企业来说,数字化转型却是一道无比艰巨的难题。目前,我国还没有形成统一的、成熟的、有效的数字化转型方法和机制。本章就重点回答几个基础但很关键的问题:为什么进行数字化转型?到底什么叫数字化转型?数字化转型到底转什么?怎么才能说明数字化转型成功了?转型成功后的企业是什么样的?通过对这些问题的回答,引出本书的总体框架——SMART+模型。

2.1 数字化转型：一场华丽的自我进化

从一般意义上说，转型是指事物的形式发生了根本的转变，这种事物形式可以被另一种形式代替，也可以是事物原来的形式通过事物内部自身的发展转化成别的形式。改革开放以来，中国的企业改革先后经历了放权让利、实行多种形式的承包经营、建立现代企业制度、混改等一系列的转型。对中国的很多企业来说，每一次转型就是一次涅槃重生，有时候它比创造一个新的企业更有难度、更具挑战性。

与这些转型相比，数字化转型之所以受到如此多企业的关注，有内外两方面的原因。从外部看，传统企业的数字化转型是在互联网公司跨界竞争下的一种防守反击；从内部看，数字化转型则是应对大企业病、提质增效的一种自我革新。

2.1.1 互联网倒逼下的变革与创新

在重大历史变革时期，企业最可怕的敌人可能不是商场上的直接对手，而是另一种事物——"科技"。商场上的对手带来的可能是一时的经济损失，科技带来的却可能是整个行业的颠覆！科技发展对行业的颠覆一直存在，近 20 年来，以互联网为核心的 IT 技术对行业的颠覆尤其显著。

互联网已经诞生 20 多年了，在过去的 10 多年里，互联网技术在 C 端已经改变了人们的生活、购物、娱乐、交往习惯，形成了比较成熟的消费互联网经济。消费互联网以"眼球经济"为主，即通过高质量的内容和有效信息的提供来获得流量，通过流量变现的形式吸引投资，最终形成完整的产业链条。从竞争格局角度来看，大多数面向 C 端的细分行业的互联网洗牌已经完成，拥有资本和先发优势的互联网巨头在行业内的领先地位得到巩固，格局走向稳定，行业集中度逐渐提高，新进入者的机会越来越小。

近年来，面向 B 端的产业互联网获得了广泛的关注，正在快速发展。产业互联网在传统产业链上融合数字化技术，寻求新的管理与商业模式创新，为消费者提供更好的服务体验，创造出更高价值的产业形态。

在 C 端取得胜利之后，传统的消费互联网企业纷纷进入产业端，一方面利用自身的技术优势开拓产业市场，另一方面则在逐步对传统企业进行跨界竞争。吉利汽车的李书福曾经用诗一般的语言赞赏这一趋势：科技自由与产业跨界是开创人类商业梦想的又一个催化剂，今天我们面对的是科技无限畅想，产业自由跨界，商业灵活变革的伟大时代，充满梦想的神奇明天等待着我们去探索创造，我们必须跨越行业边界，探索科技自由，打开脑洞心门，开放无穷想象，挖掘一切可能，成就商业梦想。

当前，很多传统企业都面临着诸如产能过剩、耗能过大、服务业水平不高、人力成本高涨、工业污染严重等诸多挑战，如今又面临数字化技术的种种冲击，面临跨界竞争，很多企业发现常规思维已经不能适应非常规的竞争变化，在这样一个产业跨界融合的时代，传统思维、单领域思维、单向思维已经不适应传统企业可持续发展的需要。在重重的挑战之下，部分企业率先开始变革，尝试利用数字化技术进行商业模式、运营模式、营销模式等方面的创新和转型。

传统企业不应把数字化转型仅仅看作挑战，而应将其看成是机遇。传统企业在各自的领域竞争发展多年，市场划分已经形成大致稳定的疆域，想从对手那里夺得一寸疆土也要经历残酷的厮杀。而数字经济是一片陌生的疆域，先入者可以享受"跑马圈地"的领先优势。近年来，有一些先行的传统企业已经借助数字化技术在行业中谋取了领先优势，他们已经具备了互联网企业的创新能力，例如美的、链家、百丽、三一等，成为行业颠覆的另一股新势力，对那些转型较慢的企业展开更加凌厉的进攻。因为兼具行业经验和技术创新能力，他们成为比互联网企业更加强劲的变革力量，对行业内的传统企业冲击更大。因此，未来的竞争已经不是简单的互联网企业与传统企业之间的竞争，而是旧模式与新模式之间的一场较量。这场较量大致分为以下三个阶段。

1. 第一阶段：被动防守

这是数字化转型的初期，在 C 端大获成功的互联网企业高调宣布要进攻 B 端市场，很多传统企业被动防守、惊慌失措，甚至很多大佬都发出了"不转型等死，转型找死""自杀重生、他杀淘汰！""消灭你、与你无关"的叹息。很多媒体也在推波助澜，渲染紧迫情绪。例如，《哈佛商业评论》的一篇文章就说：如今整个产品线、整个市场都可能在一夜之间被创造或毁灭。颠覆者随时可能出现，他们无处不在。颠覆者一旦出现，传统企业是很难对付的。

2. 第二阶段：相互渗透

在经过短暂的恐慌之后，传统企业发现互联网企业也并非战无不胜，高耸的行业壁垒也不是一天就可以被攻破的，在这短暂的窗口期，很多传统企业都在"开眼向洋看世界"，向互联网企业学习，理解他们的思维逻辑，学习他们的运营体系，掌握最新的数字化技术。另一方面，互联网企业也发现，B 端市场过于复杂、多样，也不是一朝一夕就能攻克的，于是开始研究每个行业的特性，寻求针对性的解决方案。传统企业与互联网企业相互学习、相互渗透、逐步融合成为了潮流。

3. 第三阶段：一体化融合

数字化技术是有技术红利期的，随着互联网企业与传统企业的相互融合，两者的界限越来越模糊，随着两者的融合，本轮数字化技术的红利释放完毕，迎来下一轮的技术变革浪潮。

应该说，目前大多数传统企业已经跨过了最初的被动防守阶段，开始利用新技术逐步推进自身的数字化转型。

2.1.2　转型是自我进化的必然之举

在面临外部竞争的同时，很多传统企业也面临诸多内部问题，只是在形势大好时这些问题被有意无意地掩盖了，但面临外部市场变化和行业变革时，这些问题就暴露无遗了。这情形就像那句投资圈经常说的话：只有在退潮时才知道谁在裸泳。这些问题之中，最典型、最普遍的就是"大企业病"。

很多企业都曾经有过一段美好时光，生产的产品能够得到较高的营业收入，企业获得不错的利润。但是，这种美好时光通常都很短暂，企业会忽然发现营业收入开始急剧下降，从而只能保持低速成长，甚至干脆陷入困境。但遗憾的是，在企业陷入困境之前，许多企业家都没有发现危机开始到来的信号，而陷入困境之后，他们也会把原因归结为企业的决策问题或市场的变化。

这背后的原因都是相同的，很多企业高速发展到一定阶段后，就会患上"大企业病"，管理体制僵化、公司组织机构臃肿、公司的管理层级过多，难以实现信息在企业内部的有效流动，上下级之间沟通的有效性也受到制约，并因此导致企业效率低下、市场反应不灵敏、行动迟缓、创新能力下降、忽略用户诉求等问题。

物理学中有一个名为"熵"的概念可以很好地解释这一现象。熵的概念最早用于度量热力学系统的无序程度。物理学有一个热力学第二定律，也叫熵增定律，说封闭系统的熵是一直增加的。也就是说，无效的能量一直在增加，如果不增加有效能量，能量就无法做功，最终系统就会熵死，人、自然界都是如此。任何组织随着时间的推移，一定会变得涣散化、官僚化、失效化并最终走向死亡，这中间最大的力量就是因为组织的熵增。

理论物理学家杰弗里·韦斯特在其所著的《规模》一书中写道：最终，我们都将屈服于各种形式的磨损和衰竭。无论生物体、公司还是社会，如何为增长、创新、维护和修复，持续提供更多的能量以对抗熵，都成了任何有关衰老、死亡、系统韧性和可持续发展等严肃主题的讨论基础。德鲁克也认为，管理要做的只有一件事情，就是如何对抗熵增。在这个过程中，企业生命力才能增加，而不是默默走向死亡。熵增是大型组织面临的共同敌人，而我国的大型国有企业的熵增，即"大企业病"的问题表现得尤为突出。

首先，我国的国有企业从计划经济转型而来，依然没有脱离计划经济时代的特点，政府对于企业的行政干预依然存在，企业的独立自主性受到削弱；

其次，我国的大型国有企业机构较为臃肿，国有企业长期存在着"能进不能出、能上不能下、能高不能低"的传统，也使得有的企业当中人浮于事现象的比较严重；

第三，在大型企业集团的传统科层制下，组织资源被纵向控制，资源沉积在各个单元，资源浪费严重，而且由于系统的封闭性，不能够有效利用外部资源；横向则构建起部门之间的"墙"，相互之间形成严重的信息和责任壁垒，共享和协同非常困难；

第四，很多大型国有企业普遍存在着激励和约束机制欠缺的问题，分配制度也不是特别合理，原有的大锅饭的思想和现象依然还存在，这也导致了人才激励不足，企业运营低效和创新乏力等问题。

这时，摆在企业前面的有两条路可走：一是衰亡，二是蜕变。蜕变成功，企业就会化茧成蝶；蜕变失败，企业就会慢慢衰亡。这一规律在全球很多企业从正反两个方面都得到了验证。面对这些问题，人们发现数字化技术是熵减的有力工具，于是数字化技术成为了倒逼企业内部变革的新动能、新武器。这也是很多企业，尤其是大型企业数字化转型与变革的主要原因和内在动力。

总之，传统企业的数字化转型，不管是因为外部的压力还是内部的动力，都是一次勇敢的华丽变身。在这一过程中，企业如果不能自己抓住机会，就会被别人弯道超车。当别人另辟蹊径，用新的方式解决问题，满足客户需求的时候，也意味着你没有行驶在时代前进的主航道上，甚至会被淘汰。

2.2 企业数字化转型的 SMART + 战略

以上内容简单分析了数字化转型的背景，但对很多基本问题仍然感到困惑，例如到底什么叫数字化转型？数字化转型到底转什么？成功以后的企业到底是啥样的？接下来我们就逐一来解答。

2.2.1 什么是数字化转型

目前数字化转型这个概念已经深入人心了，但到底什么叫数字化转型不同人有不同的认知，大家坐在一起讨论数字化转型时，经常发现对这个基本概念每个人的理解大相径庭。

有一则古老的印度寓言叫盲人摸象，在不了解全貌之前，每个人都只能根据自己的理解和感知去描述大象的外貌。目前对数字化转型的理解也处于这样的阶段，各大咨询公司、软硬件企业、IT 调查公司等都纷纷发表白皮书、专著，来表达自己对数字化转型的理解。本书不想再重复这些概念，就直接给出笔者自己的理解。

数字化转型是以用户为中心、以数字化技术为手段、以价值创造为目的实现转型升级和创新发展的过程。数字化转型的定义与内涵如图 2-1 所示。

图 2-1 数字化转型的定义与内涵

由上面的定义可以看出，数字化转型的核心是以用户为中心，真正为用户服务、为用户创造价值；数字化转型的驱动力和新动能是数字技术，其他驱动力带来的企业变革不能算是数字化转型；数字化转型的目的是价值创造，要通过数字化技术创造新的价值，要充分激发数据要素创新驱动潜能，实现新的指数级增长；数字化转型的本质是业务创新战略，要打造和提升数字时代生存和发展能力，培育发展新动能，创造、传递并获取新价值，实现转型升级和创新发展。

2.2.2 数字化转型到底转什么

1. 数字化转型内容的基本理解

数字化是不以人的意志为转移的大趋势，是继工业化之后推动经济社会发展的重要力量。这似乎已经成为一种共识，但转型到底转什么？谈到这点时，不同人也有不同的见解。一般认为，数字化转型包含以下几个方面：

（1）技术转型

在大多数人的理解中，数字化转型首先是 IT 技术的转型。传统的竖井式 IT 技术架构已经不能满足业务需求了，分布式、平台式、中台架构得到了互联网企业的验证，也得到了越来越多传统企业的认可。于是，技术的转型成为数字化转型的基础，大量的新技术应用也被包装为成功案例被广为传播。但传统企业的技术转型并不能一步到位，传统与现代在很长一段时间内还要共存，于是双模IT、双速IT、多速IT等解决方案纷纷出炉，但这实际上增加了技术应用和管理的难度。

（2）营销数字化

营销是数字化开展最早的领域，很多企业都在电商平台开通网店开始线上销售，后来又开展O2O，实现线上线下融合，再到后来的数字化门店改造、私域流量、用户画像等，逐步实现了人货场的数字化重构。可以说，销售领域是数字化最容易切入的点，也是最容易见效的环节。在这个过程中，以用户为中心从口号变成了现实。

（3）内部管理与运营数字化

以用户为中心必然会对原有的以产品为中心、以自我为中心的运营和管控模式带来巨大冲击，如何开展管理与运营的数字化成为很多企业数字化转型的另一个重点。管理与运营的数字化在不同的行业和不同的企业表现不一致，很多企业逐步开展集约化运营、一体化运营、数据化运营，推动运营管理的升级。

（4）商业模式与产品创新

数字化时代，产品、服务的传统生产方式以及相应的企业形态和商业生态系统也都随之发生改变，企业数字化进展到以拓展业务，增长收入为目标的新阶段。通过数字化技术重新定义企业和产品的用户价值，可以发现新的市场机遇，甚至革命性的改变。

应该说，人们对数字化转型的理解正在不断深入，正在逐步从技术、应用和营销层面向模式、组织、战略领域深入。但不可否认的是，很多企业对数字化转型的理解仍然比较肤浅，流于表面化。Gartner研究了企业数字化转型中的关键问题后也得出了类似的观点，总结为如图 2-2 所示的数字化转型冰山模型。

Gartner 发现，大部分管理者关注的数字化问题相当于冰山的表面，但少部分领先企业管理者关注的是深埋在水面之下的更深层次的问题，水面之下的冰山对企业数字化转型的价值 10 倍于冰山表面，也可以说，数字化转型的关键因素隐藏在冰山下面。

图 2-2 Gartner 关于数字化转型重点的研究成果

本书针对这一问题给出一个数字化转型的"同心圆模型",如图 2-3 所示。

如图所示,本书认为数字化转型不是一个孤立的动作,而是围绕某一个原点的一系列同心圆,就像水的波纹一样,平静的湖面投入一粒石子,水面就会以这个石子为核心不断向外扩展。这个核心就是以用户为中心,数字化转型的真正动力和目标都应该是用户,为用户提供更好的服务,这是数字化转型的初心和使命。但当企业试图为用户提供更好的服务时,就发现现有竖井式的IT 系统不能满足需求,中台建设的需求就提出来了。但是,企业在启动中台,试图实现横向协同时,现有的流程成为制约协同的巨大障碍,不改变流程、不调整考核机制就没法真正做到以用户为中心。在试图重新梳理流程时,又发现现有的组织结构存在诸多的问题,组织才是阻碍用户服务的

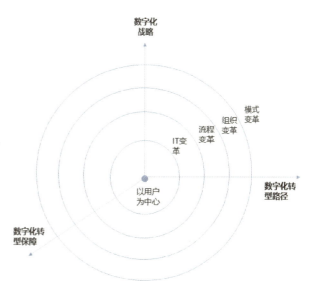

图 2-3 数字化转型的同心圆模型

障碍,于是又要大张旗鼓地进行组织架构的调整。等到组织调整后,企业发现,要想真正实现数字化价值还需要对商业模式进行重构,对企业的经营逻辑进行重塑……

因此,有企业不无自嘲得说,本来想治疗身上的一个包,结果发现全身都有病了,需要来一个全面的治疗。要实现这么大动静的变革没有明确的战略目标、路径设计和保障措施是难以实现的。

2. 数字化转型的 SMART+框架

从上面的分析可知，数字化重塑了竞争格局，这不仅是一场技术变革，还是一场经营模式的变革，甚至是一场整个商业世界运行逻辑的变革。数字化转型是从战略、组织、人才、商业模式、运营模式、IT架构等全方位的改变。要做的事情太多了，这么多事情也不可能一步做完，要分阶段实施，而且每个阶段要求不一样。那我们怎么能更好地步步为赢、更有效地推动数字化转型工作，不至于像盲人摸象一样呢？

这就需要一套体系化的方法去指导数字化转型工作。基于这样的理解，本书构建了一个数字化转型的 SMART+框架，为企业的数字化转型提供指引。具体如图2-4所示。

图2-4 数字化转型2.0的 SMART+框架

可以从企业发展的运行规律和战略转型的基本逻辑来揭示企业数字化战略转型的特征。企业数字化战略转型的特征具体表现在战略创新、模式重构、架构升级、资源保障、路径设计、创新机制等几个方面。正如木桶理论一样，这六个要素缺一不可，任何一方出现短板都将大大影响企业的数字化转型效果。一旦某一要素发展滞后，将会影响转型整体的进程和结果。下面就分别对这六个要素做概要的介绍。

- **数字化转型战略**（Strategy）。任正非说过，没有理论的突破，小改小革就是一地鸡毛。对传统企业来说，数字化转型是一场彻底的自我革命，需要企业从上到下进行顶层设计，既要设计转型的目标、愿景、路径、策略、关键举措，更要制定数字化创新战略，分析如何利用数字化技术实现业务的创新，推动企业持续增长。
- **模式转型**（Model）。商业模式和运营模式是驱动企业前进的双轮，数字化对商业模式和运营模式都会带来巨大变革，如何借助数字化技术实现业务与产品创新，以及企业内部的运营模式，都是数字化转型要考虑的重要课题。
- **架构转型**（Architecture）。数字化转型是对IT架构的一次重大升级和重构。重构就好比是建一座房子，没有合理的顶层架构设计，即便是花钱再多，也盖不出一座好房子。架构就是指导盖房子的一套系统方法，此处的架构更多指的是技术架构，包含应用架构、数据架构、技术架构，这些架构都会随着新技术的应用逐步变迁与升级。

- **资源保障**（Resource）。数字化转型的成功离不开组织、人员、资金、文化、领导力等保障措施，这些软实力才是真正决定转型成败的关键，要给予高度的重视。尤其是要建立一个面向未来的、面向变革的、以终为始的文化，企业文化是整个变革里最核心的支撑。
- **转型与变革**（Transformation）。明确了战略目标、具体内容、保障措施之后，还需要明确具体转型的路径，找到数字化的突破口，以及保障变革成功的变革管理举措，确保变革可以按部就班有序推进，降低变革的风险。
- **数字化创新机制**（+）。最后这个"+"号也非常重要，因为数字化转型不是毕其功于一役的战斗，而是一场持久战，要推动战役持续进行，就离不开数字化的持续创新，这就需要构建一套完整的创新机制，通过机制不断推动创新滚滚向前。

总之，转型很艰巨，但转型有方法，本书后续内容就将围绕这个 SMART + 框架逐一展开。在系统展开论述之前，还有几个问题需要探讨，即数字化的企业到底是什么样的？数字化企业的成熟度如何衡量？现在的数字化转型还存在什么问题？下面就来逐一回答一下这几个问题。

2.2.3 数字化企业的真实面貌

对于数字化转型，我们已经听过太多的故事，看过很多成功企业的最佳实践，但如果细细去思考的话，会发现这些成功经验大部分都是某种新技术的点状应用。新则新矣，但大部分的转型只是浅尝辄止。这就给我们带来一个问题：到底什么是数字化企业？数字化转型成功了到底是什么样的？我到底离转型成功还有多远？这确实是一个终极追问，也确实很难一两句话回答。下面我们就结合 SMART + 框架来分析一下传统企业与数字化企业的区别。本书认为，传统企业与数字化企业的区别如表 2-1 所示。

表 2-1 传统企业与数字化企业的区别

要　素	传　统　企　业	数字化企业
业务战略	可控资源为导向的战略布局	多元创新驱动的增长战略
商业模式	产品为中心	用户为中心
运营模式	高效率、标准化、低成本	可视化、数据化、自动化
组织结构	阶层化、规范、授权	平台化、敏捷、赋能
成长导向	资源禀赋	创新机制
IT 架构	竖井式单体架构	横向协同的、敏捷 IT 架构

总之，与传统企业相比，数字化企业在战略、商业模式、运营模式、IT 架构等方面展现出诸多不同，只有具备了这些特点才可以说已经迈进了数字化企业的行列。

1. 多元创新驱动的增长战略

战略往往关系着企业的生死，是非常严肃的话题。传统的战略制定方法的核心是以资源为核心的布局思维，不论是 PEST 分析、SWOT 分析、五力模型还是波士顿四象限分析法等，其核心思想都是以企业自身资源及能力禀赋为支点，进行科学的布局，看哪个市场能够进入，哪些市场需要强化，哪个市场需要放弃。这些都是连续性创新下的思维模式，是在市场和产品相对稳定下的战略选择。

数字化时代，在新技术的推动下，破坏性创新、非连续性创新层出不穷，很多在过去发展很好的巨型企业忽然间就倒掉了，最典型的就是诺基亚、柯达、摩托罗拉等。这背后的原因是技术的非连续性导致的，原有的发展路径已经无法延续。用一句时髦的话说就是：拿着原来的地图已经找不到新大陆了。在这样的情况下，必须采取新的战略思路，即以创新为核心的战略思维，开启企业的第二曲线创新战略。只有那些持续创新的企业才是真正数字化的企业，才能在数字经济时代屹立不倒。

2. 以用户为中心的业务创新

"以用户为中心"是传播已久的口号了，传统企业其实也在致力实现这一目标，但真正把这一点做到极致的还是互联网企业。数字化时代赋予了用户为中心非常不同的含义，它不再是简单地收集客户反馈，持续提升自身服务，而是更加全面地发掘用户深层次的需求，创造性地拓展服务领域和服务方式，完成与客户的共同成长。

以用户为中心，意味着要打造多层次的组织能力，包括围绕用户设计组织结构、基于用户场景的创新能力、设计满足用户体验的互动方式，并在数据、IT 架构以及考核机制等各方面体现以用户为中心的理念。

（1）业务创新：从流程驱动向场景驱动转变

从用户在特定场景下的需求出发，挖掘客户需求，设计整体解决方案，带给用户完整的感受。这个方法解决了传统企业业务战略和业务流程之间缺少衔接、注重单个流程的效率而忽略了用户整体需求的弊端。围绕用户需求，通过多流程、多功能配合实现创新。

（2）用户互动：从注重功能到注重体验

用户体验主要指产品或服务为用户带来的便利性和感受舒适度，包括线上线下两方面。线上通过 UI/UX 设计，线下通过特定场景/店面的全流程互动设计，打造无缝的用户体验。实践中，应注重从整体上，以用户洞察视角打造优质体验，避免聚焦于单点的体验设计。

（3）组织结构：从以产品为中心向以用户为中心转变

传统模式下，企业以"我"为中心，不同产品的营销服务通常自成体系。数字经济模式下，以用户为中心，对同一目标群体，采用同样的渠道触点，通过统一平台进行数据分析，推荐最优产品，并采用统一的服务体系。基于这样的理念设计的组织结构，有利于用户数据打通和洞察，提高企业资源利用效率。

3. 可视化、数据化、自动化的运营

在运营层面，数字化企业最显著的特点有三个，即可视化监控、数据化决策、自动化响应，而且这三点是有着前后逻辑关系的。

- **可视化监控**。可视化是数字化运营的基础。传统企业对运营的了解主要基于各种各样的业务统计报表、财务统计报表。为此，企业培养了很多擅长做表的"表哥""表姐"，他们不断地加班加点，不断向下面要数据，做报表，但仍然难以满足领导的需求。领导总是觉得这些报表一是速度慢、二是粒度不够、三是不准确，经常几份报表的同一数据不一致，真不知该信哪一个。而下属公司也要疲于不断报送各种数据，苦不堪言。大数据平台、数据中台等为这些问题的解决提供了有力的工具，可以让领导、管理人员、运营人员在系统中实时了解业务运营状况，真正实现可视化的监控、预警。

- **数据化决策**。以数据价值为基础，人工智能分析为引领，搭建企业全局数据平台和智能分析系统，为企业运营管理的所有环节提供分析洞察，并从分析运营结果向预测未来发展趋势转变。妨碍企业整合数据分析平台建设的因素包括技术和部门墙带来的数据隔离，后者是目前更主要的障碍。智慧大脑在数据来源、数据分析能力、数据服务企业的方式几个方面都与传统方式有明显差异。

- **自动化响应**。传统的数据分析更多的是为领导决策提供依据，领导看到数据后再根据自身的判断和经验做出决策，这个周期较长，而且具有很多的意外因素，应用的范围也较小。在数字化企业中，数据应用不再是领导的专利，也不仅仅是提供决策的参考，而是可以根据预设好的参数进行自动响应，直接驱动流程做出反应，减少人员的干预，速度更快、效率更高、应用范围更广。

总之，数字化转型最核心的要务就是打造新能力。过去，企业的核心能力形成于封闭的价值体系下，更多关注企业内的和企业之间的有限合作，这些能力包括研发创新能力、生产管控能力、供应链管理能力、财务管控能力等。数字化时代，企业的核心能力更多来源于创新驱动的开放生态，产品的创新能力、组织的柔性能力、数据的快速应用能力、精准的用户服务能力、为一线员工赋能能力等都成为新的核心能力。只有这些新能力被真实打造出来，那些所谓的创新模式，才不会是纸上谈兵，才能真真正正创造价值。

4. 平台式赋能组织架构

现在的时代是互联网时代，平台服务时代，传统的金字塔式组织架构对企业来说已经不再适用。在这一波全面数字化的浪潮中，冲击最大的将是企业的组织管理模式。美的集团方洪波认为，现阶段组织和管理的变革比技术创新和产品创新更加重要，组织改造不了，互联网改造都是空的。俞敏洪也认为，一切传统企业转型的问题到最后都是组织的问题。因此，企业的数字化转型最终都会是企业的组织变革与颠覆。

数字化时代的企业组织架构，都是真正以人为本、以用户为中心、以价值创造者为驱动的，这样的话在传统企业也会谈，但大多数仅仅停留在口号层面，而互联网企业则将其变成了现实。互联网精神的一系列内涵无不围绕着对人的尊重、自由平等、开放沟通、去权威化、自主表达,都在释放人性的内在诉求。倾听我、参与感、平民化、个性化,不管是对用户的极致价值创造,还是对员工的人性化管理,都体现了对"人"的空前重视。数字化时代,人本精神将成为社会最核心的价值观支柱,并将因此带来商业价值观和管理哲学的深度变化。

5. 创新成为一种常态

数字化时代,"变化是唯一的不变"成为时代的基础。企业最重要的能力是企业级、体系化的创新能力,创新成为企业发展的新常态!数字化的企业既需要具备明确的创新战略,又需要具有运行良好的创新管理体系,两者承上启下,密不可分。

创新战略是起点,也是指导创新管理的"基本法",是企业创新的风向标,是顶层设计,指导了创新体系的长期布局。创新管理是承接创新战略的落地体系,包括:组织、机制、激励、文化等要素。企业应制定有前瞻性又切实可行的创新战略,建立顺畅的创新机制,培育创新的 DNA,新的成果才能不断涌现。

6. 横向协同的、敏捷的 IT 架构

数字化时代企业需要具备敏捷的反应能力,从而对外把握用户和市场的迅速变化,对内满足企业管理要求。敏捷能力的建设需要商业模式、IT 架构、产品开发方式同时实现敏捷。

在 IT 建设方面,传统 IT 的架构都是以竖井为主进行开发的单体系统,虽然可以满足单条业务条线的业务需求,但在横向协同、快速响应业务变化方面却具有天生的劣势。IT 架构要向中台方向转化,构建业务中台、数据中台、技术中台,支持业务的横向协同,为用户提供一体化服务,并需要构建敏捷迭代的 IT 管理体系,支持业务快速变革。

2.3 数字化转型进入了深水区

如今,数字化转型这个概念已经不算是新名词了,很多传统企业结合自身业务和 IT 现状启动了转型和创新,开展了诸如传统业务电商化、营销数字化、业务在线化、决策智能化等的数字化探索。但总体看成功的企业并不多,据某机构的调研结果显示,目前 20% 的企业数字化转型处于持续的探索和试错阶段,24% 处于规划和尝试阶段,40 取得了初步成效,仅有 16% 的企业已有成功样本、正在推广过程中。但在这相对比较成功的 16% 的企业中,仅有 4% 的企业对自己数字化转型的结果表示非常满意。为什么很多企业轰轰烈烈地搞了几年仍然得不到期望的结果呢?目前的传统企业数字化转型到底存在什么问题?

2.3.1 数字化转型的成熟度模型

为了更好地分析企业数字化转型所处的阶段,首先需要制定一套标准来衡量企业数字化转型的成熟度,找出推进不利的可能原因,以及相应需要采取的措施。

本书以 SMART + 框架为指引，从技术战略管理、商业模式、运营模式、总体架构、资源保障、转型策略、创新机制等几个方面进行评估，将企业数字化转型细分为五个阶段：数字化认知阶段（入门者）、数字化探索阶段（探索者）、数字化赋能阶段（应用者）、数字化创新阶段（领先者）、数字化再造阶段（颠覆者），具体如图 2-5 所示。

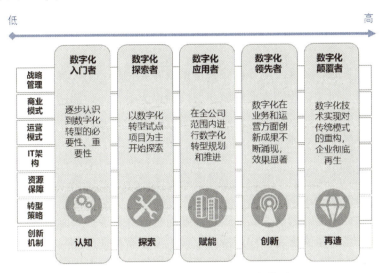

图 2-5　企业数字化转型的成熟度模型

1. 数字化认知阶段

数字化认知阶段是最初阶段。在这一阶段，企业已经开始认识到数字化转型的必要性和重要性，也开始理解到底什么是数字化，本企业的数字化到底应该怎么做，数字化与信息化如何有效衔接等问题，正纠结于要不要进行数字化转型、怎么转。管理层尚未制定数字化战略愿景，将数字化置于次要地位。企业高层不发起、不指导或不协调数字化变革。在实践方面，可能有部分零星的数字新技术的应用，但都不成体系，应用效果有限。

2. 数字化探索阶段

数字化探索阶段是数字化转型的初级阶段。在这个阶段，业务部门开始比较广泛地采用点状数字技术应用，例如市场部的数字营销精准投放、销售部的数字看板等。但数字化赋能力度有限，部门之间缺乏沟通协同，业务规划狭隘短视，全局视野和前瞻性思考不足。管理层知道正在进行的数字化变革，但并没数字化转型战略，更没有集中指导或协调数字化转型的计划。数字化探索阶段对于培养企业的数字化文化、数字化意识意义重大，通过一系列的成功实践，可以增强员工的数字化转型信心，为后续大规模的数字化建设奠定基础。

3. 数字化赋能阶段

第三个阶段是数字化赋能阶段。管理层将数字化确定为企业的重点战略，企业已经制定了数字化转型路线图并全力实施，同时已经组建了一个数字化团队来领导变革；开始有规划地进行大规模的数字化应用；在数字技术的基础上，利用数字化建模技术进行流程优化、组织调整，并尝试基于数据进行运营的优化，提高运营的集约化水平，最终实现提质增效的目的；在利用数字化技术优化运营的同时，企业还会探索如何利用新技术进行商业模式创新，并通过商业模式的创新倒逼内部流程和绩效机制等的整体优化。

4. 数字化创新阶段

第四个阶段是数字化创新阶段。这一阶段数字化转型的重点是商业模式的创新和应用，通过数字化的创新应用，企业较为彻底地实现以用户为中心的内部运营模式和外部商业模式的转型，原来的传统业务经过数字化技术的赋能，产生巨大的价值和效益。企业凭借数字化技术的应用在业界居于领先地位。

5. 数字化再造阶段

数字化再造阶段是数字化转型的高级阶段，是传统企业脱胎换骨转化为数字化企业的关键一步。一般有两种类型的再造：一是企业内部与数字化生产力相适应的生产关系的再造，让历史悠久的企业重新焕发青春，使数字化生产力得到充分的释放。二是打破企业边界，以并购、融合、创新等跨界方式实现企业的商业模式再造。通过采用创新的数字化模型，组织改变了原有的商业模式，甚至影响了其所在的行业和其他行业。

当然，多大多数企业来说，数字化转型不会是一条坦途，数字化转型的成熟度随着建设的深入不断提升只是个美好的愿望，成熟度提升可能是一条 U 型曲线，一般会经历四个阶段：即憧憬期、探索期、优化期、收获期。具体如图 2-6 所示。

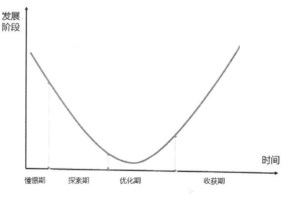

图 2-6　数字化转型的 U 型曲线

- **憧憬期**。这一阶段人们对数字化没有太多实践，对数字化的理解更多来自媒体报道，互联网公司的实际体验等，部分员工对数字化能带来的服务优化、效率提升、业务创新等价值充满期待，并开始探索一些数字化创新的机会点。但总体看，企业高管并不太关注数字化，或者说仅仅是口头上重视。

- **探索期**。随着数字化理念的进一步传播，企业内部的业务部门提出了数字化应用的需求，IT 部门开始建设相应的系统，新业务、新模式慢慢壮大。在这个时期，由于没有对商业模式进行充分的探讨，可能会出现新模式与传统模式的冲突。比如，前几年大家都很头痛的电商业务就是如此，如何实现真正的 O2O，避免左右手博弈是很多传统企业非常困惑的事情。但总体来说，随着数字化转型的深入推进，大家意识到需要对传统的管控模式、运营模式甚至组织模式进行优化。

- **优化期**。数字化应用越来越多，人们也开始意识到数字化的价值，于是需求开始爆发，建设逐步加速。越来越多的人发现数字化不是简单的技术应用，而是一个全面的变革，很多企业开始从全局去推动数字化转型，从上到下进行总体设计，指明未来的方向，实施破除体制、机制障碍的举措，为数字化转型扫清障碍。

- **收获期**。在从上到下顶层规划和从下到上探索的双重推动下，数字化转型进入加速期，真正开始去朝好的这个方向推进。当然，冲突和困难仍然很多，但总体趋势是向上的，数字化成熟度也在不断地实践中逐步提升。

由此可见，数字化转型不是一蹴而就的，而是一个逐步深入、长期的变革过程。成功启动数字化转型需要结合自身企业的特点，稳步推进。

2.3.2 数字化转型的成就与挑战

谈到数字化转型，很多人经常会问，国内哪些传统企业已经完成了转型？他们的转型有什么经验可以借鉴？应该说，目前各个企业数字化转型仍然都在路上，还没有哪家企业宣称已经完胜。但在各行各业确实涌现出一批领先企业，他们的成功经验可以为更多的企业提供借鉴。在此首先看一看美的集团数字化转型的历程，并分析他们领先的成功经验（本案例参考了杨国安先生对美的集团董事长兼总裁方洪波、美的集团副总裁兼CIO张小懿的采访资料）。

1. 美的数字化转型案例

美的集团是中国最大的家电企业之一，常年在空调、冰箱、洗衣机领域名列前茅。然而，这样的标签让很多人对美的的全局认识有了偏差。事实上，美的是一家以数字化、智能化驱动的科技集团，拥有数字驱动的全价值链及柔性化智能制造能力。

在2012年美的集团上市之前，美的内部高度分权、离散化，业务体系间数据系统极度孤岛化。为打破孤立、分散的困境，美的拉开了数字化转型的序幕，定下"一个美的、一个系统、一个标准"的变革决心。当时刚刚担任董事长的方洪波做了一个重大选择，将已经建立多年并稳定运行的信息系统推倒重来，要在一张白纸上重新画出最新最美的图画。在这之后，美的逐步从数字化1.0进阶到数字化2.0，并正在进入到工业互联网阶段。期间，由硬件向软件思维转变，建立数字孪生的智能制造工厂，精细化管理柔性制造环节，实现了数字化驱动的从用户需求到服务端、线上线下统一、上游下游一致的全价值链。

在接受杨国安访谈时，方洪波也坦言，我们最初认为数字化只是IT技术，但随着数字化与企业发展的深化，我们在其中尝到甜头，并愿意为了尝到更大的甜头，做出更多的投入，对数字化的认知也逐渐深入，终于理解了数字化不再是一种技术，它牵涉到企业方方面面，整个全价值链。全价值链有几个方面：

第一是极大改变了美的的所有员工，包括合作伙伴、上游下游相关者以及与美的相关的人员，能够采用符合时代趋势的工作方式。用户在手机上动动手指就可以完成程序安装，供应商在手机上也可以完成所有的交易、供货等，很多流程都发生了变化；

第二是极大改变了企业的运作效率。效率的提升直接改善现金周期，提高周转效率，加快市场反应速度，缩短产品开发周期，提高盈利能力；

第三是改善了我们做生意的方法，或者称为业务方法。通俗而言，做生意就是如何生产、开发产品，并将产品卖给零售商、用户。这些过程变得去中间化，更加扁平、快速。

更重要的是第四个方面的改变，即商业模式创新，现在正在发生，未来可能会更快。美的整个企业的商业模式会发生改变。商业模式包括如何根据需求，前瞻性地开发产品，柔性化地制造产品。

美的整个转型的思路就是大平台、小组织、小团体、小单元、小业务、小分队。美的在跟互联网企业学习，后台是高度的一致性，根据企业的数据、技术，追求敏捷。上面就是建两个核心，一个业务中台、一个技术部门，前方全是小的团队，区域的、产品的、以某一个业务板块划分，技术部门成为企业的指挥、赋能中心。

公司现在已经把数字化转型提到非常核心的战略中。2020 年，美的确定的核心战略之一就是：全面数字化、全面智能化，公司要把全部的产品用软件来定义，用内容增强用户的服务，来改变交互方式。在将来的某一天，随着企业价值链高度的数字化，所有的流程、工作方法及商业模式都得到改变。公司所有涉及全价值链的合作伙伴、供应商、销售伙伴，都要用数字化支撑起来，用数据驱动业务运营。这是非常确定的战略，也是美的一直在做的事情。

在回顾这些年转型成功的关键因素时，方洪波总结了如下几点：

第一是领导的支持。任何一个重大的转型、数字化转型，Sponsor（推进人）都是业务的领导，数字化的推动一定是一把手工程，如果一把手不推，永远推不动，一把手想推，再大的困难也会解决。这个过程当中就是一口气，一口气突破了、顶住了，可能就是一片新的天地，没有憋过去，又回到起点。数字化如果要单独靠技术部门来推动，或者靠 IT 来做，实际上是产生不了效益的。

第二是全员的支持。方洪波认为，转型本质上就是转人。团队结构不转，思维不转，知识结构不转，能力不转，那就是空谈。数字化转型是牵一发而动全身，不是某一个人，也不是 IT 部门，不是某一个业务单元，而是美的集团每一个部门，每一个业务单元，每一个人都要参与。以前所有的高管都是在工业时代成长起来的，思维都是硬件思维，美的今天转型就是一个由硬到软的过程。为此就需要大量软件思维，现有的团队，都需要改造自己的思维。

第三是人才的有力支持。今天的数字化技术不仅要有懂各种数字化技术的人才，还要有具备数字化思维的人才。不仅要懂数字化技术，还要懂传统业务的结构，还要知道未来的业务结构，即要对业务要有非常深刻的理解，还要对未来的商业模式、方法有深刻的洞察力。这样的复合型人才是极度紧缺的。为此，美的花大力气完善现有的人员能力，同时大量聘请外部的专家，吸引数字化技术人才。美的内部的激励文化工作氛围，不是用传统硬件制造业的模式或者文化激励来管理。整个组织能力最核心的改变是，关键人才跟领导人才的升级和配套。

2. 领先企业数字化转型经验总结

美的只是众多数字化转型领先企业中的一个，这些领先企业行业不同，数字化转型过程中所做的事情也不完全相同，但有一些做法是具有普遍价值的，可以供借鉴。

（1）战略明确是数字化转型成功的前提

数字化转型升级是一场认知与思维革命，是一场脱胎换骨的系统性变革。企业不仅对转型升级要有长期的技术、人才、变革管理的投入，创新的投入，更要进行观念的变革，思维的革命，战略的顶层设计。企业需明确数字转型的使命、愿景、目标、转型路径、重点任务、关键计划、资源保障等战略内容和要素，明确数字化转型的愿景和方向，做好数字化转型定位，明确总体目标和阶段性目标，而且要广泛动员宣贯，全体人员积极参与，让各利益相关者明确数字化转型的价值。将战略任务分解到各级企业，分解到组织，最终分解到人，制定考核和激励机制，强力推动战略落地实施。调查数据显示，将数字化战略贯穿始终的企业，其业绩增长和盈利明显高于其他企业。例如，华为对数字化转型战略决心非常坚定，2016年，华为就将数字化转型作为未来五年唯一的战略变革方向。在华为，数字化转型不再是问题和ROI驱动，而是愿景驱动。由此可见，有没有贯穿始终的数字化战略，将在很大程度上决定企业数字化转型的成败。

（2）成功的企业都在全方位数字化升级

随着移动互联网、云计算、大数据和人工智能等新技术的发展，企业数字化转型在加速推进，传统的生产方式和商业模式被重新定义，产业生态正在由以产品为中心的单向链式价值链向以消费者为中心的全链路环式价值网转变。成功的数字化转型企业在数字化战略、业务数字化、数字化组织和数字化基础设施方面进行的是全方位的数字化转型。

（3）一把手亲自带头是转型成功的关键

尽管我们一直强调企业数字化转型过程中机制的重要性，但优秀企业家在其中的作用才是最关键的。数字化转型首先要转的企业高管的意识，他们不能带头推进，底下的人说再多也是枉然。笔者曾经服务过的一家企业，高管对已经打到家门口的互联网企业仍然不以为然，满口说的都是对方的问题和不足，仍然不断回顾自己往日的辉煌，这样的企业买再多的先进设备也无济于事，数字化转型不可能成功。

（4）业务变革与数字化应用同步

包括美的在内，大家对数字化转型都有一个在认识上逐步深化的过程，从最开始的技术应用逐步上升到业务变革和战略高度，这个转变是需要时间的。随着认识的深化，企业也逐渐总结出了数字化转型与业务优化同步推进的经验。例如华为有完善的变革管理机制，IT应用是业务变革的落地工具，在IT系统实施之前首先要进行商业模式、运营模式的优化，流程的调整，如果涉及组织和KPI指标变革也会在系统实施前拿出方案，最后才是系统实施。业务和IT的同步优化确保了变革的整体性，减少了系统实施的难度。

（5）做坚持变革的长期主义者

数字化转型是一项企业内部全流程的重塑与再造，涉及面广，影响大，稍有不慎，就有可能对企业正常经营以及社会形象造成负面影响。推进企业数字化转型是一项艰巨复杂的工作，实施过程中难免会遇到很多新问题、新挑战，绝非一朝一夕之功，而是一项长期的工作，企业要有战略定力，做好长期作战的准备。国内数字化领先企业如华为、海尔、美的、链家等，都已经在转型路上探索了十多年，到目前为止仍然在路上。企业数字化转型贵在坚持，要耐得住寂寞，顶得住压力。

3. 落后企业为何步履蹒跚

在数字化转型的征程上，有些领先企业已经初见成效，但还有更多的企业的转型仍然是"理想很丰满、现实很骨感"，做起来却步履蹒跚。与领先企业的成功经验相比，落后企业虽然是各有各的情况，但也有很多共性的问题。

（1）没有真正把数字化作为长期战略，缺乏持久作战的定力

现在很多传统企业的数字化转型仍然缺乏明确的战略目标和方向，在心态上就存在问题。例如，有的企业普遍抱有投机心态，把数字化转型当成一种风口，盲目投资、盲目创新；有的企业仍然活在过去的功劳簿上，认为我是行业老大，我的资源优势是互联网企业远远不可比拟的；还有的企业抱着只要大把砸钱，没有砸不成的心态去做数字化转型。由于心态的偏差，这些企业对数字化转型升级普遍缺乏系统思考与战略共识，导致转型升级的战略准备不够，变革领导力不足，战略执行力差，结果往往是种下龙种，收获跳蚤。

另外，很多企业的高层领导经常会有"一万年太久，只争朝夕"的感慨，总觉得数字化转型不能等待，需要尽快见效、尽快成功，于是我们经常看到很多大干快上的规划出台，希望在2~3年内让企业有一个翻天覆地的变化。而一旦在实践中遇到一点困难，就立刻止步不前，对变革充满悲观、抱怨的情绪，宝贵的时间窗口就这样浪费掉了。

（2）转型的业务地基不牢，管理不配套

数字化转型是利用信息技术提升业务和管理的过程，业务和管理水平是数字化转型的地基，但很多企业的业务与管理地基不牢，很多企业连管理的1.0都没做到，就妄想买一套工具实现管理4.0，这是不可能的。在数字化转型过程中，我国企业普遍需要补业务与管理的课。

- **总部要补专业运营的课**。近年来，打造运营型总部成为越来越多企业的目标，但传统上很多总部是职能型的，主要工作模式是下指标、做考核，对过程的管理和运营是基本不涉及的，长此以往总部人员能力就严重退化。总部人员远离业务一线，对用户需求没有感觉，不做点事被人说不作为，一旦做事就容易瞎指挥。数字化时代，总部要打造成运营大平台，为一线赋能，核心的就是要提高总部的专业化水平，为一线输送好的枪支弹药、粮草及能打胜仗的好兵。这对总部职能的优化和提升提出了很高的要求。

- **生产作业要补标准化的课**。数字化、智能化，对标准化的要求更高。企业从员工作业层面上急需补标准化的课。例如，流程管理体系这件事已经说了很多年，但还有很多的传统企业没有完善的端到端的流程体系，就算有流程，也是按照部门、组织进行设计的，并且在全集团、企业范围内难以得到有效管理和强制执行。这也成为数字化转型面临的巨大难

题，很多企业希望靠 IT 倒逼业务优化，但又没有给予 IT 部门相应的权力，也没有下定决心，最后往往是迁就现实的小修小补，自然难以体现数字化的价值。

- **运营管理要补精益化的课**。从整个企业的运营体系上来讲，精益化程度还是比较低的。很多的决策还是凭借经验、拍脑袋式的决策，精益运营、精益管理、数据驱动运营等仍然相去甚远，企业的数据意识、数据能力都严重不足，这也是为什么很多企业购买了大数据平台，开发了很多报表、仪表盘，但使用效果始终不佳的原因。
- **要补组织与考核指标的课**。企业传统的金字塔式的组织结构离用户太远、决策重心偏高、绩效考核体系僵化、组织活力不足，这显然不适应数字化转型的需求。

因为在业务和管理上存在这些不足，很多企业的数字化转型就只能小打小闹，做一些某一个部门、某一个业务条线能够完成的小项目，一旦涉及跨部门、跨组织，或者涉及组织调整、流程优化、模式升级的大举措就无法推进了。随着时间的推移，很多企业发现，不进行业务和管理的变革，数字化转型就再也无法向前推进了。

(3) 高层领导力不足，把转型当作 IT 的事

数字化转型是一场系统的变革，要伤筋动骨，这就需要企业家、高层团队要有变革创新的勇气与责任担当。高层要有自我批判精神，要走出过去成功的陷阱，要走出舒适区，这就需要领导者真正要有使命感，真正要去提高系统变革的能力。否则的话，数字化转型的推进就出现头痛医头、脚痛医脚的问题。但目前不少企业把推进数字化转型的任务交给 IT 部门，希望在首席信息官（CIO）的带领下，由信息化部门来完成企业的数字化转型工作。

数字化转型的业务内涵比信息化更丰富，业务影响比信息化更深远，需要调动的资源也比信息化更广泛。要真正协同全企业整体资源，实现数字化转型的战略目标，需要"业务挂帅、深度融合"，首先要由企业业务高层亲自挂帅，来推动数字化转型；其次要下决心建立起专门从事数字化转型的部门或岗位，由专业的人员来负责这项工作。

(4) 片面的追求新技术，以为新技术是万能的

数字化技术是转型的驱动力，也是发展的新动能，其重要性不言而喻。因此，很多企业开展数字化转型的第一步就是导入先进的数字化工具，诸如各种人脸识别、云存储与云计算、人工智能、大数据平台、边缘计算等新技术，以为这样就可以确保企业的数字化转型工作走在时代的前列。这样看待技术显然是有失偏颇的。

- **为了技术而技术**。数字化转型确实需要通过数字技术的深入运用，构建一个全感知、全连接、全场景、全智能的数字世界。但仅仅堆砌大量数字化技术或工具本身并不能解决问题。技术一定要真正解决业务问题，创造业务价值才能发挥作用。针对这种片面重视技术的现象，任正非曾经提出过批评意见：我们不要为了炫耀锄头而忘了我们本来是要种田的。企业不能落伍于时代，但企业也不能为了赶时髦而盲目引入各种各样的最新工具。
- **生搬硬套看待技术**。很多企业对待新技术的思路仍然是"中学为体西学为用"，仍然拿老的思路和方法去看待和应用新的技术，要么生搬硬套、要么削足适履，根深蒂固的行为风格使得新技术很难发挥价值。

总之，数字化转型本质上是信息技术驱动下的一场业务、管理和商业模式的深度变革与重构，技术是支点，业务才是内核。在引入数字化转型工具的同时，企业必须始终坚定不移地围绕用户需求，在核心技术创新、商业模式创新等方面持续取得新的突破。否则，再先进的工具也难发挥应有价值。

（5）以为模仿互联网企业，就能开辟"新天地"

很多企业认为，互联网企业就代表了最先进的生产力，要转型就要学互联网思维、学互联网企业的运营模式。首先要承认的是，互联网企业确实有很多地方值得传统企业学习，但两者也存在很大的差异，强行的邯郸学步往往效果并不理想。一味地将互联网模式当作万能灵药，而不去思考业务的根本痛点，结果会适得其反。

对传统企业来说，不仅要学习互联网企业的"形"，还要学习互联网企业的"神"，神形兼备才能成功。分析那些数字化转型成功的企业案例，不难看出有四方面基本共同点：一是创新力十足；二是具备强烈的危机意识；三是领导者的前瞻与坚持；四是始终把用户需求作为工作的核心。做好上述四个方面，才算是学到了互联网企业的精髓。

2.3.3 数字化转型进入 2.0 时代

上面的内容对比了数字化转型领先和落后的企业的不同做法，尤其指出了落后企业的错误做法，那么这些问题怎么解决呢？这就要有一些系统化的思路。

1. 企业数字化转型的四种模式

从数字化转型的广度和深度两个维度进行划分，数字化转型可以分为四种不同的模式，如图 2-7 所示。

（1）模式一：优化式转型

优化式转型在深度和广度两个方面都较低，相当于数字化转型成熟度的第二级，即数字化的探索阶段。

优化式转型的主要特点是基于企业的核心能力、现状问题等确定数字化转型的项目，以项目制进行数字化的探索和尝试，但一般规模较小，范围也限定在部门、组织、业务条线范围内，转型的目标是降低成本、提高效率。

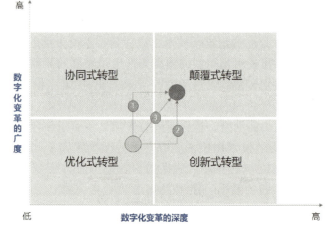

图 2-7　数字化转型的四种模式

优化式转型比较适合那些行业比较稳定，短期内不存在颠覆性外在力量，不需要进行大的产品和商业模式创新的行业。转型的重点是找到业务和管理中存在的主要痛点，利用数字化技术加以解决。

应该说这种模式的应用范围越来越小，因为稳定的行业越来越少，时代已经不允许企业再按部就班地进行局部优化了。

(2) 模式二：协同式创新

协同式转型在广度上已经很广，但在深度方面仍较低，相当于数字化转型成熟度的第三级，即数字化的赋能阶段。

协同式创新的最主要特点是广度比较广，主要体现在企业对数字化转型已经非常重视，且前期已经初步尝试到数字化技术带来的收益，开始在企业范围内进行全面推广，自上而下、全面推进、协同创新是其主要特点。数字化应用范围广还体现在转型已经开始跨越组织的藩篱，开始实施跨组织、跨业务条线的协同应用、协同创新。

采用协同式转型模式的一般是那些在前期探索取得初步成效之后开始加速转型的企业。对这些企业来说，挑战也是显而易见的，那就是前期的成功很多是在现有组织框架内取得的，现在要冲破现有组织架构、优化考核机制，难度往往是非常大的。这也是很多企业在数字化转型初期取得成效之后却停滞不前的原因。另外，这类企业经常犯的一个错误是试图"煮沸大海"，就是数字化转型的战线过长，追求面面俱到，难以实现速赢。

(3) 模式三：创新式转型

创新式转型在深度上已经很深，但在广度上有所不足，相当于数字化转型成熟度的第四级，即数字化的创新阶段。

创新式转型的主要特点是利用数字技术构建新的战略愿景与商业模式，在业务和运营模式方面创新成果不断涌现，效果显著，企业在原有业务、产品之外开发出有较强竞争力的数字化新产品、新服务。创新是此种模式最大的特点。

创新式转型要求商业模式、运营模式进行根本性的变革，其难度还是很大的，没有明确的目标和长期的战略定力是不可能实现的。

(4) 模式四：颠覆式转型

颠覆式转型在深度和广度上都很高，相当于数字化转型成熟度的第五级，即数字化的再造阶段。

颠覆式创新的特点是数字化技术实现对传统模式的重构，企业彻底再生。要实现颠覆式创新需要对企业的战略、商业模式、运营模式、IT架构等进行全面的变革，是最具挑战性的转型方式，对企业的战略眼光、战略执行、变革文化等都提出了极高的要求。目前真正达到这一层级的传统企业仍然凤毛麟角。

这四种模式中，颠覆式转型是最终的目标，但目前绝大多数的传统企业仍处于优化式转型阶段，他们的主要工作仍然是在局部进行零散、点状的数字化探索。

根据上述四种企业数字化转型的模式，可归纳出企业实施数字化转型从现状到目标之间的三条路径。

- **优化式——协同式——颠覆式**：即在试点取得初步成效后快速扩大数字化应用范围，开展跨领域、跨板块的协同式创新。这种模式是绝大多数传统企业采用的方式，其难度和风险相对较小。

- **优化式——创新式——颠覆式**：即在试点取得成功后开始探索数字化商业模式、数字化产品的创新。目前也有部分企业采取这一路径，试图通过新的模式倒逼传统的商业模式和管理机制的变革。
- **优化式——颠覆式**：即在试点成功后快速进入颠覆式转型阶段，开展商业模式、管理模式的全面创新和颠覆，这种模式难度很大，一般的企业难以驾驭。

总之，目前采取路径一和路径二的企业占绝大多数。当然这两种路径也不是相互排斥的，企业在数字化转型取得初步成效之后，既可以在广度上进行扩展，同时也在某一领域深耕，两者并举，不过在不同阶段、不同领域会有所侧重。

2. 企业数字化转型的两大阶段

从时间维度看，中国企业数字化转型虽然已经经历了几年的探索，但大部分企业仍然处于优化式转型阶段，即成熟度的第二级，有部分领先企业已经进入协同式转型和创新式转型阶段，开始全面推进数字化转型与模式创新。本书写作于 2020 年底和 2021 年初，在这样一个时间点，笔者认为大部分企业的数字化转型在"十四五"期间将进入一个新的阶段，这个新的阶段将会呈现出如下几大新特点：

- **业务新模式**：即在现有产品和服务领域之外探寻新的创新可能，业务模式创新将成为传统企业未来几年数字化转型的重心。
- **运营新理念**：即通过数字化技术实现跨业务、跨组织的协同与共享，通过内部协同实现运营的一体化和产品的创新，通过外部协同构建和谐的生态以更好地为用户提供一体化服务。
- **管理新方法**：即重视数据驱动决策和运营，数据和算法将真正成为企业的核心资产，数据组织、数据文化将会真正落地生根，支持企业精细化、智能化管理和赋能。
- **IT 新架构**：即实现 IT 架构从纵向烟囱式向横向共享转型，拆烟囱、建中台是未来几年传统企业 IT 建设的重点。

如果需要一个更加明确的划分的话，本书把"十四五"期间的数字化转型进程称为**数字化转型 2.0 阶段**，相对而言"十三五"期间则为 1.0 阶段，如图 2-8 所示。

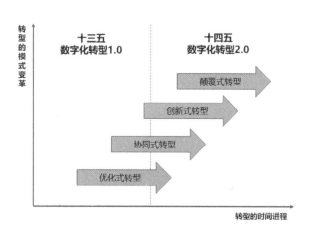

图 2-8　数字化转型的阶段划分

具体来看，数字化转型 1.0 与 2.0 的主要差异如表 2-2 所示。

表 2-2 数字化转型 1.0 和 2.0 的主要区别

	数字化转型 1.0	数字化转型 2.0
数字化战略	基于现有业务战略的数字化策略	基于用户需求的第二曲线创新
商业模式	少量的、局部的商业模式创新	全面的、颠覆性的商业模式创新
运营模式	以效率和成本为核心的运营优化	以协同和智能为核心的运营优化
IT 架构	纵向的烟囱式核心系统建设	全面中台化的横向架构整合共享
变革机制	以 IT 为引领的局部变革	以战略为引领的全面变革

具体来说，数字化转型 2.0 具有以下几大特征。

（1）数字化建设更加重视商业模式的创新

过去几年内，企业数字化转型更多的是在现有业务框架内部的在线化、数据化、平台化，虽然也有部分企业开始探索利用新的技术实现商业模式的创新应用，但总体看成效不是很显著。随着互联网+转型的逐步深入，会有越来越多的企业聚焦于如何利用数字化技术实现第二曲线的创新。这既是数字化应用发展的客观规律，也是应对外界互联网入侵的必然之举。

（2）数字化建设更加关注统一的用户运营

营销领域的数字化是过去几年的数字化转型热点，很多企业开发电商平台、营销工具、开始用户画像和个性化推荐等，但真正实现全渠道统一用户运营的并不多，这既涉及多个渠道的 IT 整合，又涉及内部组织、流程的整合，难度比新建渠道要大得多。但已经被互联网企业"惯坏"的消费者越来越难以忍受传统企业的服务，全渠道一体化的统一运营必然成为数字化转型 2.0 阶段的另一个重点。

（3）从部门割裂应用向跨组织协同应用转型

信息孤岛是信息化时代所有企业的痛点，随着新的数字技术的快速应用，这一现象不但没有消失，反倒更加严重了。企业为了满足前端业务需求，快速开发了无数的碎片化的应用。要想消除孤岛，必须有业务上的协同，但业务的协同就需要组织的优化、利益分配机制的调整，这也是数字化转型的一个难点。但如果不敢触碰这个难点，转型就无法再深入下去。如何利用数字化的技术实现业务之间的协同将成为数字化转型 2.0 阶段的第三个重点。

（4）IT 架构将从纵向烟囱式向横向中台式转型

实现跨业务的协同离不开 IT 架构的支持，但传统的纵向烟囱式架构在协同面前变得越来越困难。中台就是解决这一难题的一种尝试，虽然中台近一段时间遇到了一些负面声音，但笔者认为架构的共享与整合之路是必然要走的，这也是数字化转型 2.0 阶段的另一个重点任务。

当然，不同企业的转型步伐并不相同，领先企业已经开始颠覆式创新，居中的企业则在探索跨部门的协同和商业模式的创新，而相对落后的企业也会在未来几年结束无序探索，进入更高阶段。总之，笔者认为，企业数字化转型在"十四五"期间将进入深水区，比较容易进行的变革已经基本完成。对很多企业来说，未来数字化转型面临的难度会更大、挑战会更多。但未来传统企业数字化转型和创新的路也会更精彩，会有更多的企业通过转型升级重新屹立于时代潮头。

(5) 将有一批传统企业进化为产业互联网企业

过去十几年都是消费互联网的时代，但随着数字化技术逐步向产业界的渗透，未来十年将是产业互联网的时代，这也是数字化转型2.0的一大特征。在产业互联网领域，互联网企业并没有天然的优势，传统企业也没有必然的劣势。正如高瓴资本张磊所言：世界上本没有科技企业和传统企业的分野，优秀的企业总会及时、有效地使用一切先进生产要素来提高运营效率，从而实现可持续增长。数字化转型领先企业和滞后企业的业绩差距会进一步拉大；部分企业将成长为细分行业领域的产业互联网引领者。

本书接下来将会详细论述数字化转型2.0的内涵，并对如何进一步推动数字化转型给出自己的理解和建议。

2.4 不同类型企业的数字化转型策略

企业数字化转型是一个复杂的体系，行业特性、所有制、企业规模等都会影响转型的策略及工作重点。本节以大型国企和中小企业这样两类比较典型的企业为例，说明它们实施数字化转型的特点、面临的挑战、未来的转型思路。

2.4.1 大型国企数字化如何深入推进

国有企业，尤其是大型的国企在人员和收入规模上都已经比肩世界一流企业。近年来，这些大型国企也成为数字化转型的先锋。

1. 从产业数字化到数字产业化

从建设内容角度看，国企数字化转型可以细分为产业数字化和数字产业化两条主线。所谓产业数字化是传统产业利用数字技术提升数字化、网络化、智能化水平，实现产出增加、效率提升的过程；所谓数字产业化是以互联网、云计算、大数据、人工智能等为代表的新技术研发创新，并实现产业化的过程。

(1) 产业数字化建设的主要内容

从产业数字化角度看，不同行业会有不同的建设内容，但总体上可以包含如下几方面内容。

- **产品创新数字化**。通过推动产品和服务的数字化改造，提升产品与服务策划、实施和优化过程的数字化水平，打造差异化、场景化、智能化的数字产品和服务。
- **生产运营智能化**。实现作业现场全要素、全过程自动感知、实时分析和自适应优化决策，提高生产质量、效率和资产运营水平，赋能企业提质增效。
- **用户服务敏捷化**。加快建设数字营销网络，实现用户需求的实时感知、分析和预测。整合服务渠道，建设敏捷响应的用户服务体系，实现从订单到交付全流程的按需、精准服务，提升用户全生命周期响应能力。

- **产业体系生态化**。加强跨界合作创新，与内外部生态合作伙伴共同探索形成融合、共生、互补、互利的合作模式和商业模式，打造互利共赢的价值网络，加快构建跨界融合的数字化产业生态。

（2）全面推进数字产业化发展

在利用数字化技术对现有运营提质增效的基础上，未来还应以数字化技术为引领，开拓第二增长曲线。很多国企结合企业实际，合理布局数字产业，聚焦能源互联网、车联网等新领域，着力推动电子商务、数据资产运营、共享服务、平台服务、新零售等数字业务发展，打造规模化数字创新体，培育新业务增长点。

2. 国企数字化转型存在的问题与挑战

对很多国企来说，数字化转型都进入了深水区，接下来的都面临着涉及跨组织协同、组织变革、业务创新的挑战，具体来说包含如下几个方面。

（1）购买技术易与体制变革难之间的矛盾

在国企有一个很显著的特征就是资金充裕，很多国企在IT投入上还是比较大方的，这也导致他们对新技术、新平台比较偏爱，往往买起来比较痛快，什么平台新，什么技术热门就先买回来试试。众多的数字化创新案例大多是这一类。但这些新技术在国企内往往只是点状应用，无法真正发挥最大价值，尤其是当新技术应用与现有体制发生冲突时，就更加难以深入应用。旧有的体制往往成为数字化转型和创新的最大障碍。

（2）总部标准化与分支机构个性化的矛盾

过去一段时间，集团建设大平台加强管控绝对是国企的主流指导思想，集团要求建设统一大平台实现业务的标准化、一体化，这往往抹杀了各分支机构的个性化要求，从管控角度看似乎没什么问题，但分支机构直接面对市场竞争，则是希望能够快速迭代式创新，对系统的个性化要求提出了越来越高的要求。怎么在标准化和个性化之间找到一个平衡，仍然是一个难题。

（3）两头热和中间冷之间的矛盾

在外部竞争的压力下，那些昔日令人羡慕的国企经营也变得日益充满压力。在这样的情况下，很多国企的一把手都把数字化转型变成企业变革的主要动力，再加上政府的鼓励，企业高管往往把数字化看得很重，对转型寄予了很高的期望。另一方面，一线员工由于业务开展的需要，也对数字化建设充满期待，希望利用新的技术来减轻自身压力。但到了实施与执行的层面，中层管理人员却往往缺少动力，因为数字化转型的一个结果就是通过信息的共享和快速传导减少中层的作用，因此，中层管理人员往往对数字化转型的积极性并不高，这就导致一个两头热、中间冷的局面。

（4）急迫见效与能力不足之间的矛盾

在国企还存在一个比较普遍的问题就是领导经常缺乏耐心，希望在有限的任期内能够有所建树，在对待数字化转型时往往希望毕其功于一役。这种想法有复杂的背后原因，也是可以理解的，但数字化转型是一场复杂的系统工程，要有长期战斗的决心才行，急切希望见到成效的心情往往会让下属只做那些容易见效的事情。那些真正有价值，但很难快速见效的工作往往被自动过滤掉。

（5）纵向烟囱与横向协同之间的矛盾

大型国企在过去几年内一般都投入了很大精力来进行大平台的建设，集团总部牵头来进行纵向系统整合，通过大平台实现纵向系统的整合，实现了业务操作的标准化，这是值得肯定的成就。但这些纵向的烟囱系统也成为阻碍不同业务条线之间协同、共享的主要障碍。很多企业非常尴尬地发现，在刚刚完成纵向整合之后就要面临拆烟囱的任务，要通过中台等实现横向的协同与共享，但中台建设遇到的最大阻碍不是技术问题，而是没有部门牵头。于是，协同与共享的理念被反复提及，但就是很难落地。

（6）整体转型需求与碎片化供给之间的矛盾

对国企来说，数字化转型本身是一种全面的创新和变革，要让这些创新举措落地需要大量的数字化工具来支撑。但目前软件厂商还没有准备好，无法像过去一样提供完整的解决方案，现有厂商在被数字化转型浪潮裹挟下往往只能提供部分的、碎片化的技术，在需求和供给之间也形成了一个很大的矛盾。为了解决这一问题，大型国企近年来纷纷成立自己的科技公司，自己开发、整合个性化方案。于是，总体的 IT 建设模式也与过去发生了巨大的变化。

3. 国企数字化转型的总体建议

面对国企数字化转型遇到的这些问题与挑战，此处给出如下几点初步建议（后续章节会详细展开）。

（1）制定数字化转型规划和路线图

国企一般都有制定数字化规划的习惯，这既是政府的要求，更能够通过规划明确转型方向、目标和重点，勾画商业模式、经营模式和产业生态蓝图愿景，还可以通过规划过程广泛宣贯数字化转型的理念、知识，提高员工对数字化转型的理解和认知。另外，在这个过程中还可以对外界环境变化、自身能力差距、优化改进举措等都形成更完整、清醒的认识。

（2）协同推进数字化转型工作

很多国企的数字化转型都进入了深水区，未来的主要任务是协同、共享，其难度比之前纵向合同整合大很多，这需要在数字化治理结构上有更多强有力的支撑，首先要成立高级别的数字化领导小组，对规划、科技、信息化、流程等职能部门进行统筹，优化体制机制、管控模式和组织方式，协调解决重大问题。其次要成立跨部门的数字化管理办公室，推动横向部门间的协同。另外，要探索建设数字化创新中心、创新实验室、敏捷化的新型数字化组织，推动组织与管理变革。同时，考核体系也要与时俱进，以价值效益为导向，跟踪、评价、考核、对标和改进数字化转型工作。

（3）做好数字化转型资源保障

国企的数字化转型涉及面广，不可冒进，在稳定经营的前提下，应提前做好数字化转型的支持保障工作，包括管理、人员、技术等方面的支持保障。建立与企业营业收入、经营成本、员工数量、行业特点、数字化水平等相匹配的数字化转型专项资金投入机制。加快培育高水平、创新型、复合型数字化人才队伍,成立独立运作的IT科技公司,健全薪酬等激励措施,完善配套政策。

2.4.2 中小企业转型如何快速破局

我国各类市场主体超过1.3亿户,中小企业占全国企业总数的95%,吸纳就业人数占城镇就业人口的80%,在国民经济中发挥着不可替代的作用。但中小企业也存在很多自身的问题,例如经营规模小、抗风险能力差,管理水平弱、融资能力不足,经营方式灵活、创新能力不够。数字化浪潮同样也对中小企业带来了巨大冲击,但中小企业存在的这些特点也决定了数字化转型的策略与大型集团企业并不相同。

1. 中小企业数字化转型存在的问题

根据《中小企业数字化转型分析报告(2020)》报告数据显示,89%的中小企业处于数字化转型探索阶段,8%的中小企业处于数字化转型践行阶段,仅有3%的中小企业处于数字化转型深度应用阶段。广大中小企业迫切希望通过数字化转型提升生产效率和提高产品质量,但普遍面临"不会转""不能转""不敢转"的难题。具体说,中小企业数字化转型存在如下几个方面的挑战。

(1) 数字化转型能力不足

近几年,互联网企业发展迅猛,传统企业数字化转型力度空前,对IT人才的需求猛增,很多大型的集团企业都在感慨高水平IT人才难得,对广大的中小企业来说就更是如此了。对于内部员工的IT能力来说,中小企业一般也不占优势,很多员工IT意识、能力都不能满足需求。

(2) 数字化转型基础薄弱

数字化是信息化建设的高级阶段,前期的信息化基础决定了数字化转型能否顺利进行。很多中小企业信息化建设任务还没有完成,系统孤岛难集成,数据不标准难共享等问题普遍存在,现在又面临数字化转型的挑战,任务是异常艰巨和复杂的。

(3) 数字化转型认识不到位

在转型过程中,部分中小企业对现有数字化基础、数字化转型的需求认识不足,有不少企业关注的是采购的信息系统软件是否领先、购买的设备是否先进等,而忽视了将数字化技术和企业营销、运营、管理的进行深度融合,认知的偏差必然会带来错误的行动。

(4) 资金少、数字化转型投入低

数字化转型前期投资大,研发风险高,科研实力水平要求高,转型效益短期内不容易显现,在资金供应不足的前提下,中小企业更倾向于将资金用于扩大再生产等看起来硬性的"刚需",而对数字化这种软投入就会不足。

2. 中小企业数字化转型的策略

面对这些难题,中小企业要想在数字化转型方面有所作为,可重点从如下几个方面入手。

(1) 提高数字化转型意识，充实数字化人才储备

中小企业要认识到，数字化转型是大势所趋，数字化转型不是简单的机器换人，而是要形成生产要素的全面协同，打通企业内部的全数据链。因此，中小企业的管理者首先要增强数字化的意识，提高企业数字化转型的内生动力和能力。其次，要着力解决数字创新人才紧缺问题，要充分利用多种线上平台学习数字化技能。第三，鼓励政企校共建中小企业数字化人才实训基地，激发行业协会、培训机构等在数字技能人才培育中的作用，为中小企业培养更多的数字化人才。

(2) 吃透用好国家政策，更好地借助外力

为了帮助中小企业降低数字化转型成本，国家出台了一系列有针对性的政策和措施。例如，2020年，工信部实施《中小企业数字化赋能专项行动方案》，明确推动中小企业实现数字化管理和运营，提升智能制造和上云、用云水平，促进产业集群数字化发展，从各个方面扶持助力中小企业数字化转型。在政策实施过程中会有一系列的资金、技术、人才优惠机会，中小企业也应该主动关注、利用好扶持政策，借助外力提高数字化水平、降低转型成本、提升转型效率。

(3) 推进SaaS平台应用，降低开发成本

中小企业在进行数字化、网络化、智能化转型的过程中，由于自身开发能力有限，SaaS应成为中小企业数字化转型的主要工具。中小企业可根据实际需求，购买财务、人力、供应链、制造等云服务，快速构建数字化能力。一是采购供应数字化，帮助采购部门连接供应商，进一步帮助企业降低采购成本。二是生产过程数字化，通过推动企业生产系统、生产数据等上云，优化生产控制流程，提升生产效率和水平。三是营销数字化，通过上云提高用户的触达程度和转化效率，实现销售规模的扩大。四是管理数字化，通过云平台打破企业内部的数据孤岛，使各部门实现真正地协同办公。

(4) 加入平台生态圈，成为别人生态的一部分

目前，大型集团企业纷纷依托自身在价值链中的主导地位，构建工业互联网平台，并整合外部资源构建行业服务生态。中小企业由于自身能力不足难以搭建有影响力的行业平台，但可以通过加入大企业的行业生态，成为整个平台的一部分。这样不仅可以依托平台提高自身数字化水平，还可以通过参与生态构建提升市场份额。

第 3 章
创新战略：数字化转型 2.0 的新标配

> 组织需要的不是数字化战略，而是适应数字化时代的商业战略。
> ——斯隆管理学院数字化经济首席研究员韦斯特曼

最近有一句话很流行：拿着旧地图，找不到新大陆。的确，从技术发展阶段看，我们正处于一个大的转折点，推动经济发展的旧引擎日渐衰竭，率先掌握新技术的领先企业将毫不留情地颠覆那些传统企业，而首当其冲的是行业巨头。这时候我们需要的就不能是对原有产品、原有模式的修修补补，而是一场大转向、大变革，只有这样才能找到新的大陆。

在数字化时代，企业最为恐惧的一个问题是跨界竞争。在原来的竞争格局中，尽管竞争激烈，但各企业还是会保持一定的克制，会留下足够的利润空间。但一夜之间，新的互联网公司诞生了，新的数字化产品被广泛接受了，很多传统企业发现忽然间多了很多陌生的竞争对手，他们的产品和竞争手段是人们完全不熟悉的，再加上竞争对手有雄厚的资本支持，他们开始在传统行业中横冲直撞，肆意地碾压原来的规则，很多传统企业原有的优势在这些"野蛮人"的冲击下荡然无存。克里斯坦森用一套"破坏性创新"理论完美地解释了这一问题。本章将首先结合这一理论分析传统企业如何避免被颠覆，如何借助新的战略、新的技术实现自我的变革与持续精进，找到通往新大陆的方向、设计通往新大陆的正确路径。

3.1 市场领先者为何频频失败

传统企业之所以如此重视数字化转型,一个最大的原因是对互联网企业"降维打击"的恐惧。很多传统企业突然发现自己赖以生存的产品、服务、技能在一夜之间变得过时了,不再被市场和用户需要了。在数字化时代,这样的情况在越来越多的行业中出现,因为数字化技术是一种强大的颠覆性技术,许多在原有环境中成功的企业在数字化技术背景下折戟沉沙。

3.1.1 领先者是如何一步步被打垮的

近年来,我们听到了很多关于行业领先者衰落的故事,最具代表性的是曾经的手机王者诺基亚。十多年前,诺基亚还是全球手机的领导者,从 1996 年到 2010 年,连续 14 年的手机销售世界冠军,经典的开机画面和手机铃声至今仍然让人记忆深刻。然而,iPhone 的横空出世打破了其垄断地位,诺基亚迅速被甩在了新时代的身后。时任 CEO 约玛·奥利拉说:我们并没有做错,但不知道为什么我们输了。作为企业最高领导,到最后都不知道失败的真正原因是什么,当真是令人感慨。

无独有偶,柯达胶卷也是另一个典型。作为一家百年企业,柯达成立于 1889 年,2007 年巅峰时期市值一度达到 310 亿美元。然后短短的 5 年之后柯达却申请了破产,倒在了数字化时代的大门口。

导致这些曾经的行业领先者失败的最直接的原因就是数字化技术的冲击。当然,不同行业受到数字化技术冲击的时点不同。最早感受到数字化技术冲击的是数字化设备制造商、运营商、媒体、银行等,其次是零售、教育、医疗、物流、汽车等,而能源、矿业、钢铁、农业等相对来说受到的冲击较小。从目前看,零售行业可能是受数字化技术冲击最大的行业。

"欲知生先知死",要想理清一条借助数字化技术重生的思路,首先要了解很多领先者到底是怎么"死"掉的?进攻者是如何一步步打败这些行业霸主的?其实巨头倒下并不是一夜之间的事,一项新技术要取代原有技术一般需要 5~15 年的时间,在这个过程中会产生很多警报,可惜的是传统企业的大意、麻痹、自负让一次次扭转局势的机会白白流失了。从时间维度看,这个新技术取代原有技术的过程可以细分为几个小的阶段,每个阶段传统企业都有不同的心态,不同的表现。这个过程可以用如图 3-1 所示的曲线形象地表达出来。

- **第一阶段:看不见。** 在最初的四分之一时间内,新技术企业开始萌芽,并开始进入原有技术占有的市场内,但由于进攻者往往规模较小,这个时候市场中原有的领先企业根本感受不到进攻者的存在,通常不会把其看作新的竞争对手。但在原有领先者的视线之外,进攻者正在攻城略地,逐步占领市场。

- **第二阶段:看不起。** 进攻者开始在市场中发声,传统企业也开始感受到新技术企业的存在,但此时新技术企业还不成熟,传统企业并不把它们放到眼里,对它们的评价基本都是负面的。此时,进攻者可能会出现一些失误,原来的领先者会因为进攻者的失败而变得更加自信,甚至会产生傲慢情绪。但是,进攻者往往不是一个人在战斗,而是一群企业在发动攻击，就算有部分企业在进攻中倒下了，但更多的企业会前赴后继地发动进攻。总体上看，这是原来的领先者最舒服的时期，经济效益不会受到进攻者的实质性影响。此时时间基本已经过去一半了。

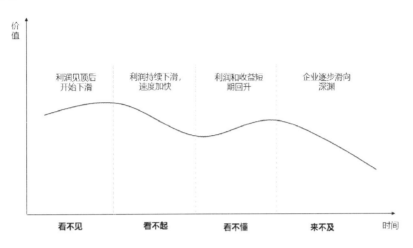

图 3-1　传统企业在数字化技术冲击下的发展曲线

- **第三阶段：看不懂**。进攻者继续快速成长，传统企业开始感受到新技术带来的压力，原来的领先者的市场份额降低或者销售额曲线开始变得平缓，这时候的传统企业开始了分化：一部分企业倒闭，但它们到死都认为经营不善是业务的自然周期所致，而不是新的竞争带来的。还有一部分企业随着实力最弱的竞争者的倒闭，其收益甚至出现了增长，市场占有率还提升了，在这类企业中，傲慢的情绪再度抬头。还有一些开始觉醒的企业则开始学习进攻者的做法进行变革，但却发现转型很困难，学习往往流于形式，很难真正看懂新技术的精髓。此时时间已经过去三分之二，留给传统企业的时间已经不多了，这段时间可以看作是"回光返照期"。
- **第四阶段：来不及**。在周期的最后阶段，取代的过程集中而迅速，原来的领先者的市场份额开始出现大幅滑坡。一旦运营利润率开始出现真正意义上的下滑，无论你采取多么大胆的创新措施，都难以扭转局面。当然，此时还会有一部分市场留给传统企业，不过市场空间已经很小。就这样，数十年的行业规则被彻底改写了。直到这个时候，还有很多迟钝的传统企业仍然对用户为什么抛弃它们感到困惑不解。

这一过程在近年来在很多行业重复上演，尤其是很多大型企业，面对新技术对行业的颠覆性再造过程，它们几乎都从最初的无视，到后来的傲慢，再到最后的懊悔，不断错失良机，最终只能坐以待毙，遗憾收场。

3.1.2　破坏性创新重塑企业竞争格局

当然，上一节只是从过程角度简单进行了论述，仍然没有深刻地解释原来的领先者到底为什么失败。对这一问题，一种通常的解释是：这些企业在成功之后，慢慢地失去了创新能力和创新意识。然而，这种指责既不公平，也没有反映真实的情况。无论是柯达还是诺基亚，它们都拥有大量优秀的研发人员，也看到了行业未来的发展趋势，它们甚至是下一代数字技术的主要发明者，因此并不缺少创新能力。那么，这些企业既看清了未来的趋势，也具备相应的创新能力，为什么面对变化却无能为力呢？对于这个问题，克莱顿·克里斯坦森教授在其著作《创新者的窘境》一书中有精彩的解释。克里斯坦森认为，企业的创新可以分为两类：延续性创新与破坏性创新。管理良好的企业往往通过延续性创新推动自身发展为龙头企业，而破坏性创新是面向未来需求的。在延续性创新方面做得好的企业往往难以应对破坏性创新的挑战。

1. 延续性创新

延续性创新是指那些延续了行业对产品性能改善幅度的技术创新。成熟企业由于科研能力比较强，会更早注意到现有技术的极限在哪里，通常会提前很多年就冒着巨大的财务风险，投入研发新技术，这些技术通常是在相同的技术指标上，提供更高性能的新技术，即延续性技术。企业创造的绝大部分利润，都是来自延续性创新。延续性创新定位于要求更高的高端用户，为其提供超越当前市场水平的更优秀的产品性能，这些延续性创新都来自于优秀企业年复一年的持续性改进。

延续性创新在企业创新过程中体现了企业发展的稳定性、连续性和一致性。这是企业成功所必须具备的一般条件和特点。成功的企业一般都知道如何更好地行动，并且很好地将这种行动的认识落实到管理过程和经营过程中去。在渐进性创新过程中，管理者忙于进行持续的渐进性变革，因而他们经常对组织进行改进，以使更好地完成自己的使命。由于这些变革引起的震动相对来说比较小，对人产生的不确定影响也是可以忍受的，因而它们所引发的矛盾和不一致是可以控制的。

但延续性创新有一个隐含假设，即只要努力就能持续增长。然而，延续性创新不可能无限持续，无论是技术、产品、组织或者企业，都有其生命周期，技术和产品的潜力都有发挥完的那一天，尤其是数字化技术往往会加速很多产品的消退，原有稳定的业务、产品，在新技术冲击下变得日渐落伍，逐步走到了增长的极限点。

2. 破坏性创新

克里斯坦森在其著作《创新者的窘境》一书中还提出了破坏性创新的概念。所谓破坏性创新指的是新兴企业打败在位企业的结果，往往是更为低端的技术最后实现了对拥有高端技术的在位企业的逆袭。与我们常听到的"高维打低维""降维打击"不同，破坏性创新是"低维打高维"，是"草根逆袭"的过程。这样的案例很多，例如日本汽车对美国汽车的颠覆，韩国电子产品对日本电子产品的颠覆，网上商城对实体商店的颠覆等。破坏性创新分两种情况，即新市场破坏策略和低端市场破坏策略，具体如图3-2所示。

（1）新市场破坏策略

新市场破坏策略可以被称为"零消费"策略，新市场破坏性产品本身从价格上来说就十分易于被接受，而且也很便于使用，因此，它们很轻松就创造了一代全新的使用人群。个人电脑公司和索尼公司合作生产的第一代便携式晶体管收音机就是新市场破坏性创新产品，它们的用户全都是新用户——这些用户从未购买或使用过之前的产品和服务。

新市场破坏性创新不正面进攻主流市场，更多的是将主流价值网络中的用户拉到新的价值网络中，因为这部分用户发现使用新产品能带来更多的便利。正因为在新市场中进行破坏性推广面临的只是拉动消费的问题，因此不会让领先企业感到痛苦或引起警惕，等破坏性创新走到终极阶段时，它们才发现为时已晚。事实上，即使在破坏者开始从原始价值网络的低端市场拉走用户时，领先企业还会因此感觉良好，因为它们自身也会通过延续性创新不断向高端市场转移，正想甩掉被破坏者偷走的这部分低利润市场。

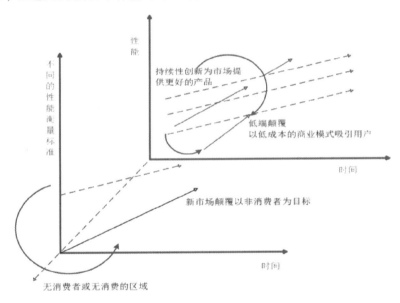

图 3-2　破坏性创新的两种模式

（2）低端破坏性策略

根植于原始或主流价值网络中的低端市场的破坏性策略称为"低端市场破坏策略"。它们没有创造出新的市场，只是利用低成本商业模式，为低端用户提供简单、便捷、成本低的产品或者服务，从而迎合低端用户的需求。破坏性创新产品一旦在新市场或低端市场站稳脚跟，就会开始启动其自身的改良周期。因为技术进步的步伐总是远远超过用户的实际使用能力，那些当前"不够成熟"的技术反而在通过改良后，最终恰好能切合更高级别用户的实际需求。这样一来，破坏者就走上了一条最终打败先行者的道路。当然，很多破坏行为都是双向混合的，既有对新市场的开发，又有对低端市场的突破。

基于此，有人把颠覆性创新总结为四种情况：把一个很贵的东西做得很便宜，把一个收费的东西做成免费的东西，把一个很难获得的东西变得很容易获得，把一个很难用的东西变得很简单易用。

3. 用破坏性创新理论解释领先企业为何失败

上面的破坏性创新理论仍然有些深奥、不易理解，下面就用简单的语言解释这个理论，回答我们前面提出的那个难题：为什么成熟企业在延续性创新中总是领先，而在破坏性创新中却很难保持优势地位呢？要回答这个问题，关键是要理解破坏性技术是如何取代原有技术的。

（1）破坏性技术取代原有技术的 4 个阶段

破坏性技术取代原有技术的过程可以简化为以下 4 个阶段。

1）处于市场领先地位的成熟企业首先研制出破坏性技术，但得不到应有的重视。

成熟企业是绝对不缺乏人才的，既有高瞻远瞩的战略者，也有踏实肯干的技术、工程人员，他们时刻在追逐新技术的发展。因此，大部分领先企业完全有能力开发出新的破坏性技术，诺基亚很早就开发出了触屏手机，柯达也是数码摄影技术的开创者。但这个过程一般是由某一个或某几个工程师最早发明的，且往往是利用非正规渠道的资源研制成功的，他们开发的新产品一般技术较新，但功能简单、产品不成熟。

工程师向市场营销部门的同事展示他们的创新成果，市场营销人员也会把这些样机拿给主要用户试用，要求他们进行评估，结果显而易见，这些具有破坏性技术的产品往往并不完美，不能达到现有主流用户所需要的性能要求，主流用户更多的是要求在原有技术基础上的性能改进。于是市场营销人员对新技术产品得出悲观的销售预测。此外，由于新技术产品的结构更加简单、性能一般，预期利润率也低于性能更高的产品，因此公司的财务分析师也反对这个新产品。面对这样的反馈，公司的高层管理人员决定将开发计划束之高阁。此时，站在营销、财务、领导角度看，不重视这个新技术产品都是基于理性做出的科学决策。

2）成熟企业加快对延续性技术开发，新技术开始独立发展。

公司接收到了用户的反馈，通常会把新技术束之高阁，并加快对延续性技术的开发。延续性技术项目满足了现有消费者的需要，并且可以针对大型市场获得维持增长所必须的销售额和利润率。尽管这通常意味着研发费用的增加，但相对于对破坏性技术的投资，这种延续性投资的风险似乎要小得多，因为消费者是现成的，消费者需求也是已知的。

但对那些发明新技术的工程师来说，很多人不想放弃这个辛苦得来的成果，其中部分有胆略的人从公司离职独立创业，自己去不断完善新产品。因此，很多领先企业成为创新企业的黄埔军校。当然，在这个过程中，还会有很多其他人发现创新机会，纷纷成立新公司，开始向新技术、新产品进军。

3）破坏性技术市场在反复尝试中逐渐成形，并向高端进化。

新兴企业由于技术不成熟、资金不足等压力，不太可能直接和原有的领先企业展开直接竞争，它们瞄准的用户就是前面提到的"新用户"或者低端用户。这些产品尽管功能上并不完善，但对低端用户来说已经足够，这些用户快速接受了新的产品，新兴企业和新兴市场的用户一起成长。在此过程中，破坏性技术不断地迭代更新，逐渐完善。

在此过程中，成熟企业对低端市场和新兴企业对高端市场的看法并不对称。成熟企业在审视新出现的、结构更简单的产品市场时，会认为这些市场的利润率和市场规模都不具有吸引力；与之相反，新兴企业则认为，更加高端的高性能市场的潜在销售额和利润率极具吸引力。新兴企业站稳脚跟后，就会继续发展破坏性技术，使其产品逐渐满足用户的其他需求，使产品从小众变为主流，从而侵入到高端市场。

4）成熟企业棋慢一招，逐渐被替代。

当破坏性新技术足以满足主流市场的需求时、成本结构更简单，性能也足够稳定的创新产品，开始在主流市场站稳脚跟。这时，原先的领先企业才意识到创新技术的破坏性，匆忙找出它们在之前束之高阁的样机，并将这些产品推向市场，以期维护自己的市场份额和用户基础。但它们发现，新兴企业已经在制造成本和设计经验上建立了不可逾越的优势，自己在设计和生产上已经完全跟不上新兴企业的脚步了。

这个发展过程与我们前面说的原来领先者被打败的过程基本一致。可以发现，在这个过程中，处于领先地位的传统企业所做出的决策其实是非常理性的，但就是这些理性的决策导致了企业一步步走向失败。

（2）领先企业为何失败的根本原因

在《创新者的窘境》一书中，克里斯坦森教授给出的结论是：**就算我们把每件事情都做对了，也有可能错失城池，良好的管理、理性的决策正是导致领先企业马失前蹄的主因。**这个结论听起来非常荒谬，但却有深刻的道理。

1）由低入高易，由高入低难。

正如"由俭入奢易、由奢入俭难"一样，理性的管理者很少能找到充分的理由进入规模小、需求不明确、利润率更低的低端市场。成熟企业面对的是市场上形形色色的用户，它们确实有能力服务所有人，但总有一些用户的生意更好做、利润率更高，就是所谓的VIP用户，企业有强烈的欲望和动机想要扩大这部分用户的比例，这时抛弃低端用户通常是一个必然的选择。高端市场良好的增长前景和更高的盈利能力看上去总是要比固守在当前市场更有吸引力，因此企业在产品和服务升级的过程，就是一个不断放弃现有低端用户的过程。这一向高端市场移动的理性模式会在低端市场形成一个竞争真空，形成一种向上迁移的吸引力，吸引新兴企业参与竞争。

创新企业面对的本来就是低端用户，虽然这些用户目前是它们赖以生存的全部，可它们也有强烈的欲望向高端用户进军，它们清晰地体会到自己与成熟企业的差距，推出的每一代新产品都力图缩小这个差距并试图进入高端市场，获取更多利润。正是这种不断向上的攻击性使得破坏性技术严重威胁到了成熟企业的地位。

就这样，成熟企业忽视或放弃创新企业的市场，但创新企业对成熟企业的市场却不断发起冲击，结局就是成熟企业的失败。

2）用户至上，丧失机会。

关于成熟企业失败，克里斯坦森还给出了一个更加深入的解释，就是价值网。所谓价值网是指相关利益者所结成的相互关系，在这张价值网里，主要的要素是用户、产品、技术和组织。真正决定企业未来发展方向的是价值网，而非管理者，真正主导企业发展进程的是企业以外的力量，而非企业内部的管理者。

用户是企业最宝贵的资源，但也是企业最主要的思维盲区，因为很多企业以用户为中心，产品、技术的研发方向往往是为了满足用户当下的需求，与用户结成了一张满足当下需求的价值网。在用户没有产生新的需求之前，企业很难投入足够的资源来发展破坏性技术，那些不被主流用户所接受的低利润机会，但到用户产生相关需求时，一切为时已晚。

3）小市场不能解决大企业的增长需求。

破坏性技术通常会推动新市场的诞生。相对于后来进入市场的企业，最早进入这些新兴市场的企业拥有显著的"先行"优势。但是，很多成熟企业却很难进入更新的小型市场，原因是这些新市场看起来太小，满足不了这类企业的增长需求，引不起兴趣。

例如，一个市值为5000万元的企业，只需要获得500万元的收入，就能在随后一年实现10%的增长率，但是一个市值为50亿元的企业，需要获得5亿元的收入才能达到10%的增长率，很难有新兴市场能有如此大的规模。因此，当一个企业发展得越大、越成功，新兴市场所发挥的企业增长引擎作用就越弱。

对于大型成熟企业的管理者来说，即使理性思维告诉他们，这些小型市场有朝一日可能会发展壮大，但企业内部的资源分配流程，使得大型企业依然很难将足够的物质和人力资源投入到小型市场的开发上。许多大企业采取了一种"等待战略"，即等到新兴市场的规模发展得足够大时再进入市场，或者直接去收购一家该领域的公司。但在此类新兴市场中能成功活下来的企业往往只有第一、没有第二，要收购一家排名第一的新兴企业并不是一件容易的事，排名靠后的公司，也往往难以在激烈的市场竞争中立足，收购的意义不大。

4）无法对并不存在的市场进行分析。

翔实的市场研究数据，细致的规划以及严格按计划执行，是良好管理模式的基本特征。在进行延续性技术创新时，遵循这些方法将使企业受用无穷，这也是成熟企业能够引领历史上每一次延续性技术创新的主因。但是，在应对能够催生新市场的破坏性技术时，市场研究人员和企业规划人员却找不到行之有效的策略。

对于那些在进入市场前，需要得到市场规模和财务收益率的量化数据，才能做出投资决策的企业来说，通常会在面对破坏性技术时变得束手无策。因为市场尚不成熟，不论是市场数据还是收入或者成本预测，实际上都不存在或无法预测。利用管理延续性技术的规划和手段来应对完全不同的破坏性技术是无效的。

5）机构的能力决定了它的局限性。

一个机构的能力主要表现在两个方面，一方面是流程，也就是将劳动力、资源、原材料、信息、现金和技术投入，转化为更高价值的产出的方法；另一方面体现在价值观，这是全体成员在做出优先决策时所遵循的原则。从本质上看，流程的建立是为了让员工持续不断地重复完成任务。这就意味着，机构用以创造价值的机制从本质上来说是排斥变化的。所以，成熟企业所拥有的资源，能够保证它们在延续性技术和破坏性技术创新两方面双管齐下，但这些企业的流程和价值观，却决定了它们无法成功地进行破坏性技术创新。

正是这些原因造成了创新者的"窘境",导致了领先者的折戟沉沙。这也成为很多传统企业的噩梦,它们担心自己有朝一日也会被不明竞争者颠覆。

3.2 制定数字化时代的企业创新战略

以上分析了领先企业失败的原因,在理解了其中的逻辑后,传统企业就要尽快采取措施避免重蹈覆辙。那需要怎么样才能做到这点呢?答案是启动第二曲线创新,制定双元数字化创新战略。

3.2.1 开启第二曲线创新征程

1. 第二曲线的基本内涵

每一种技术的增长都是一条条独立的"S型曲线",一项技术在导入期技术进步比较缓慢,一旦进入成长期就会呈现指数型增长,但是技术进入成熟期就走向曲线顶端,会出现增长率放缓、动力缺乏的问题。而这个时候,会有新的技术在下方蓬勃发展,形成新的"S型曲线",最终超越传统技术。因此,新旧技术的转换更迭,共同推动形成技术不断进步的高峰,从而带动"新经济"的发展,这就形成了第二曲线的理论。第二曲线理论示意图图3-3所示。

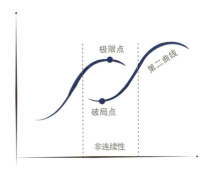

图3-3 第二曲线理论示意图

第二曲线理论最早是由英国管理学家查尔斯·汉迪提出的,查尔斯·汉迪认为:任何一条增长的S曲线,都会滑过抛物线的顶点(极限点),持续增长的秘密是在第一条曲线消失之前,开始一条新的S曲线。此时,时间、资源和动力都足以使新曲线度过它起初的探索挣扎的过程。为了便于区分和理解,将前一条S曲线称为"第一曲线",将新的S曲线称为"第二曲线"。近年来混沌大学李善友教授在国内不遗余力地进行该理论的深入研究与推广,使得该理论逐渐被广为人知,以至于现在很多企业都宣称要启动第二曲线的创新。

第二曲线理论与克里斯坦森的破坏性创新异曲同工,所谓第一曲线就是延续性创新,这种创新是沿着既有通道的创新,如对现有技术的持续改进、产品的升级迭代、流程的不断优化等,通常表现为线性增长。第二曲线就是非延续性创新,是从一个经济结构向另外一个经济结构的转换,这种创新往往能够带来指数级增长。

前面已经提过,延续性创新致力于在原有技术领域进行不断的完善和提升,努力做到更好、更快、更强,以更好地满足现有主流用户不断增长的需求。延续性创新有一个隐含假设:只要我努力,就能够持续增长。但实际情况并不总是这样的,无论是技术、产品、组织或者公司,随着持续的增长一定会到达增长的极限点,处于极限点时,即使投入再多的人力、物力和资源，产出率也会不增反降。因此，企业领导者需要有敏锐的市场洞察力，制定面向未来的创新战略，推动企业走出加速成长的第二曲线。

近年来，数字新技术对很多行业来说都是重大的技术非延续性变迁。诺基亚、柯达等公司的衰落就是因为没有能跨越模拟技术向数字技术的跨越导致的。历史也证明，当新的技术潮流来临时，引领当前技术潮流的企业很少能够保持自己的领军地位。如《创新：进攻者的优势》作者福斯特就统计过，在两种技术出现的断裂期中，原来的领军企业10个大概有7个要被取代。

经典战略理论认为企业应该"坚守本业"。企业的成功建立在一组独特的竞争技能上，而这种技能要用许多年才能积累出来。因此，企业应该始终坚持做自己的核心专定领域，而不要轻易转到新的领域。这种理念在技术稳定发展时是合适的，但在新旧技术变革更替的时期，成熟企业却常常会因为傲慢、迟缓而被抛弃。企业要想避开这个陷阱，就必须善于发现并尽早利用这类颠覆性技术，这就是第二曲线理论的关键所在。

2. 业务创新组合策略

企业要想真正做到基业长青，就需要在第一曲线和第二曲线之间做出合理的组合管理。例如，谷歌公司就应用了一个鼓励创新政策，叫作70/20/10原则。谷歌将70%的资源用来加强其核心业务，用20%的资源专注于拓展核心业务，剩下的10%被分配给一些长期看来可能很重要的边缘概念上。该政策确保谷歌在不断提升其核心的搜索和广告业务的同时，仍有足够的资源去开发新的服务并推出实验性产品，简言之，70/20/10原则就是将资源在现在—接下来—未来之间做出合理分配。

遵循这样的比例，企业才能通过现有第一曲线的持续发展维持稳定的地位，又能够通过第二曲线创新应对来自其他企业的颠覆和跨界打击。只有这样，企业才能持续发展，才能基业长青。数字化时代的业务长青之道示意图如图3-4所示。

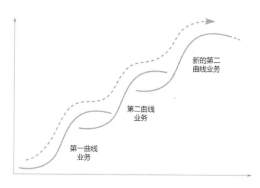

图3-4　数字化时代的业务长青之道

对于这一观点，加里·哈默先生有一个生动的比喻：管理者最好将自己视为牧场主——以草为生的牲畜总是在不停地迁徙。牧场主的忠诚既不体现在某块草地上，也不体现在某种牲畜上：当一块草地被吃光后，他们会赶着牲畜继续迁徙；如果某种牲畜掉队了，就会被宰杀。随着时间的推移，整个牲畜群实现了新陈代谢，衰老的动物被送往屠宰场的同时，又有新的幼崽不断出生。业务的变更也是这样一个不断更新换代的过程。

总之，数字化时代，企业要构建一套均衡的组合式创新策略，在基于现有成熟业务的连续创新业务、针对未来的前沿风险（非连续性）业务之间寻求一个合理的平衡点，两条曲线不断交替进化才能确保基业长青。

3. 怎样才能创造出第二曲线

第二曲线创新往往是非延续性技术实现的突破性创新。突破性创新是企业在技术、管理等方面的间断性和跳跃式的创新,如石英表取代机械表,航空公司由提供运输转为提供服务。突破性创新是企业发展的关键机遇,但由于其高度的不确定性导致了其过程的高风险性。企业需要进行审慎规划,需要准确把握下一次颠覆性技术浪潮到来的时机。或许只有在经历一系列重大失败之后成功才会到来,关键在于最大限度地增加创新机会,减少失败次数。

实现第二曲线创新的关键思路有三点:第一是思考现有成熟的新技术可能带来的创新机会;第二是从用户需求入手,分析需求未被满足的最大空间在哪里;第三是分析行业中新出现的颠覆者,哪些公司最有机会构建何种新产品和新服务。

第二曲线创新应该是在原有业务中由于技术、模式的变化自然生成出来的新业务,用李善友教授的理论来说就是分形创新。第一曲线是企业的主营业务,在发展过程中会产生无数的次级创新,表现为无数的小 S 曲线,所有的小 S 曲线都在促进企业主营业务的增长。当其中某些次级创新受到消费者、市场或者资本等的青睐时,就有可能成长为第二曲线,所以第二曲线是自然成长出来的(如图 3-5 所示)。

图 3-5 以分形创新实现第二曲线创新

可以说,第二曲线创新的指数级增长并非从无到有的创造,而是在第一曲线里注入创新,当环境变化时,很可能其中某个子创新就会成长为第二曲线,新业务是创新的自然结果。因此,一定要专注第一曲线,也就是原有的业务,但是要在其中不断探索创新。

那些貌似天才般伟大的创新,其实都源于第一曲线的分形创新。例如,亚马逊最初只是一家网上书店,后来发展成为全球商品品种最多的网上零售商和全球第二大互联网企业。为了应对全球用户的高并发访问需求,亚马逊开发了自己的云平台,后来云平台对外开放,取得了成功,就连其竞争对手苹果公司也要依靠 AWS 为其提供云服务。这就是一个典型的通过原有业务分形创新成长为第二曲线的案例。

3.2.2 构建双元数字化创新战略

前面提到,企业的数字化创新要在两条曲线之间保持平衡,也就是说要在以延续性创新为代表的第一曲线创新和以非延续性创新为代表的第二曲线创新之间保持平衡。变革大师约翰·科特在 2018 年的《变革加速器》一书中就提出"一个组织两种模式的双元驱动系统",核心强调的是今天组织的主营业务不能撼动,须维稳保住存量同时激活增量,组织既有科层的机构去维护它的传统业务和主营业务,同时又能产生一个不断去激发创新的新生系统,反哺主系统。但这对企业来说是有很大难度的,就像我们平常说的"脚踩两只船",一只可能是落后的木帆船，另一只却是一艘先进的快艇，企业要能同时驾驭这两艘船，并且乘风破浪、一路前行。

1. 什么叫作双元创新战略

所谓双元创新战略是指：企业使用一定的管理手段，增强探索式创新和利用式创新的协同作用，抑制探索式创新和利用式创新的冲突，从而同时实现探索式创新和利用式创新在较高水平上。实施双元创新的企业，既具有较高的探索式创新水平，也具有较高的利用式创新水平。数字化双元创新战略如图3-6所示。

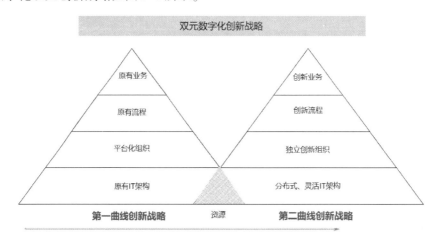

图3-6　数字化双元创新战略示意图

本书所指的双元创新的概念是在组织双元性理论的基础上提出的。组织双元性理论指出，成功的企业必须是双元的，一方面企业通过探索式创新寻找新机会、开发新市场和研制新产品，着眼于未来的发展；另一方面企业通过利用式创新把握现有机会、改进现有产品和满足现有顾客的需求，着眼于当前的稳定发展。

在这个过程中，企业的转型策略可以用四个字概括：守正出奇。所谓"守正"是针对第一曲线而言的，要利用常规技术、常规思路进行延续性的创新，延迟"极限点"出现的时间，尽可能延长现有业务的生命。所谓"出奇"则是针对第二曲线创新，要利用技术实现产品、模式的突破性创新，为企业赢得全新的增长空间。在这样的背景下，企业需要构建一个双元的数字化创新战略。

坚持双元战略是一种继承与创新并重的思路。传统产业运行多年肯定会积累很多的成功经验，很多经验并不会随着新技术的诞生而被抛弃，例如汽车产业近百年来形成的重视安全、舒适、耐久、可靠等特性不会变，只会随着新技术进一步强化。因此，也不能过于强调新技术而忽视了传统的经验。在转型变革的关键时期，更要重视承前启后的战略重要性。正如李书福所言：在汽车领域，我们既要保持传统核心能力的优势，比如传统机电能力优势、传统品质控制优势、成本控制优势等，又要开创新的革命性优势，比如人机交互、无人驾驶、中央计算、换电充电基础设施、能源管理、智能出行、工业互联等。我们既不要急于求成，鲁莽行动，也不要故步自封，自我陶醉，而且还要发扬传统优势，继续做强节能汽车升级转型。

2. 如何构建双元创新战略

在双元创新战略下，企业要同时构建两套企业运营机制。在第一曲线创新策略下，企业需要构建稳定的机制，延续经营的文化、流程、组织、IT架构都要尽量保持平衡。在第二曲线创新策略下，则要构建创新的文化和流程、独特的组织模式和灵活的IT架构。这听上去很容易，但做起来很难，因为创新和管理之间存在着某种不可调和的矛盾。创新在于寻找下一个市场，而管理的要义在于要让现有市场效果更大化。要解决这一问题，需要将资源投入到不同的领域，在现实和未来之间做出平衡的选择。一个科学的创新矩阵可以提供一些指导（如图3-7所示）。

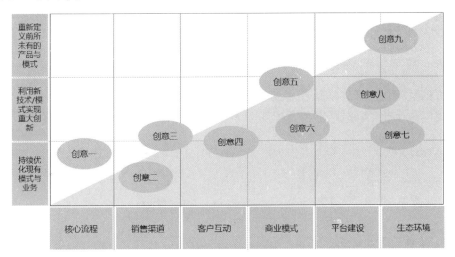

图3-7　数字化创新矩阵示意图

如上图所示，在纵轴上将创新的深度分成了三级：

- **运营体系持续优化**，即对现有运营体系和产品参数进行优化，跟随技术发展步伐持续提升现有产品性能，而业务体系和产品本身一般不会有本质性的转变。其主要着眼点是优化现有运营模式和传统存量业务，价值创造和传递活动主要集中在企业内部价值链，采取的措施主要是依靠规模化、集约化等来降低成本、提高效益。

- **产品和服务创新**，即结合新技术和新模式创造优化的产品和方案，主要专注于传统业务的延伸服务。主要依靠沿着产品/服务链延长价值链，开辟业务增量发展空间，例如从做产品向提供服务转型，依靠服务带动产品升级就是典型做法。

- **重新定义**，即创造前所未有的产品或模式。在这个阶段商业模式会发生颠覆式转变，企业会专注于发展壮大数字业务，形成符合数字经济规律的新型商业模式，相应的也要求企业开放业务生态，构建更大的平台，与生态合作伙伴共建新的生态关系。

在图3-7的横轴上界定了从内到外需要协同和调整的范围。在这个创新矩阵的基础上，对于新产品的创新程度就有了清晰的认识，越是偏向右上角的事项，不确定性越高，需要投入的资源越大，潜在的收益也越多。

根据这一矩阵，不同企业在不同阶段要采取对应的策略，如在企业经营比较困难时，首先要考虑的是自救，这时就应该把主要精力集中在调整创新上，即矩阵中风险最低的部分，也是最容易获得回报的环节。当创新获得动力并开始产生利润时，就可以尝试更加高级、更有野心的行动，即重新配置和重新定义的创新。

在任何一个阶段，领导者必须重新审视各阶段业务的投资比例，确保彼此之间的平衡，创造出能够均衡各个生命周期阶段的业务组合。管理的关注点是回报的多少和成功的可能性，要能够在保证稳定性的同时又让自己有足够的灵活性去探索有风险的新领域。

另外，转型绝对不是简单地从A到B到C到D，而是从A到A+，再到A++。这就需要领导者识别第一曲线创新和第二曲线创新之间的协同效应，如果第一曲线创新到第二曲线创新没有业务的关联性，没有业务的协同性，转型也很难成功。

3.2.3　数字化创新战略的内容框架

一个好的数字化创新战略需要起到"见终局、揽全局、知时局、应变局"的作用。具体说，完整的数字化创新战略需要考虑如图3-8所示的几部分内容。具体来说，包括以下几个关键点。

图3-8　数字化创新战略的内容框架

1. 解析数字化对于行业的影响

企业应首先聚焦分析数字化给所处行业带来的影响。数字化的影响是多方面的，从产品服务层面、运营层面到商业模式层面都可能出现变化。企业要保持开放的视野，同时愿意积极拥抱数字化带来的变化。如果眼界不开、不远，企业就形同于只拉车不看路，即使看路了，也看得不远、不透。不能在战略规划过程中，只看自己想看的、只听自己想听的。战略规划一定依赖于三个要素：大趋势的理性判断，对于行业竞争的深刻理解，对自己核心竞争力的把握。

2. 锚定数字化创新战略愿景

在梳理数字化的影响后，企业需要进一步明确数字化的战略愿景。企业需要具体论述在数字化的影响下，自身的价值主张、竞争优势以及希望达成的目标。真正的目标，既是眼界的路标，又是前行的灯塔。一个比较优秀的目标是"跳一跳就能够到，但是需要使劲跳"的目标，这样的目标来自于以下三方面的支持和确认：你能够整合资源（人财物）的潜力有多强；目标如果不能实现，公司能否生存或是否会被淘汰；围绕实现这个目标你做了怎样的准备。

3. 规划数字化创新战略的核心举措

在规划数字化创新战略的核心举措上，企业需要重点关注三个方面。

- **商业模式创新**。这是数字化转型2.0阶段的主要工作，数字化转型要在未来几年真正带来商业模式的创新，推动核心业务适应数字化时代的要求，在保持现有业务的基础上真正开启第二曲线创新。
- **运营模式创新**。传统企业一般没有构建起科学、统一、高效、智能的内部运营体系，在数字化转型中，要重点在全渠道用户统一运营、平台化运营、数据驱动运营等方面有所突破，实现业务运作的提质增效。
- **IT整体架构优化**。企业架构是随着商业模式和技术发展不断变化的，数字化转型2.0阶段，企业架构最显著的特点是从纵向烟囱式系统向横向转型，中台架构将是未来IT架构的核心，中台的实施将带来总体架构的进一步变革。

4. 明确数字化创新战略的保障机制

在明确了数字化创新战略的愿景、核心举措之后，还要为战略实施设计落地的保障机制，这些保障机制是战略执行的软性因素，但往往也是最关键的因素。这些保障机制包含组织与人员、变革领导力、数字化投资、文化变革等。

5. 明确数字化创新战略的路径和破局点

最后还要围绕数字化愿景，从用户体验优化、运营效率提升和新商业模式拓展等需求，梳理数字化创新的项目，并根据项目的影响力和可行性对其进行优先级排序。这其中最重要的是寻找数字化创新的是切入点，就是从哪里入手。找到了切入点，就会有优势资源聚集，也就掌握了整合资源的原则和路径。

第 4 章
商业模式：数字化转型 2.0 的核心

当今企业之间的竞争，不是产品之间的竞争，而是商业模式之间的竞争。
——管理大师 彼得·德鲁克

数字化时代，在互联网企业的冲击下，随着市场的快速变化、科技的发展、消费者消费模式的改变、各种跨界竞争对手的出现，传统企业沿袭多年的商业模式正面临着被颠覆、被淘汰的危险，传统企业急需转变思维，探索新的商业模式。未来企业的竞争将是商业模式的竞争。商业模式的转型也是数字化转型 2.0 的核心内容之一。

数字化转型的难点在利用数字化技术构建新的商业模式，而新的商业模式的难点则是在通过数字化转型后形成哪些新的产品和服务，并在商业上形成闭环。要形成新的商业模式，背后则牵动着企业的战略、管理模式、商业模式等一系列问题。虽然目前已有很多企业在探索利用新的数字化技术进行商业模式的创新，但成功者是少数，很大原因是企业对商业模式背后的一些核心问题、商业逻辑并不了解。为了解决这些问题，就需要探讨以下几个基本问题：商业模式是什么？如何描述企业商业模式？商业模式能帮企业解决什么问题？数字化时代的商业模式有什么特点？如何优化和设计企业商业模式？怎么评价一个企业商业模式的优劣？本章就来逐一解读这些问题。

4.1 商业模式是价值创造方式的再造

很多人都确信,有了好的商业模式,企业就迈出了成功的第一步。有报道说,美国企业的成功,60%依靠商业模式创新,40%是技术创新。而我国的创业成功企业中,超过80%主要依靠商业模式创新,只有20%左右的企业依靠技术创新。从这一数据就可以看出商业模式的重要性。那么,到底什么是商业模式?为什么商业模式如此重要呢?它又包含什么要素呢?

4.1.1 到底什么是商业模式

这几年关于商业模式的话题始终热度不减,其背后的主要原因是在产品过剩、利润变薄的经济背景下,传统的以产品为中心的商业模式难以为继,如何找到新的商业模式重续辉煌,成为很多传统企业的重大课题。

1. 商业模式的基本内涵

自商业模式概念出现以来,许多研究者一直试图找到一套具有一般性、基础性的商业模式理论模型,设想用它作为通用工具来解释企业的价值创造活动。但遗憾的是,到目前为止,对商业模式的概念内涵还没有一致的认识。

目前有一种通俗的解释,认为商业模式就是盈利模式,用最直白的话来说就是:企业通过什么途径或方式来赚钱。例如,1元人民币投资之后变成了1.1元,商业模式是指这0.1元在什么地方增加的以及如何增加的。简而言之,商业模式解决企业做什么、怎么做、怎么赢利的问题,实质是商业规律在经营中的应用。

哈佛商学院教授克莱顿·克里斯坦森对商业模式有一个经典定义:商业模式就是如何创造、传递、支持和获取价值的系统。它包括四个环节:用户价值主张、关键资源和关键流程、赢利模式。用一句话来解释,商业模式就是描述与规范一个企业创造价值、传递价值以及获取价值的核心逻辑和运行机制,这一系列过程能很好地诠释企业整体运营逻辑。简单说就是价值主张、价值创造、价值传递、价值获取四个关键词。这四个关键词之间的关系具体如图4-1所示。

图4-1 商业模式四个关键词之间的关系

商业模式最核心的四个组成部分,四者缺一不可,少了任何一个,都不能形成完整的商业模式。

- **价值主张**。商业模式考虑的是价值,商业模式是企业创造价值的逻辑,它是企业在复杂多变的市场环境中用以识别机会、获得竞争优势并创造更大价值的主要法则。

- **价值创造**。把能使企业运行的内外各要素整合起来，形成一个完整的、高效率的、具有独特核心竞争力的运行系统，并通过最好的实现形式来满足用户需求、实现各方价值。
- **价值传递**。价值如何有效传递给用户的方式，包含如何把产品和服务销售给用户，如何与用户建立连接的渠道。随着技术变化，价值传递方式和手段变化也非常快。
- **价值获取**。价值获取是通过一定的盈利模式设计来持续获取利润，确保企业永续经营。主要包含成本的盈利两部分。

这样理论化的解释可能还是不容易懂，可以通过一个小例子来加深大家的理解。

假设有个报社，传统的经营方式是叫记者采编文章，找编辑去编辑稿件，找印刷厂去印刷报纸，然后找渠道去销售，这是最传统的报纸杂志的商业模式。后来，报社发现仅仅靠卖报纸不足以养活自己，所以就开发了新的广告业务。在报纸上打广告，其本质是把自身读者的注意力卖给商家，相对于传统的报纸销售来说，这是一种全新的商业模式，既不影响销量，又可以带来额外的收入。报纸本身可以有模式创新，那在发行端能否由创新呢？报社发现，每天早晨那个发行员只送报纸，能否同时给订报纸的用户订牛奶呢？于是报社与牛奶企业合作，一边送报纸一边送牛奶，既提高了效率，又增加了收入，这是商业模式的又一次升级。除了这些，还有没有更多的创新呢？答案是有的，很多报刊社利用自身的专业优势开始挖掘读者价值，例如，面向中小学生的报刊可以搞夏令营、各种大赛；专业期刊可以搞论坛、沙龙活动、读者会等，增加与读者的触点，这是对读者资源的开发，更是新的商业模式。从卖报纸到做广告、送牛奶，再到读者开发，这就是一个利用自身资源、不断进化商业模式的过程。

总之，商业模式是企业内外部达成共识的一套用来阐明组织如何创造价值的商业逻辑，是价值创造系统的整体布局，是一个企业得以运转的底层逻辑和商业基础。通过商业模式这一系统，企业可以管理自身拥有的各类资源，利用具有的组织运作、生产和营销等能力，生产和提供可以满足消费者需求的产品和服务。一个好的商业模式就是企业强劲的"动力之心"，是企业最大的巧实力！

2. 商业模式相关概念辨析

在大概理解了商业模式的基本内涵之后，还有必要再对与商业模式相关的几个概念做一番辨析。

（1）商业模式与企业战略的关系

商业模式与企业战略间相互间既有交集，又有所区别。商业模式源于企业战略，原本是战略的一部分，后来逐步独立出来，成为一个独立的体系。因此，两者具有非常紧密的关系。两者的差别可以用一句话概括是：战略规划是解决企业发展问题，商业模式解决企业生存问题。

商业模式与企业战略主要存在以下两方面的区别：

第一，两者有前后逻辑关系。战略更多关注的是定位问题，即企业应该占据哪个细分市场，在这个市场上应该采取什么样的竞争策略。商业模式是在确定进入哪个市场后，具体采取什么样的商业逻辑以赢得市场。这两者是有前后关系的。

第二，两者的关注点不同。商业模式是一个系统，更多的是考虑如何将不同业务能组合在一起，关注的视角重点是"合作"而非"竞争"。但企业战略恰恰相反，更多的是关注"竞争"问题。

（2）商业模式与运营模式的关系

在提到商业模式时，还经常提到一个概念，那就是运营模式。在第2章介绍 SMART + 框架时，也谈到 M 包含商业模式和运营模式，那这两者是什么关系呢？

如果回到企业经营的根本，会看到企业的经营中有两种根本性的内在力量在相互作用，这就是商业模式和运营模式。企业级的创新，最终都会落实在商业模式创新或者运营模式再造上。企业的数字化转型，就是对商业模式和运营模式的重塑和再造。这两者同时并存、相互交织。

首先，商业模式关注向外拓展市场、扩大市场份额，因此需要不断有新产品、新服务，乃至新模式创造出来，关心如何实现对原有价值创造模式的改变，让企业在变化的环境中找到新的价值创造的方式。

其次，外部价值创造模式的改变必然会带来企业内部运营模式的变革，就像之前提到的报社的案例，为了销售广告就要有广告业务团队，就要有广告销售、制作的流程，这些都是运营模式关注的内容。运营模式关注控制、约束、精益求精、追求利润最大化。没有良好的运营模式，再好的商业模式也难以真正落地、盈利。

总之，商业模式是运营模式的先导，运营模式的优化是商业模式落地的基础。如果说商业模式关乎企业的成长和长久的盈利能力，那么运营模式关注更多的是企业的效率，其关注点在内部。

（3）商业模式创新与技术创新的关系

技术创新和商业模式创新是企业发展的双翼，两者之间也有着剪不断理还乱的关系。到底技术创新还是商业模式创新优先，在理论和实业界都存在很大争议。

目前中国最成功的互联网公司大都是商业模式创新而不是技术创新的结果。出现这个结果是有客观原因的，这是技术发展与技术应用不同步导致的。我们都感受到了近年来技术的快速变化，但技术应用的速度远远没有技术自身变化的速度快，两者之间形成了一个巨大的鸿沟，这个鸿沟就是商业模式创新的空间，这个空间越大，说明商业模式创新的价值越大。具体如图 4-2 所示。

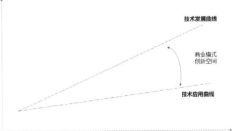

图 4-2　商业模式创新弥补技术与应用的差距

在中国还存在一个庞大而低端的消费市场，无数商品还没有被寻常消费者享受到，在这样的情况下，对绝大多数人来说，追求极致的新技术并没有太大的意义，反而是充分应用成熟技术更有价值。发现新的需求，并且创造出新的需求模式，显得比单纯的技术创新更加重要。

因此，商业模式虽然是基于一定的产品和技术产生的，但是它本身也可以引领技术和产品的研发方向。也就是说，企业可以先有商业模式，然后再围绕着商业模式的要求去开发相应的技术或产品，这在目前的中国市场是一个比较切合实际的举措。

（4）产品创新与商业模式创新的关系

很多咨询公司及IT厂商的数字化转型方法论中经常把产品创新与商业模式创新结合在一起去讲，认为数字化技术可以先创造新的数字化产品，然后再创造新的模式。那产品和商业模式到底是什么关系呢？

笔者认为，产品和商业模式并没有严格的先后顺序，不是说一定要先有产品创新再有模式创新，也不是说模式创新比产品创新更加高级。两者的关系比较复杂，可以用如图4-3所示的矩阵来表示。

图4-3　产品与商业模式关系矩阵

在这个矩阵中，产品与商业模式创新存在多种组合：

- 第一象限：旧产品、旧模式。这种情况下既没有产品的创新，也没有商业模式的创新，企业只能通过战略、管理、渠道建设去形成与竞争对手差异化。
- 第二象限：新产品、旧模式。企业基于原有的模式，设计新一个产品。就是用原来的模式打造新的产品，满足新的需求。
- 第三象限：新产品、新模式。在这个行业引入一个新产品，并用新模式做这个新产品，这是比较高的境界。
- 第四象限：新模式、旧产品。产品是老的，但模式是新的，利用旧产品化腐朽为神奇，价值创造的方式和结果都会不一样。

在这四个象限中，第三象限是最理想状态，但如果不能做到两者全部创新，能够做到基于原有的模式创造新产品，或者基于原有产品创造新模式都是有价值的。

4.1.2　为什么商业模式如此重要

管理学大师德鲁克认为：当今企业之间的竞争关键点逐渐由产品竞争转向了商业模式创新。为了实现可持续发展并获取长久的利润，企业的竞争优势不再是产品与服务，而在于商业模式创新。这也可以说明为什么近年来商业模式创新如此热门。对传统企业来说，商业模式创新是未来几年数字化转型2.0的重点内容之一，关系着数字化转型的成败。

1. 商业模式创新的价值

前面在分析柯达时，是从破坏性创新角度分析其失败原因的，其实从商业模式角度看，也可以分析为什么这个曾经如此辉煌的企业会在短时间内破产。柯达在漫长的岁月中形成了一种叫作"相机＋胶卷＋冲印"的业务组合，其中相机业务是不盈利的，每销售一台相机大概要亏损60美元，真正盈利的是胶卷业务，它是依靠相机带动胶卷和冲印业务，这个模式有一个专有名词叫作"剃刀＋刀片"模式，它是一种非常精巧、非常高明的模式，在打印机、刮胡刀、医疗设备等领域广泛应用，其精髓是设备本身不挣钱，靠附加的配件来盈利。但成也萧何、败也萧何，当1975年柯达生产出世界上第一台数码相机时，发现这种新技术无法带来胶卷和冲印业务的收入增长，反而会冲击盈利业务，于是这一新技术被无情地雪藏了。在数码相机日渐成熟时，柯达做的回应仍然是迅速开了10000家照片打印店，希望大家继续冲印数码照片，这个思路仍然是传统的商业模式思维，但市场无情地抛弃了柯达，使其成为倒在数字化时代大门口的第一个巨头。由此可见商业模式创新的价值和重要性。

(1) 商业模式创新是差异化竞争的必须

商业模式的概念是20世纪90年代后期才开始流行起来的，这与以互联网为代表的数字化技术的爆发式增长同步。数字化技术的快速发展，使得信息的加工、储存和共享变得越来越便利、成本也越来越低，这对公司的经营带来了巨大的变革：价值链被分拆并重组、众多新型的产品和服务不断出现、以电商为代表的分销渠道日渐成熟、更广泛的用户群体等。这一系列的变化最终导致了新的经营方式的大量涌现，几乎在每个行业都产生了新的商业模式。

对企业来说，它们拥有了更多的选择权。以前，公司的商业模式都大同小异，只要确定进入一个行业就知道自己该干什么。但是今天，仅仅通过战略分析选择一个有利可图的行业和市场是远远不够的，企业还需要在同一行业中设计一个具有差异化、竞争力的商业模式才能取得更大的竞争优势。企业在进行商业模式选择时，只有企业选择适合的、难以被其他企业模仿与超越的商业模式，企业的核心竞争力才会变强。而且，单一要素的企业创新已不能真正实现差异化，这就需要企业进行前所未有的变革。只有商业模式的创新才能全面变革企业运营的各个要素，才能适应增长的市场需求。

总之，商业模式包含了用户群体的选择、营销策略、产品规划、成本结构、收入模型等多个要素，这些都是企业经营的核心要素。商业模式能够帮助企业更好地理解、掌握、统筹这些要素。企业只有制定科学的商业模式，才能在竞争中立于不败之地。

(2) 商业模式创新是企业转型升级的必须

如今已是产品过剩的时代，而绝大多数的企业还在用传统的思维来经营。这使得企业开始面对层出不穷的难题：产品利润太薄，越来越不赚钱；同行打价格战，利润越来越低；找用户太费劲，打广告价格太高，成本过高；缺人才、缺资金、缺资源；库存压力大，产品很好但就是卖不出去等。很多问题表面上看是产品和管理的问题，但更深层次是企业的商业模式出了问题，原来的模式已经不符合时代要求了。

企业之间的竞争也是有层次的，商业模式是比较高层次的境界。如果企业总是沉溺在产品、营销、成本等低层次找出路的话，就像爬山一样，总在山脚、山腰打转转，很难到达山巅；而企业以商业模式的高度从上往下看时，就会豁然发现，通往山巅的捷径随处可见。成功的商业模式创新可以为企业带来卓越的价值提升和难以超越的竞争优势。

(3) 商业模式创新是数字化转型 2.0 核心

有专家认为，企业每过 5 年就要更新一次商业模式。虽然 5 年这个时间段不一定是固定的，但商业模式要与时俱进确实是必要的。

在数字化技术的冲击下，很多企业发现，自己原本赖以立身的商业模式落伍了，竞争者越来越多，市场空间越来越小，盈利越来越困难。与此同时，企业发现，很多门外的野蛮人冲进了自己的业务领域，凭借新的商业模式成为陌生但更加可怕的竞争对手。因此，对很多企业来说，不仅要实时更新产品和服务，还要实现商业模式的与时俱进。

从更加理论一点角度看，商业模式的数字化创新是实现企业数字化转型不可逾越的一个关键环节。具体如图 4-4 所示。

数字化转型的第一个阶段是内部运营的数字化，这其实是信息化的主要工作。企业利用 ERP 实现进销存一体化和业财一体化，实施 CRM 实现客户的统一管理等，多年来，这是企业信息化建设的重点，这个过程就是业务逐步数字化和线上化的过程。当然，随着数字化技术的进一步发展，运营数字化还将持续推进。

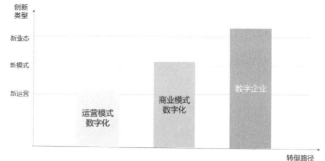

图 4-4　商业模式数字化在数字化转型中的地位

在业务运营数字化初见成效时，企业发现仅仅做内功是不够的，企业要想赢得新的市场竞争，需要商业模式的创新和数字化转型，只有充分实现利用新技术开拓新的市场、开发新的价值创造模式才能实现企业在数字化时代的持续增长。凡是不能实现这一点的企业都会如逆水行舟一般不进则退，只有不断实现商业模式创新才能距离数字化企业的目标更近一步。

数字化转型的最终目标是数字化企业，在实现了运营创新、产品创新、模式创新后真正实现业态创新，这是数字化转型的最高形态。由此可见，商业模式的数字化创新在转型中居于重要的地位。

(4) 商业模式升级是应对互联网企业竞争的必须

互联网技术的广泛应用，催生出了诸多成功实现商业模式创新的企业。这些企业在成功之后又反过来向传统企业发起冲击，对传统行业带来颠覆性的变化。为了满足日益个性化和多变的用户需求、抵御无处不在的跨界竞争和随时可能发生的颠覆风险，传统企业不得不借助数字化技术的赋能对自身的理念、模式、组织和运营进行一场不间断的系统改造。

如果企业不进行商业模式的创新，难免会遭遇行业的洗牌，最终湮灭在数字化时代的浪潮之中。所以，数字化背景下的商业模式创新研究就显得尤为重要，传统企业需要重点研究数字化如何作用于企业商业模式创新演化的过程，并"以其人之道还治其人之身"，以对抗互联网公司的颠覆。

总之，商业模式是一个企业健康发展的根本前提，是一个企业的基石，是关系到企业生死存亡兴衰成败的大事。企业要想获得成功，就必须从制定成功的商业模式开始。

2. 商业模式创新的注意事项

在进行商业模式创新同，要注意如下几个方面的事项。

- **商业模式创新要量力而为**。商业模式可以分为两类：颠覆式商业模式和优化式性商业模式。颠覆式商业模式关注用户的隐形需求，通过前瞻性的预测，利用最新的数字化技术手段重构、新建交易结构和交易规则，从而对市场行为进行较大的变革。优化式商业模式关注用户显性需求，并通过对市场的快速响应，调整、优化现有的交易结构和交易规则，对市场行为进行优化和提升。对传统企业来说，商业模式的创新要根据自身实力量力而为要避免急躁化倾向，不能总想搞出一个石破天惊的创新模式出来，一下子就能拯救企业于水火。这种急切的心情可以理解，但商业模式的创新并不容易，过于急迫、过于简单化反而会适得其反。

- **要避免商业模式创新的简单化倾向**。商业模式虽然很重要，但目前商业模式创新的成本已经不低了。10多年前，商业模式创新之风开始在中国盛行，那时商业模式创新的成本相对较低，但现在商业模式创新的成本已经非常高了。免费、补贴似乎成了新商业模式创业项目的标配，动辄几十亿、上百亿元的补贴不是一般企业能够承受得了的。而且商业模式创新也总是被无数跟随者模仿，导致创新演变成了异常激烈的竞争，逐渐演变为"烧钱"大战，最后的胜出者往往是那些融资能力更强、更有背景、更有资源的团队，而创新者的先驱很可能就变成了"炮灰"。最后，一个企业成功了，同时兴起的大部分创业者都不见了。即便领导者企业，也可能很多年也不能实现盈利。

- **要充分认识商业模式创新的风险**。在互联网＋、数字化转型的背景下，企业创新创业的高失败率表明创新是伴随着一系列难以控制的风险的，可能会带给企业巨大的损失。能否有效的管理与控制商业模式创新过程中的风险，对企业的经营成败与持续发展有着至关重要的影响。

- **要避免为了创新而创新**。数字化商业模式创新不会改变商业的本质，也不会改变传统企业的行业属性，不是"停业整顿"，也不是为了创新而创新，必须直接为业务带来价值。另外，创新都应该是核心能力的自然延伸，要避免把盲目多元化与商业模式创新画等号。

总之，商业模式创新在企业实践中的成功是比较困难的，然而企业一旦实现商业模式的全面创新将获得快速地成长，甚至可以将整个行业的局面扭转。因此，对传统企业来说，如何实现商业模式的创新与升级就是一个既充满挑战又有无限机遇的重要课题。

4.1.3 如何有效地表达商业模式

商业模式是一种简化的商业逻辑，内涵比较抽象，为了能让人更好地理解和应用，需要用一些形象化的模型来描述这种逻辑。由于商业模式概念的复杂，理论界和实业界纷纷从不同视角出发，采用不同的模型进行描述。以下选取三个比较典型的模型为代表，来分析一下到底如何来清晰、有效的描述商业模式。

1. Hamel 的商业模式框架

在商业模式结构化表达模型中，比较早期的模型是 Hamel 在 2000 年提出的桥接框架，他将商业模式构建为一个桥接模型，认为商业模式由顾客界面、核心战略、战略资源、价值网络四大元素构成。该模型依靠效率、独特、匹配度、利润驱动器四个要素来支撑，并通过顾客价值、结构配置和企业边界这三座"桥梁"的连接发挥效能。Hamel 的商业模式框架具体如图 4-5 所示。

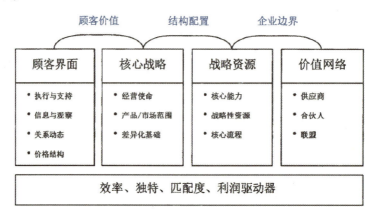

图 4-5　Hamel 的商业模式框架

2. Osterwalder 的商业模式画布

Osterwalder 在其著作《商业模式新生代》这本书中提出自己的商业模式理论，该理论指出，商业模式是一种特定的企业商业逻辑概念工具，建立在很多构成要素之上。同时他在自己的理论中提出了商业模式画布框架，将其变成一种可以描述、可视化的通用语言，他构建的商业模式画布模型由九个要素、四个界面构成。商业模式画布要素关系示意图具体如图 4-6 所示。

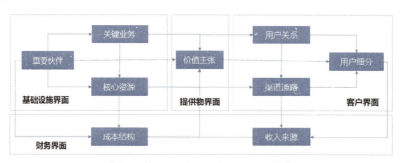

图 4-6　商业模式画布要素关系示意图

其中提供物界面由价值主张要素构成，解决的问题是企业准备为用户提供什么样产品/服务；用户界面由用户细分、渠道通路、用户关系三个要素构成，其所解决的问题是企业为谁提供、以何种方式、准备建立什么样的关系；基础设施界面由重要伙伴、核心资源、关键业务构成，其解决的问题是企业能提供的资源和业务操作能力；财务界面由成本结构和收入来源两个要素构成，它所要解决的问题是企业财务上的生存能力。

Osterwalder 说，就好像丑媳妇见公婆，很多看起来靠谱的商业计划会在第一次见用户的时候流产，让人感觉所有的时间和精力统统白费。而商业模式画布不仅能够提供更多灵活多变的计划，而且更容易满足用户的需求，更重要的是，它可以将商业模式中的元素标准化，并强调元素间的相互作用。

通过商业模式画布能让企业经营者或创业者能直观地理解企业的全貌，同时也能更好地帮助企业发现问题、找准方向，从而能够为企业建立统一的商业交流语言。下面就对商业模式画布中的这九个要素逐一加以介绍。

（1）用户细分

用户细分是指企业根据不同的因素对用户群体进行分类，并为所确定的目标群体提供有针对性的价值提供物（产品或服务）。用户细分所要解决的问题是"我们正在为谁创造价值？谁是我们最重要的用户？"简而言之，用户细分的目的就是找出企业的目标用户，进而满足其价值需求。企业的用户细分群体既可以是针对用户范围广的大众市场，也可以是针对特定用户的利基市场。同样，它可以是针对存在依存需求关系的多边市场，也可以是针对存在不同需求用户的多元化市场，还可以是针对存在需求差异相对小的区隔化市场。

（2）价值主张

价值主张则要解决"我们该向用户传递什么样的价值？我们正在帮助用户解决哪些难题？我们正在满足哪些用户需求？"商业模式创新的根本理念是"如何创造用户价值"，价值主张则是商业模式创新的根基，任何环节创新都离不开用户价值主张。商业模式的灵魂是价值主张，以用户价值为导向是转型成功的初始动力。用户需要的不是单纯意义上的产品或服务，而是隐藏在产品或服务背后的价值。实际上，是产品或服务背后的价值满足了用户的需求。这种价值可以用具体的价值属性加以具体描述，如舒适度、外观设计、质量、价格、款式、品牌、售后服务等。

（3）渠道通路

渠道通路是指企业与目标用户间的桥梁，反映着企业如何更好地捕捉目标用户的需求，并为他们传递价值。公司沟通、接触其细分的用户，传递其价值主张就是通过渠道通路实现的。数字化时代渠道变革的最大变化是去中介化，用互联网平台把企业与用户直接进行连接。

（4）用户关系

用户关系描绘了企业应该与各目标用户群体建立什么样的关系。由于企业是依据用户细分建立用户关系的，不同的目标用户群体对企业有着不同的关系需求，所以企业就需要根据这些差异化需求与自身情况，构建合适的用户关系。用户关系要考虑的问题是：我们每个用户细分群体希望我们与之建立和保持何种关系？这些关系成本如何？

（5）收入模式

如果说用户是商业模式的心脏，那么收入模式就是动脉。收入模式是指企业因向目标用户提供价值，从中获得的回报的模式。它关注"凭什么收费""对谁收费"以及"怎么收费"三方面的问题。其中，第一个问题就是企业的收入来源问题，企业通常可以选择一次性获取收入，也可以选择持续获取收入，而且，还可以根据设置付费与免费环节吸引不同顾客；第二个问题涉及的是企业的付费方与补贴方，即收入点；最后一个问题其实讲的是企业的收入方式，企业的收入方式有很多种，如销售产品、提供租赁服务、提供广告宣传服务等形式。企业能否持续赢利是判断其商业模式是否成功的唯一的外在标准。持续赢利是对一个企业是否具有可持续发展能力的最有效的考量标准，收入模式越隐蔽，越有出人意料的好效果。

（6）核心资源

每个商业模式都需要核心资源，这些资源使得企业组织能够创造和提供价值主张、接触市场、与用户细分群体建立关系并赚取收入。企业的资源可以分为有形与无形的资源，而通常较为重要资源的有：资金、用户、品牌、人才、知识、技术、文化等。

（7）关键业务

和核心资源一样，关键业务也是创造和提供价值主张、接触市场、维系用户关系并获取收入的基础。关键业务可以分为制造产品、问题解决、平台/网络等几类。

（8）重要伙伴

合作伙伴是指企业为满足目标用户需求，往往需要选择各种各样的合作伙伴，如供应商、研发伙伴、生产商伙伴、渠道伙伴、物流伙伴、融资伙伴、政府、媒体等。或者出于资源短缺，或者为了规避风险，或者出于效率和成本等因素考虑，企业会选择不同的合作伙伴。并且也要将合适的利益分享于合作伙伴，企业才会更好地获得持续发展。

（9）成本结构

成本结构是指商业模式价值创造、价值提供、价值维护、价值传递等整个过程中，所产生的各种成本，如基础设施购置费用、原料成本、员工薪资等。总的来说，它包括企业的可变成本与不变成本两部分。

总之，商业模式画布系统地阐述了企业的用户群体有哪些、企业为目标用户提供什么样的价值、企业选择何种渠道为目标用户传递价值、企业与目标用户建立何种关系、企业根据资源能力定位于什么业务、企业与合作伙伴建立什么关系、企业如何赚钱、企业都有什么成本一系列问题。企业可根据商业模式中的各要素以及它们之间的内部关系，梳理要素间的逻辑，有针对性地对自身进行深度剖析，能迅速地找到企业发展中的矛盾，发现自身所存在的缺陷，发掘企业内在的潜力，发挥自身独特的优势，明确需要变革的方向和目标，制定有针对性的方案，最后落地实施指导生产和运营。例如，美团的商业模式画布如图 4-7 所示。

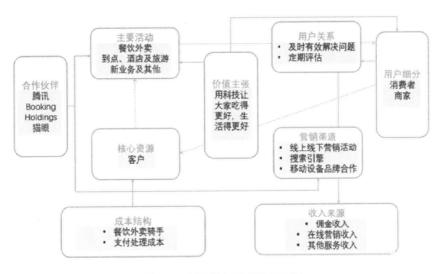

图 4-7 美团商业模式画布示例

3. "魏朱六要素"商业模式

2009 年，在总结和归纳国内外学者对商业模式的研究基础上，魏炜和朱武祥教授在《发现商业模式》一书中提出了商业模式描述的新模型，该书认为成功的商业模式体系包括定位、业务系统、关键资源能力、盈利模式、自由现金流结构和企业价值等六个方面。这六个方面互相影响且相互支撑，形成了一个有机的商业模式体系，这一体系被称为"魏朱六要素"商业模式。具体如图 4-8 所示。

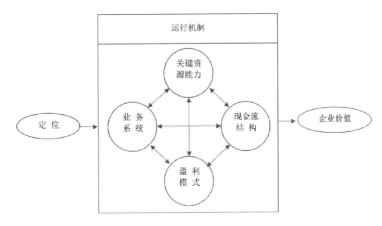

图 4-8 "魏朱六要素"商业模式模型

魏朱商业模式的六要素理论结合了众多理论理论，成为目前国内商业模式研究领域的权威理论之一。该模型具体包含定位、关键资源能力、业务系统、盈利模式、现金流结构以及企业价值六个重要因素。

- **定位**，即企业为了生存和赢利应该做什么，它反映了企业应该提供什么样的产品和服务来满足用户的需求。
- **业务系统**，它是由角色、关系和构型组成，明确了企业达成定位所必须经过的业务环节、利益相关者合作与交易的方式以及合作伙伴角色。
- **关键资源能力**，是用来说明让业务系统正常运转所需的重要资源及能力，是商业模式构建的重点。
- **盈利模式**，主要是指利益相关者交易结构和其他收支方法的划分，即如何获取收入，分配成本和赚取利润。
- **现金流结构**，这直接反映了公司商业模式的投资价值，代表了公司在业务过程中减去投资后的现金收入情况。不同现金流结构直接反映了公司其他因素的差异，反映了不同商业模式的特征、投资回报以及对资本市场的影响程度。
- **企业价值**，即企业的投资价值，是企业未来可以产生的自由现金流的贴现值。

总之，企业本质上就是一个创造、传递和获取价值的系统。商业模式设计就是对这一体系的一种描述。上面介绍了三种比较重要、应用比较广泛的商业模式模型，这三种模型虽然结构不同，但也有诸多的共性之处。

- 商业模式是一个整体的、系统的概念，而不仅仅是一个单一的组成因素。如收入模式、盈利模式、向用户提供的价值、用户服务方式等，这些都是商业模式的重要组成部分，但并非全部。
- 商业模式的组成部分之间必须有内在联系，这个内在联系把各组成部分有机地关联起来，使它们互相支持，共同作用，形成一个良性的循环。在对一家企业进行商业模式设计时，仅仅设计某种单一的因素似乎难以见效，我们也必须从整体上去把握。

这三个模型中，商业模式画布完整地反映了企业的战略定位、运营过程和利润来源，且具有很强的操作性，得到了业界的广泛认同。本书也以该模型为基础进行分析。

4.2 企业数字化商业模式创新指引

在与互联网企业的跨界竞争中，很多传统企业发现，曾经的成功经验与模式已经不能帮助企业实现持续的增长，有时反而会使企业陷入危机之中，成为企业进一步成长的陷阱与障碍。在这种背景下，再试图通过数字化技术对传统的做法进行局部的优化效果已经很小，必须对企业创造价值的商业模式进行深入的重组与改造，以数字化思维实现商业模式的创新。

4.2.1 数字化商业模式创新的思路

商业模式创新是一个多要素协同作用的动态过程，商业模式的复杂性对任何一个传统企业来说都不是一件简单的事情，要进行模式的重构与创新，需要一套科学的方法来指引。鉴于此，本书构建了如图4-9所示的数字化商业模式创新过程模型。

图 4-9　数字化商业模式创新过程模型

这一模型把商业模式创新分为四个关键阶段,分别是行业洞察阶段、模式设计阶段、评价决策阶段、验证反馈阶段。接下来就分别对每一部分的主要工作内容逐一加以介绍。

(1) 行业洞察

商业模式创新需要具有深刻的行业洞察,要基于技术创新、用户需求、外部竞争等各个方面进行深入的洞察才能找到创新点。很多人以为,我在这个行业很多年了,我对行业了如指掌,但实际情况是我们经常高估自己,尤其是对新生的技术、模式,很多传统企业的从业者往往反应慢半拍,有些人即使发现了新生事物,也往往从负面看待它,这样的心态和视野是难以实现创新的。另外,如果公司想进入一个新的行业,那就更需要进行充分的调研和分析,重点要了解新行业的现有模式和可能的新模式,这样才能不打无准备之仗。

(2) 模式设计与创新

在了解了行业之后,就要开始着手进行新模式的设计与创新了。虽说这一步还是纸上谈兵,但也是一个汇聚大家思路,充分解放思想的过程。很多人认为商业模式创新是天才灵光一现的结果,但创新其实也要依靠群众,要发动大家的力量才能源源不断地挖掘出创新机会点。商业模式的重大创新一般都是基于盈利模式和用户价值两个核心要素展开的,可以商业模式画布为基础,从重点环节出发,分析自身或者竞争对手现有的模式存在哪些痛点和盲点,存在哪些创造、改进的机会点,从不同的要素角度出发,进行重新排列、组合或构造,从而设计出具体的、创新性的商业模式备选方案。

(3) 评价决策

可能的创新很多,限于资源不可能全部实施,需要根据一定的标准从中进行选择。因此,当有了多个新的商业模式的备选方案之后,需要对其进行评价决策。对于商业模式评价,可以依照结果类的定量评价指标,例如投资回报率、收入增长率或者利润增长率,用户数的增长率以及用户的规模等;也可以是一些定性指标,如创新性、与现有业务的关联性、对现有业务的促进度等。通过这样一些评价,可以从诸多备选方案当中选择一些相对较好的商业模式,并做出是否要投资、何时投资的决策。

(4) 执行反馈

新的商业模式仅靠纸上谈兵是远远不够的，在方案设计完成后，一定要在实践当中去试错，找到那个最好的、可以大规模应用的商业模式。而且，商业模式创新是一个持续不断的过程，需要不断的循环往复去升级。

除了上述四个阶段，还有一个共性的、影响创新的心智模式问题，如果心智模式解决不好，创新也是难以实现的。心智模式包含开放的心态、全局的思考、突破现有模式的束缚、关注价值创造等。这其中最重要的是创新需要挑战传统的思维，企业需要实现从规模增长、技术增长到价值增长，由内到外、由外到内、由封闭自主到开放协同，从根本上构建全新的创新思维。

当然，上述四个阶段不是线性的，而是一个不断迭代、持续升级的过程。在这四个阶段中，第二阶段最为重要的、最为关键。接下来就对这几个阶段如何操作逐一进行介绍。

4.2.2 洞察行业发现创新机遇

要进行商业模式创新，面临的第一个问题就是新的商业模式从哪里来。要回答这个问题，就要进行深入的行业洞察。行业洞察与分析可以从用户需求、技术趋势、行业趋势等角度展开。

1. 用户需求洞察与分析

从根本上来讲，任何商业模式都源自用户需求，未被满足的用户需求是商业模式创新的灵魂。无论何种商业模式，它的起点一定来自用户的痛点，是一种未被发现或满足的需求。简单来说，任何商业模式都源自企业对用户需求和痛点的理解。一种商业模式在探索、成长的过程中，大多数时候是由用户引导着向前发展。用户分析就是要找到用户在使用产品过程中不方便、不舒服的地方，有针对性地做出改变，提升产品的价值，改变固有的范式，将用户的体验变得更容易、更简单。

很多曾经成功的企业之所以失败，很大程度上是因为在经历了一些成功之后，这些企业丢掉了对用户的好奇心。只有那些具有异常商业嗅觉的人，才能够把握商机，迅速崛起，这就是为什么新的商业模式往往由新势力创造，而非传统企业创造的原因。

2. 产业发展的洞察与分析

产业洞察是指在对产业环境和产业趋势进行深入研究、理解和把握。关于产业分析，张磊在其著作《价值》一书中给出了一个非常完善的分析框架，这个框架原本是应用于投资领域的，但也适用于商业模式创新的行业分析。张磊认为，要实现对行业的洞察，需要从深入研究、长期研究、独立研究三个方面入手：

（1）深入研究 = 研究深 + 研究透

研究深是指做的研究必须基础和根本。首先是通过与创业者交流，对消费者访谈，谋求资深从业者的见解、判断，积累第一手的行业数据，了解关于行业或生态的历史脉络、横截面数据或者价值链，对生意所处的环境形成独特的认知和超预期的判断，具备真正理解因果关系的能力。其次是研究全球的商业进化史，通过在世界各地寻找先进的商业轨迹，对全球不同地区、不同产业生态的"物种演化"收集加工。分析的角度可能是行业的上下游，可能是不同的产品形态和定位，可能是某种资源或能力的稀缺性，也可能是影响这个生意的其他环境和基础设施，核心目的是用全球的样本把产业演变的逻辑进行沙盘模拟，把历史性和前瞻性贯穿起来，形成一个跨地区、跨周期的分析结果。

研究透是指做的研究必须全面透彻，经得起时间的考验。在研究过程中，很重要的一个方法是逆向思维，即反过来想。很重要的一点就是质疑"假设"，如果现有产业所处的生态变了，企业盈利的方式变了，企业组织的流程变了，这个企业会不会出现大的风险？如果现有资本市场的玩法变了，整体市场环境或传统的规则变了，这个模式还能不能走下去？如果整套逻辑的前提假设变了，哪些结论会不复存在？研究透的目的是检验所有的商业过程是否能够自洽，能否在事实上、实际操作中都成立。

（2）长期研究＝关键时点＋关键变化

什么是关键时点？就是在大家都看不懂的时候，少数人能够在这个时点敏锐察觉产业的变化，为消费者和整个价值链输入新的模式和价值。什么是关键变化呢？就是环境的结构性变化，包括产业的生态位置调整、基础设施完善、需求的升级或转移等。创新往往有一个时间窗口，就是大家经常说的"风口"，抓住风口就能乘风而上。而在这个机会窗口之前，还有一个窗口叫"傻瓜窗口"，就是在一段时间里，投资人都觉得你的商业模式非常不靠谱、非常傻。在许多人看不起、看不懂、觉得不靠谱的这段时间里，企业将有机会积累用户、试错产品，并且创造出一定的商业壁垒，接下来就是拐点和陡变。

（3）独立研究＝独特视角＋数据洞察

在喧嚣的环境中，独立的视角、独立的态度非常重要。通过特立独行的研究和判断，才能够在一些不被看好的事情上下重注，从而取得超额回报。许多创新企业的价值创造机制和盈利方式，是传统思维和方法无法评判的，这时候就要有独立的思维、坚定的态度，否则即使是好的模式摆在你面前也不会去珍惜。当然，独立研究不能建立在感性、个人直觉或概率基础上，而是要建立在理性、系统的分析和客观检验的基础上。

总之，商业模式的创新不是随大流、拍脑袋得来的，它的基础是长期、深入、独立的行业分析和判断的结果，这样才能看到他人看不到的创新机会点。

3. 技术发展洞察与分析

数字技术是新模式诞生的根本动力，数字技术的发展也会对商业模式创新带来全方位的影响。数字技术层出不穷，如何建立数字技术与商业模式创新的连接呢？这就需要从业务价值角度去重新思考数字技术。一般来说，数字技术对商业的价值集中在如下几个方面：

- **建立全面连接，去中介降成本。**信息技术实现了人与人、人与物、物与物、人与组织、组织与组织的全面智能连接，并会在不久的将来实现万物互联。连接方式的变革本身就是巨大的创新，如火如荼的电商就是交易连接方式的变革。相信随着新的连接方式的诞生，会改变更多行业的竞争格局。

- **构建用户运营平台，提升用户体验**。数字化实现企业与用户的直接连接之后，企业可以与用户直接互动，通过持续的运营，提供个性化的服务，极大地提升用户体验，这其中的任何一个环节的变革都会带来商业模式的变革。
- **扩展企业范围，打造社会化商业生态圈**。在数字化时代，随着连接、共享、协同的多样性发展，企业的经验范围会在数字技术的推动下向外扩展，最终将形成多行业交错复杂的创新生态圈，通过新技术创新性地处理与合作伙伴之间的关系也是商业模式创新的源泉之一。
- **基于数据变现的创新**。业务数据化、数据业务化是很多企业期望的结果。数据资产化已经成为领军企业的一项核心能力和资源优势。领先企业都在探索如何将数据变现成为一个新的商业模式，这一思路将有广阔的市场空间和商业前景。
- **基于自身经验，向外扩展 IT 能力**。目前，有部分领先企业在过去一段时间里积累了丰富的数字化经验，目前它们正在试图把这些原本属于企业内部的 IT 能力以商品化、服务化的方式向外输出，使 IT 成为新的收入增长点，这也是商业模式创新的一大热点。

总之，利用数字技术实现商业模式创新不是互联网公司的专利，传统企业也可以运用数字化技术、工具进行产业重构和商业创新。

4.2.3　寻找商业模式创新的机会点

在经过一番行业、技术等宏观分析之后，就要进入微观领域，看一看如何基于企业自身的实际情况，找到商业模式的创新机会点。

1. 数字时代商业模式创新的思路

创新不是天才的灵光乍现，创新是长期深度思考的结果，是有路径和方法可循的。对数字化商业模式创新来说，商业模式画布就是一个很好的指导和分析工具。商业模式画布的提出，本身就是一种创新，通过宏观环境、行业分析和公司内部资源能力分析，使企业更好地识别可能影响企业竞争优势的不同点，在激烈的竞争中通过商业模式创新，给公司寻找更适合的、能持续发展的新的盈利点。商业模式画布理论与其他商业模式研究最大的差别在于商业模式画布使商业模式构成要素更为直观，结构性和逻辑性更为严谨。

延续之前对商业模式概念的理解，模式创新可以从四个维度入手，即重构价值主张、重塑价值创造、重振价值传递、重生价值获取方式，具体如图 4-10 所示。

图 4-10　数字化时代商业模式创新的思路

- **重构价值主张**。关注商业模式画布中的价值主张领域，重新定义顾客，为顾客提供新的产品和服务，满足顾客需求。
- **重振价值传递**。关注商业模式的画布中的用户细分、销售渠道、用户关系等领域，彻底重新设计与用户接触端的价值链，以更极致的方式与用户连接，为用户服务。
- **重塑价值创造**。关注商业模式画布中的关键业务、关键资源、关键合作伙伴领域，利用新的思维、新的技术对这些领域进行重塑，寻求新的模式与做法。
- **重生价值获取**。关注商业模式画布中的成本结构和盈利模式，创造更多的盈利模式，减少成本支出。

当然，真正的商业模式创新不能完全割裂开来，要从整体进行设计。因为，这四者是紧密相连的，改变其中任何一点，肯定对另外三个带来影响。如彻底重新设计终端的价值链，必然会改变顾客的价值观念；又比如彻底重新定义顾客，必然需要全然不同的价值链设计方案。在我们分别进行局部的优化之后，还要对总体模式等进行整合。但为了论述方便，我们还是先分别来谈一下在这几个领域如何实现创新与重塑。

2. 如何重塑价值主张

价值主张是用户选择一个公司而非竞争对手的原因，它解决了用户困扰或者满足了用户需求。商业模式创新最应关注的就是该向用户传递什么样的价值？帮助用户解决哪些难题？无论企业用的是什么模式，给自己什么样的定位，终极裁判只有一个，那就是用户，模式设计和模式创新就是要将主动权交给用户，通过提供价值来获取优势。重塑价值主张是指从用户需求出发，通过对用户需求的深入发掘、理解和把握，在此基础上再针对用户需求进行全面的价值创新。

不同行业的价值主张是不一致的，但如下的跨行业的共性特点可供参考。
- **新颖**：满足用户从未感受和体验过的需求；
- **性能**：改善产品或服务的性能是一个传统意义的创造价值的方法；
- **定制化**：满足个别用户或用户细分群体的特定需求；
- **品牌**：用户可以通过使用或显示某一特定品牌而增加实用和感受的价值；
- **价格**：以更低的价格提供同质化的价值是满足价格敏感用户细分群体的方法；
- **成本削减**：帮助用户削减成本是实现用户价值的重要方法；
- **风险抑制**：帮助用户抑制购买产品或服务后所产生的风险可以创造用户价值；
- **便利性**：使产品或服务具有更好的体验和用户友好程度，增加获取的便利性。

传统企业的价值主张一般是以产品为中心的，数字化时代有了两个最大的转变，第一是从产品向服务转型，第二是从产品向平台转型。

（1）从产品向服务转型

对广大的传统制造企业来说，价值主张创新的最主要思路是对传统优势资源进行整合，从传统的关注制造为主，向关注"制造+产品+服务"的全流程转型。企业通过服务化创新商业模式，实现商业逻辑从商品主导向服务主导的进化。这方面其实已经有很多企业在开始尝试,并初步取得成效。接下来就看一看三一集团的经验。

三一集团有限公司始创于1989年,是以"工程"为主题的装备制造企业。在国内,三一集团建有北京、长沙等六大产业基地。在海外,三一集团建有印度、美国、德国、巴西等四大研发和制造基地,业务覆盖全球100多个国家和地区。

2018年3月5日,三一集团董事长梁稳根先生在全国两会上提出,"数字化转型,不翻身则翻船"。在公司内部,梁稳根则讲,我们的竞争对手不是同行而是这个时代,是技术的进步,时代的变迁会把你"打死"。我们应该采取一致的行动,充分地、发自内心地去拥抱它、理解它,让自己成为数字化专家,把数字化技术运用到经营的各个环节中去。

在最高领导的推动下,公司在信息系统建设初步取得成效之后,开始推进数字化升级,以一切业务数据化、一切数据业务化为指引,运用公司在工业领域数字化方面的优势,提出公司由"单一设备制造"向"设备制造+服务"转型。通过提供整体解决方案、承包经营、设备入股等方式,探索"生产+服务"的新盈利模式,实现设备、配件、服务的全面创收;大力推进由工程机械到"工程机械+"的转型,推进军工、消防车等新产业的快速提升;由主机到全价值链经营的转型,改变以往过度集中主机营销的模式,向主机、服务、配件、租赁、大修等全方位价值链经营转变。

承接这一转型目标的是"树根互联"项目,树根互联项目的总体战略目标如图4-11所示。简单来说,"树根互联"就是希望将三一集团的设备互联模式,复制到制造业的其他各个行业中去。让其他领域,也拥有设备互联、数据互通的能力,从而能够实现设备生命周期管理、设计研发数字化、生产制造数字化、售后及维修服务可预测等一系列数字化时代的工业能力,打造出一个普适于中国制造业的,自主可控的工业互联网平台。该平台以"机器连得上,数据接得住,设备管得好,智能落得地"为目标开发产品,支持企业降本增效,促进企业创新发展,赋能企业数字化和智能化转型。

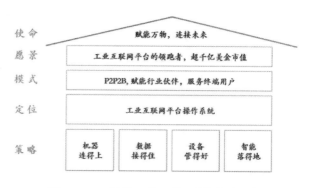

图4-11 "树根互联"项目总体战略目标

基于此,"树根互联"开展了一系列探索与经营。以"连接机器"为核心,截至2020年4月,"树根互联"已经接入各类工业生产设备超66.8万台,形成了包括工程机械产业链、铸造产业链、注塑产业链、纺织产业链、定制家居产业链等在内的20多个产业链工业互联网平台,赋能达81个细分行业,连接超5000亿资产。

(2)从独立运营向行业平台转型

互联网的世界是无边界的,市场是全国乃至全球。平台型商业模式的核心是打造足够大的平台,我搭台、你唱戏,通过合作双方共盈。应该说平台模式是互联网公司最成熟的一种模式,也是所有传统企业,尤其是那些在原有行业内领先企业数字化转型的梦想,大家都想搭建一个行业平台，利用平台来重新定义行业规则。但是对于传统企业而言，做平台的难度也是显而易见的，哪怕是行业领先的传统企业也鲜有把行业平台做大的案例。

当然，传统企业也并非不能打造行业平台，只要机制足够灵活，依托原有优势，传统企业也是可以大有作为的。例如，在竞争激烈的物流领域，近年来，已经涌现出了满帮、货拉拉、滴滴货运等互联网创业公司，无数企业都希望成为这个万亿规模市场中的平台企业。中储股份集团下属的一家名叫中储智运的企业在这个竞争异常激烈的市场中占有重要的一席之地，改变了社会对于"央企做不了互联网"的看法。截至目前，该平台已整合近百万专业司机运力（其中活跃运力过半）、1万余家运输企业为1.2万余家货主会员服务，涵盖运输线路近20350条，平均不到7秒成功完成一单交易，平均为货主降低成本10%，司机找货时间减少69%。强大的央企背景是其成长的基石，但良好的机制和创新的基因才是根本，才能在众多平台型产品中脱颖而出。

3. 如何重整价值传递

商业模式的第二个重要环节是跟用户相关。这部分也是数字化时代商业模式创新最活跃的环节。商业模式中的传递价值可以分为用户细分、用户关系、销售渠道三个部分。

（1）用户细分

任何一个企业都做不到满足所有消费者的需求，尤其是在激烈的市场竞争环境下，企业通过用户细分，必须做出合理决议，到底该服务哪些用户细分群体，该忽略哪些用户细分群体。

按照传统方式，根据用户的不同需求和对企业的贡献大小，用户可以细分为两大类，战略用户细分和策略用户细分。还可以根据ABC分析法，将用户分为高端用户、大用户、中等用户、小用户等不同类别。数字化时代有了数据的支持，可以进行更加细化的区分，很多互联网公司根据用户画像，可以把用户细分为上千类，并根据不同的类别设计相应的产品、推荐个性化方案。

用户细分是商业模式创新的关键点，对大多数传统企业来说，要发现一个别人都没有注意到的、巨大的市场是很困难的，创新点往往存在于那些细分用户的市场中，创新也往往是从细分市场，甚至是低端细分市场切入才能真正改变现有竞争格局的。上一章讲的颠覆式创新就是这个理念。

（2）用户关系

用户关系是企业与用户的联系，这种联系可能是企业的员工和用户的直接接触与交流，也可以是通过网络平台的交互，还可能是用户通过在企业生产的智能终端操作而产生的数据联系。总而言之它代表了用户与企业的每一个接触点，企业与用户的这种关系可能会给企业带来收益。它可能会通过这种联系发展新的用户和市场，也可能产生用户黏性使用户产生重复购买或购买企业其他产品，这自然会给企业带来更多的销售额。

用户关系管理中最核心的部分就是如何建立依存型关系。依存型关系中企业会通过互动和用户的反馈意见了解每一个用户，同时了解企业自身的优缺点，更加有效的制定战略；用户也能够更好地了解自己的需求。关于如何维系用户关系的创新手段是非常多的，根据服务的标准化程度和互动能力可以分为如图 4-12 所示的几类。

无论企业与用户之间采用何种关系类型，企业都必须做到持续的增加和完善用户价值。企业更应该关注如何使用户得到成长，用户在与企业不断地交流中变得强大，对自身的需求更为准确，企业就更容易了解消费者需求。

图 4-12　用户关系维系的四种模式

（3）渠道通路

当企业去影响这些用户之后，怎样有效地把产品和服务传递给目标消费者，这就是通常所说的渠道的概念。渠道通路是企业价值主张到达用户的路径，因为所有的商业目的都是为了交易，商业模式的研究也是以交易为起点的。因此企业需要建立渠道，维护渠道。

很多企业的商业模式创新往往是渠道的调整和重构，如瓜子二手车、人人车去掉了中间渠道，分众传媒、淘屏广告改变了渠道场景，O2O 模式、新零售模式改变了渠道媒介。渠道通路决定了企业如何连接市场，这些要素的变化和创新会引起企业整个商业运作架构的改变，导致商业模式的创新。

消费者的购买行为通常会按照这样一个模型：认知产品、评估产品、决策、购买和消费。数字化时代渠道通路设计的主要方法是用户旅程，要站在用户视角，设计更便捷、更科学的旅程，为用户提供顺畅的渠道通路。相关内容在第 5 章会有更详细的论述。

4. 如何重构价值创造

企业要能够向用户创造并传递价值，背后需要有一套完整的支持价值系统，包括公司的组织、运营和管理体系。如果把传递价值当作公司的前台，那么支持价值的环节就是公司的中台和后台，它主要包括核心资源、关键业务、合作伙伴三个部分。

（1）核心资源

每个商业模式都需要核心资源。核心资源是指企业为了实现其为用户提供价值的主张顺利进行而需要的最重要的资产，以及整合这些资产的能力。核心资源是企业独有或行业内稀缺能够给企业带来超额回报的资源，它包括有形的，也包括无形的。有形核心资源包括企业的特殊生产设备、稀有物质资源以及具有竞争力的人力资源或用户资源；无形核心资源包括资企业品牌、特殊技能、知识产权或专利、先进的管理流程和方法等。

对于任何企业而言，要提供相应的产品和服务，并且把这些产品和服务交付给目标用户，都需要大量的资源作为支撑，既包括资金、技术和人才，也包括越来越重要的数字化能力，比如大数据、商业智能等，这些数字化能力在数字化时代变得越来越重要。

企业一定要清楚地知道自己的核心资源有哪些。经营企业很像打仗，打仗的时候兵马未动,粮草先行,做企业也需要对自己的资源做一个盘点,比如说人才、技术、资金、品牌、渠道等,而大数据、IT技术能力等资源,在数字化时代变得越来越重要。只有当你的资源和你的战略相匹配,这样的创新才能真正落地。

(2)关键业务

当企业把商业模式中的各重要板块都确定下来后,需要具体的执行活动来最终实现和交付价值主张。这些具体活动就是关键业务板块要描述的。与核心资源一样,关键业务也是创造和提供价值主张、接触市场、维持用户关系和获取收入的基础。关键业务是企业必须要做的事情,是用来创造价值的活动,它保证了商业模式的可行性。关键业务和企业所在行业以及价值主张息息相关,也与企业选择的盈利模式密不可分。一般来说,关键业务可以分为以下几类。

- **制造产品**。这类业务活动涉及生产一定数量或满足一定质量的产品,与设计、制造及发送产品有关。制造产品这一业务活动是企业商业模式的核心内容之一,如果不能低成本、高质量地把产品生产出来,很多创新的商业模式是无法落地的。
- **问题解决**。这是指企业的主要活动就是要找到用户的需求"痛点",然后为用户提供解决方案,顾客为这个服务支付一定的费用。比如咨询公司、培训和医院等,他们都是通过帮用户解决问题作为主要业务,知识产品的设计和传递知识的人员是此类模式设计的关键。
- **平台/网络**。为供需双方搭建桥梁或某种交易机制。比如电子商务网站为买家和卖家的交易提供平台,并建立交易规则保证交易的安全。此类业务的关键是聚集供需两方面的资源,并建立平台的信誉。

企业的关键业务往往决定了企业采用什么样的商业模式,因此企业在选择关键业务内容时既要考虑企业本身具有的资源,也要考虑未来企业的发展方向。

(3)合作伙伴

合作伙伴将会和企业一起完成价值的创造。随着社会发展,社会的分工已经越来越细,现代企业越来越少只依靠自己的能力来进行经营活动,和外部机构合作是绝大多数企业的选择。在与供应商合作方面,但是现在越来越多的企业通过为利益相关方赋能,让合作伙伴的投入能够获得更高的回报,这样的方式促进了商业模式的创新。

- **要学会用交易代替管理**。利益相关方从事的活动不外乎两类,一类是管理活动,一类是业务活动,即价值链环节的活动。每一个价值链环节都有其相应的管理活动,而所谓的管理活动就是为这个业务活动定目标、做计划,组织资源实施、领导、激励在计划执行过程当中的团队,并协调控制这个实际的行动和目标、计划的一致性。从事管理活动的成本一般都是交易成本。既然每一种业务活动都有相应的管理活动与之配套,那么,有时候用管理的办法去实现高效率交易的成本就会很高。因此,需要考虑的是,如何通过交易的方式去替代它?比如,让利益相关方获得剩余收益、分成收益,通过数字化实时交互等方式来交易,也就是所谓的用交易代替管理。
- **从刚硬到柔软**。建议发展到一定程度的企业将自己变得更"柔软"——可以通过信息流撬动产品流、服务流和现金流的交易,通过信息系统整合所有业务活动,最终通过对信息流的掌控去管理整个业务流程，实现信息系统下的一体化，并完成全部交易活动。如BP公司把具体的生产和加工委托给合作伙伴，把合作伙伴变成自己的OEM厂商，BP公司只从事产业链整合、管理和系统集成工作。同时，其经营厂房采取租赁方式，降低非流动资产投入，生产经营现金流实行全球统一的供销匹配的信用期，以较少的现金投入撬动企业高效运转。

总之，要学会借利益相关方的势，而不是一味地自己造势。这是商业模式设计的一个很重要的原则，要顺势而为。

5. 如何获取重生价值

重生价值获取对企业来说就是盈利。盈利是企业存在的一个目的，探索适合企业自身发展的盈利模式，是商业模式创新的重要环节。盈利有两条路，一是增加收入，二是重塑成本结构。

（1）增加收入

收入模式的设计是商业模式的重点，企业收入是企业得以生存和成长的保证，是利润产生的源泉。企业可以综合考虑设计自己的盈利模式并建立合理的价格机制。企业必须找到自己的盈利模式，否则企业迟早会失去成长动力而倒闭。以下是一些常见的获取收入的方式。

● **资产直接销售收入**。销售实体产品的所有权获得收益，如在线电商销售书籍、服装、消费电子产品和其他产品而获得收益。

● **使用服务收费**。这笔收入来自特定的使用后的服务费用。顾客得到的服务越多，他们付的钱就要越多。如电信运营商的流量收费，用得越多收费越高；还有一些服务行业，你所需的服务越多，支付的费用就越多。

● **服务订阅收费**。这种收入来自销售重用服务。视频、音频网站服务可以按照订阅时间长度来收费，时间长度与收费成正比。

● **租赁收费**。这种收入来源暂时获得使用权所支付的费用，如汽车租赁收费。对借方来说，租赁费能带来经常性的流动收入；对承租人来说，可以在限定期限内只支付费用，而不必承担购买所有权的全部费用。

● **授权收费**。这种收入来源于授权对用户的知识产权保护和授权费用的交换。授权手段可以使版权持有人通过知识产权本身获得收入。授权方式在传媒行业、创意产业、科技产业都很普遍。

● **经纪收费**。该收入来源于为双方当事人提供服务收取的佣金。例如，股票经纪人和房地产经纪人的提成就来自于成功匹配买家和卖家。

● **广告收费**。传统上，传媒业和会展业的主要收入源于广告，近年来，电商、社交软件等很多产品的部分收入也来自于广告。

要构建商业模式的护城河，企业需要具备多种收费方式，如果企业的商业模式是单一的收费方式，那意味着这个商业模式是非常脆弱的。好的商业模式要有多个产品来赚钱，当别人针对其中某一款产品跟我打价格战的时候，我还可以从其他产品上把钱挣回来。为了实现这一目标，企业需要从竞争对手、用户接受程度、价值认知等多个方面权衡。

(2) 成本结构的重塑

作为商业模式的制定者和创新者，必须了解商业模式中有关成本管理的各种要素，在保证达到商业目的和满足消费者需求的前提下优化成本结构和进行成本管控，赚取更多利润。

成本是企业在价值创造过程中的投入，成本直接影响着产品和服务的定价。在销售价格不变的情况下，有效地降低成本就是在增加收入，创造利润。但在设计商业模式时应注意，不同行业对成本的敏感程度不同，了解以下两种商业模式的成本结构类型会对商业模式设计有帮助。

- **成本驱动**（Cost-driven）。成本驱动的商业模式侧重尽可能地降低成本。这种做法的目的是创造和维持最经济的成本结构，如最大程度自动化和广泛的业务外包。廉价航空公司就是以成本驱动商业模式为特征的。
- **价值驱动**（Value-driven）。有些公司不太关注特定商业模式设计对成本的影响，而是专注创造价值。增值型的价值主张和高度个性化服务通常是以价值驱动型商业模式为特征的。豪华酒店的设施及其独到的服务，都属于这一类。

当然，还有大多数商业模式处于这两者之间。但在同等产品和服务前提下，更低的成本肯定是更有竞争力的。如何更好地降低商业模式的成本，有几点可以参考。

- **削减用户次要需求**。简化产品类型，抓住用户的核心需求，突出性价比。
- **技术性创新**。不仅仅在产品上进行创新，更要对商业模式、管理模式和产品技术上进行创新，以增加与同质产品的区隔。
- **供应链整合**。让用户、供应商、制造商和分销商组成的网络中的信息流、物流和资金流加快周转速度，用一体化带来效率的提高。
- **规模经济效应**。通过扩大产能，在组织成本、采购成本和库存等方面取得成本优势，降低单位产品的边际成本。
- **自动化**。随着人力资源成本日益上升，企业人工成本的优势逐渐消失殆尽，而且标准化作业也逐渐地减少人力资源的投入，自动化是未来的趋势。
- **严格财务管理**。明确目标，把控过程，增加财务在企业经营过程中的作用。

总之，商业模式不是一成不变、一劳永逸的，任何商业模式都是阶段性的。很多时候也不是一下子设计出来的，都是在过程中不断完善、进化迭代、微创新、逐步成熟的。再好的商业模式，如果长期保持不变，也会失去优势。

4.2.4 如何评价商业模式的优劣

上面从商业模式画布的 9 个方面对如何进行商业模式创新进行了初步探讨，经过分析，可以整理出很多的新想法、新模式。可到底什么是好的商业模式呢？有没有一种方法能对商业模式进行客观的评价呢？客观来说，世界上可能并不存在一套简单易行的评价标准，但还是可以总结出以下几条简单易行的标准作为参考。

1. 创造价值

创业的本质是创造价值，商业模式的核心也是价值创造。对于一个企业的商业模式创新方案进行综合评价时，在企业资源不变的条件下，当企业价值实现有效提升时，该商业模式创新是有效的；当企业价值没有实现有效提升时，就可以直截了当地说该商业模式的创新是无效的。

要评价商业模式的价值创造能力，可以从如下几个方面进行：

- 准确地说，关注的消费者到底是谁？有没有这些消费者的详细信息？
- 企业所关注的市场规模有多大？有可能诞生多大规模的企业？
- 企业提供的服务和产品能解决消费者的哪些痛苦？消费者把钱给企业的动力到底强到什么程度？
- 企业提出的商业模式有哪些关键成功因素？有什么证据可以证明企业找到的是正确的要素？
- 企业有什么样的证据来证明企业的目标市场具有增长潜力？
- 未来有什么趋势会影响到企业关注的市场？会产生怎样的影响，影响是有利的还是不利的？
- 企业能发展出把一个细分市场的成功复制到另一个细分市场的能力吗？

2. 难以模仿

达尔文在《物种起源》中提到，在丛林里，最终能够生存下来的物种，往往不是最高大、最强壮的，而是对变化能做出最快反应的。商业模式是个有机的整体，单方面的创新只能是量的突变，想要质的突变则需要系统性的创新，需要各个价值环节有序地、整体地进行创新，以获得可持续性的竞争优势。另外，创新也必须持续进行，因为成功的商业模式很快就会成为其他企业效仿的对象，一旦复制成功，企业优势将不复存在。

要评价商业模式的独创性，可以从如下几个方面去判断：

- 企业提供的产品与服务能提供哪些与众不同的利益，而且这些利益是否是其他方案不能提供的？
- 如果所在的行业整体较小，有没有让人信服的理由说明企业能做到与众不同？
- 企业有什么证据证明潜在消费者会购买你的产品或者服务？
- 新的进入者要想进入这个行业的难度有多大？容易还是困难？
- 这个行业的供应商在交易中的地位，有没有能力来制定交易条款和条件？
- 购买者在交易中的地位如何？有没有能力来制定交易条款和条件？
- 替代品是否容易占领市场？

3. 持续盈利

一个成功的商业模式应具有持续的盈利能力，虽然很多互联网创新不会只求短期内的盈利，但从长远看，一直需要输血的商业模式是无法持续的。成功的商业模式能使企业在激烈的市场竞争中获得一定的市场地位，成功进入利润区，并长期停留在利润区中，从而持续地创造出高于行业平均水平的利润。

关于盈利水平，可以通过如下几个问题去进行判断：
- 相对于所需要的资本投资和能获得的利润，企业的收入足够吗？
- 企业通过什么样的方式去获得和留住用户？
- 企业获得或者留住消费者需要花费多少成本？需要花费多少时间？收入是否依赖某一单一用户？
- 企业的总利润足以支撑你所需要的成本吗？
- 消费者支付付款的速度如何？可以延长多长时间支付供应商和员工？
- 根据以上问题，判断企业的商业模式是否具有经济可持续性。企业是否能证明自己不会很快耗尽现金流。

4. 团队执行能力

商业模式创新不仅要有新想法、新创意，更要有合格的团队去执行，否则一切的想法都是水中月、镜中花。因此，需要对团队创业精神及执行力进行评价，确保团队能够有效识别并执行关键成功因素。可以从如下几个方面对团队执行能力进行评价：
- 企业能否证明（用以往的业绩而不是语言）自己的团队可以执行关键成功因素？
- 企业的团队是否具备无法复制或者难以模仿的专有因素，如专利、商业秘密？
- 企业能够开发和应用其他团队很难复制和模仿的更优秀的组织、流程和资源吗？
- 哪些关键因素是团队不能执行的？为弥补这些问题企业计划如何做？
- 如何去构建创新创业的组织、团队？团队与现有组织、人员的关系是什么？
- 团队能够承受多大的风险？承担多长时间的风险？

总之，一个好的商业模式一定是为了实现为用户创造最大价值，能有合适的团队有效地整合企业内外各要素形成一个有核心竞争力的运行系统，并获得持续性的收益。这样一个整体解决方案才是一个可以称好的商业模式。

本章最后，来看看链家的数字化商业模式创新案例吧，通过这个传统企业转型成功的案例体会一下如何才能通过数字技术构建核心能力、实现模式创新（本案例参考了尹西明的《贝壳找房：自我颠覆的整合式创新引领产业数字化》和张潮的《贝壳找房：传统企业的战略跃迁典范》两篇文章，在此一并表示感谢）。

案例："头部玩家"链家的自我颠覆

创立于2001年的北京链家房地产经纪有限公司曾经用18年的时间成为居住服务行业的领军者之一。但面对产业数字化新机遇，链家创始人左晖以壮士断腕的战略决断力，正式开启了链家的自我颠覆式转型——2018年4月，正式创立"贝壳找房"，突破"链家时代"的垂直自营模式，搭建数字技术驱动的开放型新居住服务平台。2020年8月13日，贝壳找房在美国纳斯达克上市,自成立以来,它就一跃成为中国最大的房地产交易和服务平台,成为仅次于阿里的中国第二大商业平台。这样的成绩令业界惊叹。深耕垂直领域的链家何以在居住服务行业的激烈角逐中脱颖而出?由链家破茧而出的贝壳找房又是如何在居住服务产业数字化转型中一骑绝尘、成就新居住服务引领者?

贝壳创始人兼董事长左晖多次强调,"贝壳找房是18年的链家和两年的贝壳的组织结合体。"从传统的线下二手房经纪到互联网化,从互联网化到平台化,从平台化到住居服务的升级,链家在20年的发展历程中不仅改变了传统的交易方式,也利用数字技术、数据能力彻底重塑了整个行业的价值及市场边界。这种不断自我革新的战略智慧,是每一个传统企业所应深刻领会的。链家成功的经验可以总结为如图4-13所示的几个方面。

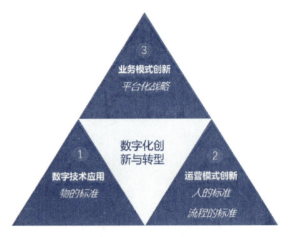

图4-13 链家数字化转型的总体思路

正如贝壳联合创始人、CEO彭永东所言,贝壳是用产业互联网思维,而非传统消费互联网思维,把整个产业物的标准、人的标准和流程的标准重新再做一遍。链家数字化转型可以总结为三个方面:第一是数字技术的应用实现了物的标准化;第二是运营模式的创新实现了人和流程的标准;第三是通过贝壳找房独立运作实现了平台化创新。

1. 数字化技术创新应用,筑牢产业数字化根基

假房源一直是用户深恶痛绝的营销手段之一,即通过发布低于市场价或并不存在的房源信息达到增加用户流量的目的。缺乏真实的房源数据库使用户面对浩如烟海的房源缺乏有效的筛选渠道,企业也无法真正掌握房源这一核心资产,服务效率和建立行业信任更是难上加难。对此,链家决定从布局楼盘字典保障楼盘信息真实性上切入,尝试从根本上破解假房源这一长期存在的行业"潜规则"。

2008年开始,链家投入大量人力物力搭建楼盘字典,这又是一项投入巨大、"无产出期"长的"一把手工程"。最开始董事长左晖雇了几百号人,并为每个跑盘专员配置了GPS轨迹定位器、时间经过校准的相机和智能手机,利用技术手段保证所采集的楼盘信息的真实性。数据工程师把采盘专员上传的楼盘实拍图像处理成为系统中的结构化数据,组成楼盘字典的一部分。相对于同期同行的手工填报和抽查的解决方案,链家采用更高成本的先进设备与大数据结合的方案构建真实房源数据库。尽管当时左晖自己也无法预期楼盘字典这个庞大的数据库何时才能产生价值,但他仍然坚持"不计成本投入地开发",甚至对楼盘字典团队不设投入产出绩效考核。直到2018年,这一项目累计投入超过6亿元。

2008年到2018年,十年的数据资产沉淀、迭代与运营,链家积累了行业最真实和最大规模的数据资产，为链家以线上化重构房产中介服务流程、进而以平台化重构整个行业的商业模式奠定了大数据基础。根据贝壳2020年第三季度财报，楼盘字典积累的真实房源数突破2.33亿套，覆盖全国57万个小区的490万栋楼宇，已成为国内覆盖面最广、颗粒度最细的房屋数据库。

如果说楼盘字典提供了真房源，那楼盘字典Live就是让数据活起来、动起来。依托于楼盘字典Live，房屋过去的交易情况、带看次数和频率，都能清楚地在系统里呈现并且能做到实时更新。这种更为即时的数据，也能够更真实、有效地反映出市场情况，为服务者和用户提供更多的数据支持，大大提升合作效率，为借助服务规则创新而重构互信互利、合作共赢的行业风气提供了数字化底层技术支持。

2018年贝壳在业内率先把VR看房服务落地，实现房源3D全景的线上展示，为买方和经纪人都提供了相对确定的信息，有效减少了双方筛除不符合要求房源的时间。更直观形象的房源VR图带来了更高效的匹配、更生动的体验、更透明的操作，全面优化了用户体验，弥合了时间差异和空间距离的鸿沟。VR看房等数字技术驱动的业务产品和线上闭环的房屋交易模式，在疫情期间成为贝壳平台的显著优势。截至2020年三季度末，贝壳累计通过VR采集房源711万套，同比增长191.7%。2020年9月，贝壳VR带看占比超过整体带看量的40%，VR看房逐渐成为用户习惯。

为了更直观地让用户获得房源信息，贝壳在VR看房基础上加入了AI讲房。通过图像识别、结构处理等算法智能化处理三维空间信息，AI助手会从周边配套、小区内部情况、房屋户型结构和交易信息等维度为用户提供个性化的智能语音讲房服务，全过程只需三秒。VR本质上是通过实现房屋数字化三维复刻，夯实居住服务行业的数据基础。

贝壳网CEO彭永东表示，这一系列动作看似是数字化新技术的应用，实质是房屋这个物的数据化的过程。基础数据、潜藏数据和交互数据，构成了房屋的数字空间。基础数据是指居住领域空间的基础信息数字化，如通过楼盘字典、VR看房等采集房屋的格局、长宽高、社区配套等数据；潜藏数据是对居住领域空间的潜藏信息的数字化，包括涵盖空间里的全部物品、声光、关联数据等，它们能够为AI设计、AI匹配、3D楼书等AI规模化应用创造基础；交互数据则通过VR带看、智慧工地等实现对所有线下行为的数据复刻，以及线上行为的数据实时沉淀。

从基础信息的数字化到数字空间的构建与应用，虽然核心都是数据，但其外延和内涵都已经发生了重大变化。在过往，数据是扁平的、单一的，而随着"数字空间"的建设，数据的维度得以进一步扩充，打破时间、空间的界限。正是这样的变化，促成从简单应用到AI化智能应用的变革。

基础数据、潜藏数据和交互数据逐步夯实，将实现整个产业的真正贯通，并衍生出大量的数字化、智能化应用，为服务者、消费者赋能。

2. 运营模式创新，夯实产业数字化的信任基础

房产中介行业线上化也开展了十多年，传统的业务逻辑是先由线上平台收集和开发房屋买卖信息，线下中介品牌缴纳一定信息使用费接入平台，然后门店经纪人以平台提供的信息为线索联系带看并促成交易。因为线上平台无法标准化控制经纪人在交易中的行为，导致行业出现了一系列的问题。首先，由于收入或者社会地位等许多原因，大部分经纪人只是将这份工作作为空窗期的过渡，而非一份终生职业。其次，而房屋交易标的金额大，许多经纪人在职业生涯内都很难达成一单交易，造成了经纪人单次博弈的诚信缺失。此外，签单决定成败的交易机制催生了撬单行为等恶性竞争方式，极大地降低了交易效率，严重侵蚀居住服务行业的信任基础。

链家意识到，想要根本性解决房屋经纪行业职业化水平低、服务品质低、用户满意和信任度低等行业发展痛点，必须从规则革新入手，打破经纪人之间的零和博弈与恶性循环。在此背景下，链家于2010年开始正式打磨ACN（Agent Cooperation Network，经纪人合作网络）机制。通过ACN机制将原来由一位经纪人负责的房屋买卖过程分成10个细分任务，并设置10个相应的角色，按照贡献程度分享原来由一位经纪人独享的中介费。ACN机制下的角色细分如图4-14所示。

角色		价值创造路径	价值分配比例
房源方	房源录入人	录入委托交易房源	约40%
	房源维护人	熟悉业主、住宅结构、物管及周边环境；客源方带看过程中陪同讲解	
	房源实勘人	拍摄房源照片/录制VR并上传至系统	
	委托备件人	获得业主委托书、身份信息、房产证书信息并上传至政府制定系统	
	房源钥匙人	获得业主出售房源的钥匙	
客源方	客源推荐人	将契合的客户推荐给其他经纪人	约60%
	客源成交人	向买房人推荐合适房源并带看；与业主谈判协商，促成双方签约	
	客源合作人	辅助匹配房源；协助准备文件；预约等	
	客源首看人	带客户首次看成交房源的经纪人	
	交易/金融顾问	签约后相关交易及金融服务	

图4-14 ACN机制下的角色细分

同时，通过ACN系统把这10个环节连起来，连成一张网。这一机制通过切分房屋经纪业务的服务环节对经纪人的行为进行标准化，力求从制度上杜绝"套路"，提升中介从业者的社会地位，从而推动房产经纪人向职业化迈进，建立起外部可信的竞合网络。具体如图4-15所示。

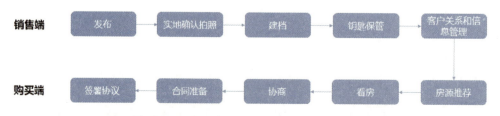

图4-15 ACN机制实现了人和流程的标准化

如此一来，经纪人之间的关系由博弈变为共赢共生。这样价值共创的过程既缓解了原本尖锐的竞争关系，摆脱了传统中介经纪的囚徒困境，降低了交易成本，改善了经纪人与用户的关系，为平台中的经纪人创造了一个职业道德水平相对更高的生存环境，用协作提升平台每位参与者的价值创造与收益的天花板。同时，专业化的分工带来了网络效应实现的可能性，标志着链家已经赢得了进入互联网的一张门票，从此链家不再是"一家二手房中介公司"所能概括的。

总的来说，链家通过流程创新和数字化技术创新的有机协同，打造数据驱动的线上化居住服务平台，形成数字化运营能力和数字化技术能力的"双核协同"，驱动居住服务行业数字化基础设施的循环迭代和升级，也为后续的平台化升级奠定了基础。

3. 战略跃迁——从开放平台到共生生态

早在2014年，房地产经纪行业已经遭受了来自互联网的全面冲击。这一年，搜房网开始组建线下团队；58同城则在合并了赶集网之后，收购了安居客；爱屋吉屋，以纯互联网基因的租赁模式占领了上海30%左右的房屋租赁市场，并在当年10月，直接踢馆到链家的大本营北京。此时的链家并没有选择与互联网企业硬碰硬，反而选择与搜房网战略合作。然而，中介与平台矛盾重重，端口收费的盈利模式亦损害了价值链，最终这些互联网搅局者纷纷黯然收场。

2014年的战略研讨会上，链家的高管团队集中讨论了互联网对行业影响这个问题，最终得到的行业洞察是，中介行业的商业本质并没有改变，优秀的经纪人永远是最稀缺的资源，也是解决效率问题的核心。这意味着转型与变革要从线下出发、从经纪人出发才是根本路径。于是，集团高层统一意见后认为，平台化应该暂缓。链家要在夯实线下交易的前提下，继续集中精力投入线上。

2014年10月，链家在线更名为链家网，彭永东任CEO，他带着团队从链家总部独立出来，从望京搬到上地西二旗，即是贝壳找房事实上的前身。其后，链家开始探索O2O的发展模式，链家结合其线下门店业务十多年的积淀，探索将高品质服务的理念从线下贯彻到线上，打通O2O数据循环，实现业务流程线上化、数字化，尝试给每位到店用户提供有品质的标准化服务。这样的方式一方面优化消费者在线筛选体验，另一方面提升线下带看和推荐的针对性，大大提高了成交概率和效率。

最终在2018年2月28日，链家网正式更名为贝壳找房，立志成为服务两亿家庭的品质居住平台。贝壳找房的成立，不但是链家从垂直自营品牌迈向开放平台的自我颠覆色彩的整合式创新，也标志着左晖及其带领的链家由内而外地全面拥抱数字化，开启全新的数字化平台化发展阶段。

"房产服务领域从宏观方面思考来说有五大矛盾，一是服务者与消费者的矛盾，最直观的体现就是对真房源的承诺上；二是经纪机构之间、经纪人之间的矛盾，如果没有好的合作规则和价值导向，容易走向恶性竞争；三是时间上的矛盾，行业差不多每三年一个周期，抗风险能力较弱的机构容易在行业沉寂期陷入困境，也往往容易滋生行业乱象；四是前台与后台的矛盾，前台需求与后台响应上不一致，组织的效率不高；五是经纪人和经纪机构之间的矛盾，"如果突然有一天你的员工来找你说想创业，你会给他什么反馈？"在彭永东看来，贝壳的成立就是要解决这五大矛盾，如果能解决这些问题，贝壳就创造了不一样的价值。

解决上述难题，一方面要直面问题，带有革新的勇气和使命感，更重要的还在于底层能力的构建。一个平台能产生的价值大小必然依托于其底层的基础设施能力。彭永东无疑早已洞察到这一点，他提出："贝壳要做房产服务领域的操作系统、交换机和孵化器。"

对于贝壳找房而言，完成了从线下到线上的互联网转型，同样也开启了从平台到生态的抗周期竞争格局中。其战略优势正如彭永东所说，"行业如何抗时间周期？通过在平台上增加更多、更多元的供给，促成更高频的交易与成交。以前中介公司只做二手或者租赁的一部分，遇到楼市下行就会遭受冲击，贝壳找房希望在其平台体系/社区中，提供任何和房子相关的服务，包括新房、装修、搬家、家居、社区生活，乃至卖二手车、回收手机，最后一公里的送包裹等。"

贝壳找房完成了从传统企业到互联网企业的转型，升维到新的层次开展竞争，面临的是全新的环境和能力需求。对于平台而言，尤其是面对阿里、腾讯、恒大、万科等企业，贝壳无疑仍然一个后来者，仍然还是一个新手。2020年以来，阿里联合易居成立"天猫好房"，恒大恒房通、房产宝等纷纷面世。如何继续抓住行业和模式的本质，主动塑造引领行业的竞争力，是链家和贝壳找房仍需不断探索的战略主题。

第 5 章
运营转型：技术加持下的提质增效

> 世界上本没有科技企业和传统企业的分野，优秀的企业总会及时、有效地使用一切先进生产要素来提高运营效率，从而实现可持续增长。
>
> ——高瓴资本创始人 张 磊

对于传统企业来说，从商业模式变革方面入手，成功实现数字化转型的成功案例并不多，大家对商业模式创新仍然心存疑虑。其实，数字化转型的另一个重要战场是运营模式的转型，这也是所有企业都可以企及的目标。通过数字技术保持业务高品质的同时，实现降本增效是数字化转型的另一个重要目标。

运营是一个内涵非常广泛的概念，企业运营是随着技术的发展而不断进化的，运营的理念、方法、驱动力、工具等都随着数字技术的发展而变化。本章重点关注用户运营、平台化运营和数据驱动运营这三个主题，介绍数字技术是如何重塑运营的。

5.1 与时俱进的企业运营理念

任正非曾经说过：中国企业有两条腿是软的，站不起来，第一条腿是不重视生产制造的标准化，做事情不喜欢在源头上就把初始规则建立清楚；第二条是不重视运营管理体系化，企业的管理不重视系统论，陷入了头痛医头，脚痛医脚的怪圈。上一章重点介绍了商业模式创新，本章将重点探讨任正非所说的第二个问题：运营管理。认识一下数字化技术对企业的运营管理带来了哪些变化？数字时代的运营体系应该如何变革？

5.1.1 运营管理的基本内涵

运营管理这个词汇并不是一个新的概念，很多企业也成立了运营管理部，但企业对于运营管理部的职责、工作内容等基本问题也常常感到困惑。因此，首先要明确什么叫作运营管理，运营管理与商业模式的关系是什么，什么叫作系统化的运营管理，数字化背景下如何做好运营管理工作等基本问题。

1. 对运营管理的基本理解

运营管理是西方世界进入工业化过渡阶段后，机器生产取代了手工劳动，工厂大规模生产作业的产物，研究的是企业如何更好地生产，如何实现产出最大化和提升企业竞争力。自20世纪90年代以来，人类社会逐渐进入服务经济时代，服务业在经济发展中日益得到重视，地位不断提高，运营管理在保险、教育和银行等典型新兴服务业中也逐步得到普及，应用更加广泛。传统将有形产品的生产称作"Production"，将服务活动称作"Operation"，两种生产活动的结合则被称作"运营"，生产管理也由此演化为运营管理，即"Operation + Management"。近些年，互联网企业对运营管理高度重视，在互联网公司有一个比喻：产品负责生孩子，运营负责养孩子；运营是以用户为中心进行拉新、促活、留存的一系列工作；一切围绕着产品进行的人工干预皆可称为运营。

运营管理是现代企业管理科学中最活跃的分支之一。用一句话概括运营的本质就是：洞察问题是基础，整合企业资源是解决问题的必要手段，PDCA的闭环过程控制是关键，降本增效与创造价值是最终目标。

2. 商业模式与运营模式的关系

商业模式与运营模式是一个硬币的两面，这两者是企业经营的两种根本性的内在力量。商业模式研究的重点是如何向外占领新市场、发展新用户，因此需要不断有新产品、新服务、新模式创造出来，商业模式关乎企业的成长和长久的盈利能力。运营模式研究的重点是如何基于已有的资源，做好控制、约束，精益求精，追求效率，在既定模式下进行持续改良，并且追求利润最大化。

这两种力量相互作用，一方面商业模式决定运营模式；另一方面，运营模式的不断进化又会创造出新的商业模式。在企业经营中，这两种力量同时并存、相互交织、不可或缺、互相促进。

5.1.2 数字化时代的运营管理

最近十几年，由于数字技术发展非常迅速，企业的运营方式也随之增多，诞生了许多新的运营理念和方法，这有效地推动了运营管理迈进新的发展时期，其范围逐步增加，内容变得更为丰富，体系也更完善。数字技术不仅颠覆了人们对商业模式的认知，也改变了人们对运营模式的理解。

1. 数字技术对业务运营的影响

具体说，数字技术对运营带来了如下几个方面的变化。

- 运营管理的价值提升了。随着市场竞争越发激烈，产品和服务的差异化越来越小，希望通过某种独创的模式取得产品长期的领先地位变得越来越困难，很多行业已经进入到运营竞争的阶段，所有的同质化竞争最后比拼的都是运营能力。获取差异化的竞争优势是企业运营管理的重要目标，如何真正做到增加收入、提高利润、让用户更满意，其核心一定在于运营。在激烈的市场竞争中，企业只有利用数字技术及时对市场变化做出反应，完善运营机制，才能立于不败之地。

- 运营管理的关注点变了。以往，运营管理更多的是关注企业内部的生产和服务流程的优化和完善，更多的是一种自我的优化和变革。但数字化时代，用户在价值链中的地位越来越高，要求运营管理不能仅仅是向内看，而是应首先关注用户需求，理解用户需求，再根据用户的需求确定如何优化内部的运营，如何满足、引导甚至超越用户需求成为运营关注的核心。

- 运营管理的手段和工具变了。传统上，运营管理更多的是靠手工和简单的IT工具，在实际工作中不可避免会带来很多的盲目性。尤其是很多大企业，由于信息不对称、信息传递不及时，在总部要搞运营管理困难重重，很多总部的管理人员其实对下属企业的运营状态了解甚少，管控模式也只能是财务管控和战略管控。数字化时代为运营管理的可视化、实时化、智能化提供了工具，集中运营、统一运营这些过去的理念正在逐步落地，很多大型集团企业的管控模式近年来纷纷向运营管控转型，逐步改变原来的下指标、搞考核的方式，通过集中的运营管理实现资源的集中配置、用户的集中开发、风险的集中控制。新的运营模式下，集团总部正在成为智慧大脑和发展引擎，这一转变绝对离不开数字化手段的支持。

2. 数字时代企业运营的进化模型

企业运营是随着技术的发展而不断进化的，运营的理念、方法、驱动力、工具等都随着数字技术的发展而变化。这些变化可以表现在很多方面，数字技术影响运营进化的几个重要因素具体如图5-1所示。企业运营在数字技术的驱动下在多个方面都发生着重大变化。

(1) 运营驱动力的进化

从运营驱动力角度看，企业一般会经历个人驱动运营、流程驱动运营、数据驱动运营三个阶段，即经历人治、法治、数治三个阶段。

人治型的运营特征是由人来驱动业务，不同的人做法可能不一样，不同的领导可能会有完全不同的运作模式和办事流程。就算建有一些流程，也大多是各部门内部的，部门间的协作以职能为核心的审批流程为主。此时，信息系统建设也多是部门主导的孤岛式的系统，缺乏全局和总体架构的设计。

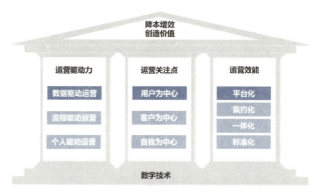

图 5-1 数字化支持下的企业运营进化模型

法治型的运营是指流程驱动的运营。完全的人治带来的是效率的低下和部门间的隔阂，带来的是不标准和低效率。在这样的情况下，领先企业开始进行端到端流程的梳理和整合，打通部门的隔离墙，构建跨组织的流程体系，实现了端到端的打通，并通过大平台对流程进行固化和支持，基本实现了依靠业务流来驱动业务运营，例外审批变得越来越少，企业逐渐向流程型组织转化。

数治型运营不仅以流程为基础快速跑通，还有大量的数据为关键节点的决策提供依据，确保运营过程中所做出的决策科学、合理。从 IT 建设角度看，就是数据应用已经非常成熟，而且与业务系统紧密结合，可以自动进行数据收集、计算、决策、反馈，系统平台可以对大部分例行的业务处理与经营管理工作进行自动化处理，不再需要过多人工干预。

目前，还有很多企业仍处于人治阶段；端到端的流程虽然已经说了很多年，但真正落地的企业并不多；还有部分领先企业已经处于法治阶段，随着业务的全部线上化，数据逐步积累，未来会有大批企业真正走向数治，依靠数据进行决策、依靠数据驱动运营。

(2) 运营关注点的进化

从运营关注点角度看，运营管理经历了以自我为中心、以客户为中心和以用户为中心三个阶段。

以自我为中心就是运营更多关注的是企业内部的完善和优化，很少考虑外部用户的需求。这是运营管理的初级阶段，也是传统运营管理理念的主要思路。传统运营管理关注生产效率的提升、采购成本的降低等，都是这一理念指导下的行为。

以客户为中心的运营是企业的运营按照客户的需求进行改造，客户的需求作为一种外在压力传导至企业内部，倒逼企业运营体系的优化。以客户为中心是当前这个时代产生的理念，如何更好地倾听客户的声音，优化产品和服务，是很多企业考虑的事情。

以用户为中心的运营是企业不仅要倾听客户的声音，还要直接运营产品和服务，为用户提供更直接的个性化服务。客户和用户是不同的，客户一般是投资决策者，但不一定是产品和服务的使用者，以客户为中心很多时候是面对投资决策者，但真正的用户并不一定买账。

如何直达用户，让他们满意成为一个更加重要的运营课题，尤其是对那些直接面向 C 端用户的企业。互联网公司在这方面有了大量的实践，这些实践必将向传统企业慢慢渗透，推动传统企业运营的升级与优化。

（3）运营效能的进化

从运营效能角度看，也经历了从标准化到一体化、集约化再到平台化运营的进化历程。

标准化运营是指企业的运作有了基本的流程标准、数据标准、考核标准等基础性的管理体系，企业的运营已经告别粗放、蛮荒的阶段，但很多标准是部门级的，仍然是各扫门前雪式的标准化，跨部门、跨业务的协作仍然困难重重。

一体化运营是指为了实现一个业务目标而进行的跨部门协同运作，协作是一体化运作的关键，也是难点。在企业中常见的一体化工作包含业务财务一体化、设计生产一体化、战略绩效一体化等，还有企业根据自身的情况提出了更多的一体化目标。

集约化运营是利用规模化降低运营成本，是指在一定时期内，企业随着生产规模的扩大，产品数量的增加，实现单位成本下降，提升企业的营业利润。财务共享中心、人力资源共享中心等都是集约化运营的典型，近年来，在数字技术的推动下，集约化运营已经不再限于这些职能管理领域，很多企业的核心业务也开始了集约化运营，在降低成本管理的同时也能提高标准化程度。

平台化是指集团企业总部搭建统一运营平台，通过平台为一线赋能。华为提出的"大平台支撑一线作战"就是这一理念的实践者。通过平台化运营改变过去集团管控中存在的"一管就死、一放就乱"的窘境，实现了总部与分支结构的双赢，这也是数字化 2.0 时代企业运营管理的高级目标。

3. 传统企业数字化运营的三大核心

以上从三个维度对企业运营的发展历程进行了分析。随着数字技术的发展，企业的运营模式在不断进化，用户运营、平台化运营和数据驱动运营已经成为领先企业在数字化时代运营优化的主要内容，而且这三者还有紧密的联系，具体如图 5-2 所示。

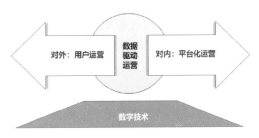

图 5-2　数字化 2.0 时代企业运营的总体框架

- **用户运营**。数字化时代的用户是产品或服务的最终使用者和评判者，因此需要把其放在数字化运营的首位，所有数字化运营的环节都应该秉承用户至上的理念。基本思路是通过用户运营，改变过去一次性交易的模式，提高用户的复购率，最终提高用户的总体交易额。用户运营目前已经在互联网公司非常成熟，并演化出公域流量运营、私域流量运营等多种模式，相应的数字技术也在快速成熟，这些经验也正在传统零售企业快速推广，相信未来会有更多的企业，尤其是面向 B 端的企业也会利用数字技术深入开展用户运营。

- **平台化运营**。大平台支持一线作战是华为在几年前提出的运营愿景，这一目标也得到了很多传统企业的共鸣。后台部门如何为一线提供更好的服务而不仅仅是下指标、做考核是所有企业都面临的一个挑战。故此,平台化运营也成为企业追求的目标。但平台化运营不是一个简单的工作,要实现这一目标需要从一体化、集约化入手,最终才能实现目标,数字技术为这一目标的实现提供了基础。

- **数据驱动运营**。随着信息化建设的深入,企业积累的数据越来越多,如何挖掘这些数据的真正价值,辅助领导快速做出明智的决策、协助员工进行高效的运营是所有传统企业都非常关心的课题。数据在企业的应用大致可以分为数据驱动决策、数据驱动运营、数据产业化等几个阶段,对于大多数传统企业来说,未来几年,如何通过数据直接驱动运营优化是企业关注的核心议题。

5.2 数字时代的用户持续运营

业界有句玩笑话,如果不知道数字化转型该从哪里做起,就做与用户相关的转型。很多案例也证明,离用户越近,数字化转型的收益往往越大。因为市场环境在变,用户在变,如果企业与用户长期处于"失联"状态,市场地位迟早会受到冲击和挑战。所以,我们先来看一下数字化时代如何做好用户的运营。

5.2.1 从流量思维到用户思维的升级

1. 客户运营与用户运营的差异

亚马逊创始人贝索斯说:我经常被问到一个问题,未来十年,会有什么样的变化。但我很少被问到,未来十年,什么是不变的。我认为第二个问题比第一个问题更重要,因为你需要将你的战略建立在不变的事物上。的确,数字技术确实改变了很多东西,但也有一些因素是不会随着技术改变的,企业不仅要追逐变化的东西,更要把资源投入到不变的事物上。

在这个快速变革的年代,到底什么东西是不会随着技术的变化而变化呢?不同人会有不同的理解,但我想有一点是大多数人都会认可的,那就是"以客户为中心"。然而,这一看似正确的理念其实也在变化。在数字技术的推动下,"以客户为中心"正在被"以用户为中心"逐步取代。这就带来一个问题,客户和用户有什么区别呢?

简单说,客户就是花钱购买产品的人,用户是使用产品的人,这两者在个人消费品上一般是一个人,但在企业消费上往往并不是同一个人。例如,对于 ERP 等传统的企业管理系统来说,客户是企业的决策者,但他们往往不会使用这些系统,系统的好坏他们没有感受,而用户则是系统的操作者和使用者。"以客户为中心"的销售策略就是费尽心思地讨好客户,尤其是领导,只要客户买单就算大功告成。但"以用户为中心"则不同,需要去更多地讨好实际的消费者和使用者,他们才有更大的决策权。

当企业的思维是客户思维时,企业的目的是达成交易,关注的焦点是渠道和营销,更在乎拥有采购权的决策者。企业无法直接触达作为产品最终使用者的用户,只能通过广告、促销等手段来影响用户。传统企业基本上都是客户思维,其经营策略一般是"三板斧":做产品、砸广告、占渠道。

在当今的互联网时代,在面向 C 端客户的商业世界里,用户已经成为真正的主角,现在的零售企业都意识到,对用户持续进行运营才能带来业务的稳定增长。在 ToC 的商业世界里,企业和消费者形成了自由和平等的关系。企业采用基于用户思维的经营策略,新的"三板斧"为:吸引用户、激活用户、持续交易。

很多传统企业会问,我们的业务都是面向 B 端的,也需要进行用户的运营吗?答案是肯定的,对那些面向 B 端用户的企业来说,拥有决策权的客户依然重要,但用户的价值在提升,如何通过数字技术直接连接 B 端用户,更好地为他们提供直接的服务,也将是数字运营的一大重点,而且会越来越重要。

2. 用户运营的发展阶段与主要工作

传统用户运营可以分为以下三个阶段。

- **广告宣传阶段**。主要是通过一系列的广告手段向用户广而告之式的宣贯。电视台、报纸是哪个时代的王者,中央电视台每年的广告标王都引人注目,很多企业不惜重金砸钱做广告、做标王。当然,高投入在当时也会到来不菲的回报。
- **搜索和流量阶段**。广告这种形式存在很多的不足,一是投入高,二是商品的品类受限,很多商品并不适合大规模的广而告之。更重要的是随着信息技术的发展,越来越多人的注意力转向了互联网,宣传和营销的阵地也随着迁移到网络搜索引擎、电商平台上,通过购买流量来扩大影响力成为企业宣传营销的工作重点。
- **用户直接运营阶段**。单向、夸大式的广告形式越来越没有市场,而流量的价格越来越高,这种模式也变得不能持续。此时,移动应用、大数据、社交媒体等数字技术快速成熟,通过私域流量进行个性化、针对性、低成本的用户运营理念得到推崇。以前用户的消费往往是一锤子买卖,但要真正保证企业的持续增长,就需要不断引入新用户、留存老用户、保持用户活跃度、促进用户消费、挽回流失或者沉默的用户,当一个产品无法有效地获取新用户、维系老用户,产品就会走向下坡路,企业的绩效也会持续恶化。

总之,传统的商业逻辑是以交易为中心,生意成交就意味着和用户的关系结束了,是一种"捕鱼"式的运营逻辑。数字化时代,随着用户流量的见顶,运营逻辑正在发生变化,从"捕鱼"逐步走向"养鱼",企业和用户之间的弱关系变成强关系。一次交易的完成仅仅意味着开始,要通过不断"养鱼"谋其多次交易。

数字化时代用户运营的主要工作包括获客、留存、忠诚三个环节(如图 5-3 所示),在每一个环节用户都可能流失而无法进入下一个环节。

- **获客:通过全渠道连接用户**。获客就是为产品带来新的用户,一般可以细分为接触、认知、关注等几个环节。要想用产品吸引更多的新用户,可以采用很多方法,但对传统企业来说,构建线上线下多个触点是最重要的事。
- **留存:扩大用户的蓄水池**。企业的用户就像是一个蓄水池,要想让蓄水池的水变得更多,一方面是要让进水量更多,另外一方面要减少出水量。留存就是要采取适合的策略建立和发展用户关系，让更多的用户留下来，并不断激活用户，扩大用户消费。

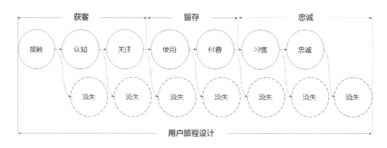

图5-3 用户运营的主要工作（用户旅程设计）

- **忠诚：让用户持续创造价值**。忠诚是指通过用户忠诚计划提高用户的忠诚度，使之愿意与企业长期合作，使消费成为一种习惯。当然，运营不好的话用户还是会流失，因此，要采取多种措施避免用户的流失。

用户旅程设计是以上三个环节的基础，如何结合最新的数字技术进行创新，为用户设计体贴、细致、周到的触点、体验，是用户运营的核心。接下来将论述如何结合最新的数字技术进行用户旅程的设计。

3. 通过用户旅程设计用户运营路径

数字时代，所有企业都已经意识到用户持续运营的必要性，但想要开展这项工作并不容易，因为用户运营面临最大的挑战就是触点的碎片化。如何有效整合内外部资源，为用户提供更体贴的服务对所有企业都是一个很大的挑战。可以借助用户旅程这样一个工具来解决这一难题。

用户旅程是指用户首次与企业接触直至下单并享受产品或服务的互动旅程。用户旅程是一整套真正落实以用户为中心、以用户视角看世界的设计思维和方法。用户旅程就是要梳理用户与企业在线上线下的交互点，形成一条完整的、跨渠道的体验视图。通过用户旅程可以逐一评价企业在每一个触点上用户体验的痛点和威胁点，以及改进的机会点和关键点，再思考如何利用最新的数字技术进行改进，最终实现高效获客、积极活客和持久忠诚的目标。用户旅程图的主要内容如图5-4所示。

用户旅程设计具有如下几个特点：以用户的体验优化为出发点，而不是企业内部的操作流程为依据进行旅程的设计；它是用户域企业交互的完整历程，而不仅仅是接触点，是用接触点连接起来的端到端的旅程；不仅仅关注单个接触点的体验，更关注整个旅程的体验，会涉及线上线下、公域私域的多种触点的整合。具体来说，用户旅程设计分为如下几个步骤。

（1）对用户分类、绘制用户画像

绘制用户旅程图的目的是了解用户，并对用户类别进行细分。不同用户的消费习惯差异是非常大的，要想绘制一幅真正有效的用户旅程图，首先要对产品和服务的潜在用户进行假设，分析他们的消费习惯、路径偏好、消费痛点，建立用户画像，只有这些基础工作做得扎实才能真正设计好的用户旅程路径。当然，要想真正了解用户习惯，需要通过大量的用户调研，理解用户的目标，重新定义用户的愿景，然后从这个愿景出发去思考为用户提供服务的方式，为用户旅程图设计提供依据。

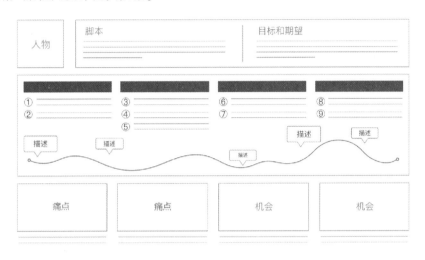

图 5-4　用户旅程图的主要内容

（2）设计用户旅程

用户旅程设计提倡零基础旅程设计理念，就是先不管自己目前到底是怎么做的，而是要基于用户实际体验重新设计体验旅程。设计过程是一个重新思考用户习惯的过程，要以用户的需求为起点进行设计。设计的结果有可能要对现状进行大刀阔斧的改革，而不是对现有问题的修修补补。要实现这样的设计，通常需要外部人员或者对本流程不熟悉的员工来主导，往往是那些"外行"才会提出更具颠覆性的创意。

数字技术的发展对用户体验旅程的设计带来了很大的影响，不同技术环境下用户旅程的设计思路是有很大差异的。对于一个同时具有线上、线下渠道的企业来说，如图 5-5 所示的用户旅程设计思路是比较高效的。

上图的用户旅程设计思路有几大要点：第一是公域触点引流，企业要构建科学的触点矩阵，对现有触点进行布局，针对性地进行营销和引流；第二是将公域流量引向线下，通过线下的门店、营销员进行运营、促销；第三是将公域流量引向线上，通过社群、微信公众号等工具进行线上持续运营、线上销售等；第四是线下线下的互动，如通过线下扫码、加群等方式将用户拉至线上，线上的销售也可以到线下取货等，实现线上线下的互动。

（3）优化内部运流程图

用户旅程要想顺畅的流转，一定会对内部流程优化提出更高的要求，要以用户旅程为切入点，详细设计内部流程的优化思路，以便让用户尽可能容易、方便地使用流程，并且得到良好的支持。这是一个通过用户运营倒逼内部运营优化的过程。只有真正将用户需求作为流程梳理的出发点，才能落实以用户为中心的理念，才能推动内部流程的改善，引导员工建立对用户体验的整体认知。这不仅适用于 B2C 领域，同样适用于 B2B 领域。

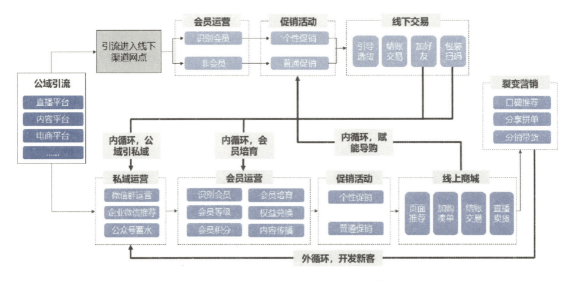

图 5-5　私域流量运营时代的用户运营总体流程

(4) 推导未来数字化的提升点

在对用户旅程进行优化设计之后，需要对现状进行分析，看看现状与未来的旅程图有哪些差距，分析如何进行改进和完善。企业要在全面诊断的基础上寻找主要问题和差距，并对用户体验存在的问题进行分析整理，并确定责任人，定期跟踪改善计划的执行情况，最终形成完整的流程，以驱动用户体验管理工作的高效开展。

总之，用户旅程是一套完整的方法，将用户画像、用户旅程、用户体验和企业内部流程优化整合在一起，使复杂的决策可视化、清晰化和逻辑化，既降低沟通成本，又可以促进决策的科学化和逻辑化。不仅可以提升内部员工服务的全局观，也能让领导意识到服务的差距，并据此提出改进举措。

4. 用户统一运营平台的建设

企业以往的信息化建设重点是核心业务系统的实施和推广，通过大平台实现流程的标准化是很多企业信息化建设的重点。在这种"眼睛向内"的指导思想下，很多企业对用户服务触点及运营平台的建设不太重视，或者说还来不及考虑。在这样的情况下，用户运营与服务信息化建设相对比较落后，要么没有，要么比较零散。很多企业建设了多个孤立的用户应用，这些应用之间相互难以协同，数据也不一致，很难支撑线上线下一体运营的要求，在这样零散的系统支持下，用户的体验是非常糟糕的。这就要求企业建设全触点统一运营平台，对外为用户提供一体化的服务，对内实现跨部门、跨业务条线的整合与共享。该用户运营平台的总体架构如图 5-6 所示，包括以下几个部分。

图 5-6　全触点统一用户运营平台总体架构

- **公域触点矩阵**。这是外部公用触点,传统企业应秉承"不求所有、但求所用"的原则,针对不同的触点采取差异化的对策,高效利用这些公域积极引流。
- **私域触点**。仅有公域是不足以实现用户全闭环运营的,企业还需要积极构建自己的私域触点,如公众号、电商平台、营销工具、社群等,为用户运营提供技术支撑。
- **统一运营平台**。传统做法是一个前端触点就建设一个运营平台,这种做法无法实现用户全触点统一运营。这就需要构建统一的运营平台,支持前端多个触点的统一操作。全触点统一运营平台可以实现"通"和"同"的目的。所谓"通"是指打通各个渠道,用户在不同平台上的身份、权益如折扣、会员等级、订单等在全渠道打通;所谓"同"则是指用户在各个渠道享用产品和服务时可获得一致的购物体验。
- **数字中台**。要高效的支撑前端触点和运营平台的统一运营,最终还要靠中台的底层支撑,数字中台包含业务中台和数据中台,相关内容将在下一章详细论述。

总之,全触点用户统一运营平台是实现用户统一运营的基础,可以帮助企业打造高效的线上线下触点,构建以用户为中心的多触点协同体系。也可以打通线上线下的会员体系、价格管理体系、促销返利体系,加强企业对全触点营销的集中管控能力,提供全触点统一管理视图,实现一致的业务流程和用户体验。

5.2.2　获客:通过全触点连接用户

获客是用户运营的第一步,没有足量的用户就不会产生足够大的价值。从流程角度看,全渠道获客包含三个步骤:接触、认知、关注。接下来分别对这三个环节进行论述。

1. 如何全方面地接触用户

实践中,获客的方式多种多样,互联网公司常用的包括活动营销、新媒体运营、线下地推、付费广告、互推换量、人际邀请等方式,这些方式对于传统企业也是适用的,很多传统企业也在尝试采用这些方法去引流、获客。但目前很多传统企业在获客方面面临内外两方面挑战,影响了获客的效果。

(1) 内部挑战

互联网公司的用户运营,让用户真正感受到什么叫极致体验,企业与用户的触点越来越多样,用户可以在不同的平台和设备之间无缝互动,毫无违和感。对传统企业来说,这看似简单的事情其实难度是非常大的。

- **多种触点分裂,用户难以享受一体化服务**。传统企业接触用户的触点是非常多的,传统的包括门店、合作伙伴、电话、电视、广告、广播等。随着技术进步不断出现了许多全新的触点,包括网站、App、微信、SNS、直播等。对很多传统企业来说,它们具备线下触点的优势,比如门店、传统广告等,随着新技术的发展,也在快速开发新触点,比如开发各种App、微信公众号、微信群等。应该说,零散的开发一些新的触点并不是很难的事情,正因如此,一个企业的各个部门、分支机构纷纷开发自己的公众号、小程序、App,一时间各种各样的烟囱式的触点工具满天飞,都是为满足自己业务的需求,用户常常面对多个触点难以享受到一致的服务和体验,这种感受是非常差的,除非企业提供的产品或服务具有极高的稀缺性,否则辛辛苦苦拉来的用户很快就会流失。

- **企业内部诸侯割据,相互协同困难**。用户体验不一致的根本原因是存在部门墙、诸侯割据在作怪。企业搞信息化这么多年,一个重点工作始终是与信息孤岛做斗争,希望通过大平台实现互联互通互操作,但结果是小孤岛变成了大烟囱,业务条线都建立了从上到下的业务系统,但相互之间的协同仍然困难重重。这种结果对内看是协同困难,对外看就是无法为用户提供一致的体验。要解决这个问题,从技术上说就是建设中台,从组织上看,就是要组建专业化的、跨部门的用户运营团队,才能为用户提供一体化的服务。

(2) 外部挑战

从外部看,传统企业发现获客的成本越来越高。近几年来,不管是电商,还是传统企业,大家都越来越感觉到流量红利殆尽,获客难、拉新难、留客难等成了大家普遍的感受。

- **流量红利已经成为过去时**。随着移动互联网用户增量见顶,以往那种流量就等于用户的时代已经一去不复返。当下的流量之争其实是用户的时间之争、注意力之争。在微信、抖音等这些超级App全面普及的背景下,用户的注意力已经被这些头部应用占领,留给其他App的时间已经很少,传统企业要想再打造一款受欢迎的App去引流难度非常大了。

- **获客成本持续攀高**。流量源头都被互联网巨头垄断,随之而来的是获客成本的高企,再想通过购买方式去获客,成本已经非常高了。传统企业必须尝试着利用自身的优势在夹缝中寻找流量,无论是线下门店、传统广告,还是最古老的营销员推广,都成了挖掘流量的手段。

总之,传统企业在获客时会遭遇内外部的双重挑战,如何突破流量壁垒,如何精打细算地运营好流量是用户运营要解决的第一个问题。要解决这一问题,目前已经初步形成一套融合公域和私域流量,实现全触点获客的运营体系。

(3) 建设全触点统一的用户接触体系

在数字化2.0时代,要实现全触点统一接触有几个关键点。

- **通过公域触点矩阵定位用户**。公域流量的渠道非常多,包括各种门户网站、超级

App 和新媒体平台。这些平台都拥有亿级流量，流量都是属于平台的，都是公域流量。商家或者个人在入驻平台后，可以通过各种免费或者付费方式来提升自己的排名，推广自己的产品，从而在平台上获得用户和成交。

因此，不论是何种企业，都需要多关注这些公域流量平台，对于那些有潜力的新平台一定要及时入驻，并采取合适的运营方法来收获平台红利。对于企业来说，这些公域流量平台最终都是需要付费的，而且，平台对于用户数据保护得非常好，因为这是平台的核心资产，企业想要直接获得流量资源非常难。这也是大家都在积极将公域流量转化为私域流量的原因。而要实现公域向私域引流，第一步就要构建社会化媒体矩阵。

社会化媒体矩阵是指在多个社会化媒体平台上建立自己的阵地，从而建立起立体化的触点，能够随时随地触达目标用户，这些社会化媒体平台的组合，就是社会化媒体矩阵。企业需要更关注如何获取端到端的用户生命周期价值，就要梳理可能的公域触点，这些触点有线上的，也有线下的，每一个触点都有自身的特点，也能满足用户不同的需求，要尽可能完整地进行梳理，以形成一张疏而不漏的网，去捕获用户的注意力。

- **通过私域流量池进行用户运营**。私域流量是相对于公域流量的一种说法，其中"私"指的是个人的、私人的、自己的意思，与公域流量的公开相反；"域"是指范围，这个区域到底有多大；"流量"则是指具体的数量，如人流数、车流数或者用户访问量等。私域流量和公域流量中"域"和"流量"的意义都是相同的，打造私域流量池，就等于企业有了自己的"个人财产"，这些私域流量会具有更强的转化率，同时也有更多的变现可能。私域流量模式的价值如下。

降低营销成本。私域流量有一个最大的特征，它是免费的，企业可以无限地对私域流量池中的用户进行相应的触达和提醒，可以反复地去利用。

提升投资回报率。公域流量有点像大海捞针，大部分流量其实是非常不精准的，会被白白浪费掉，因此整体的转化率非常低。而这种情况在私域流量平台可以很好地规避，私域流量通常都是精准的潜在目标用户，转化率高，获客成本非常低。

- **避免老用户流失**。除了拉新外，私域流量还能够有效避免老用户的流失，让老用户的黏性翻倍，快速提升老客复购率。在私域流量时代，企业不能仅仅依靠产品买卖来与用户产生交集，否则用户一旦发现品质更好、价格更低的产品，会轻易地抛弃你的产品。因此，在产品之外，企业要与用户产生情感关联，打造出强信任关系。人都是感性的，企业应该在运营私域流量时融入真情实感，用情感来感化用户，重视情感因素在营销中的地位。企业更应了解用户的情感需求，引起其共鸣，使用户不断加深对企业和产品的喜爱之情。

2. 实现从接触到认知的转变

全触点的布局只能提高用户与企业接触的概率，要真正实现引流，还需要加快用户对产品和服务的认知。很多企业自认为自己的品牌影响力已经足够，用户应该对自己很了解了，其实这往往是一种错觉。用户在认知方面可能会存在如下几个方面的问题：很多用户可能只听说过企业的品牌，但对于企业的产品和服务其实并没有感知；只熟悉部分的产品和服务，对企业整体缺乏全面的了解；只有部分用户了解企业，还有很多潜在用户对企业其实并不了解。在这样的情况下，就需要采取措施强化用户对产品和服务的认知。

(1) 用户认知水平调研

要提升用户对产品的认知，首先要进行深度的用户调研，进行用户认知水平研究，分析目标用户群体对我们提供的产品或服务的认知程度。这种调研可以采取多种形式进行，即可以用传统的街头调研、问卷调研等形式直接和用户面对面沟通，也可以通过互联网采取线上方式进行调研，让用户反馈对产品和服务的理解和认知。可以利用如表5-1所示的评价表来判断用户的认知程度。

表 5-1 用户认知水平评价表

评价选项	认知程度			评 分
用户能够理解产品的定位吗？	完全能	部分	不能	
用户能使用公司的产品吗？	完全能	部分	不能	
用户能理解产品为他带来的价值吗？	完全能	部分	不能	
用户对产品的性能存在担忧吗？	是	部分	没有	

在对用户进行认知调研和分析之后，就需要对用户进行大的分类，区分不同类别用户的消费习惯、消费能力，并据此提供针对性的接触策略、触点和用户旅程设计。

(2) 针对性的用户旅程设计

在用户认知水平调研的基础上进行不同类别用户的用户旅程设计，从而实现用户从接触到认知的转化。首先根据用户的特性甄别高密度公域触点，即在哪里能够最快、最集中地找到他们。如果企业面对的用户是知识人群，那么像知乎、得到之类的线上知识型社区就是最合适的公域触点；如果企业提供的是某专业领域的细分产品，就需要到专业论坛、社区去引流。其次，要针对不同的触点设计针对性的内容去吸引用户，提高用户对产品的认知程度。如果企业提供的产品有一定的专业性，就要组织相关的专家撰写有深度的内容，才能真正吸引高价值用户的关注。在这个环节，内容运营是吸引用户的一项主要工作，要注意的是不要在宣传内容中有太明显的营销色彩，尤其是对于那些高门槛、专业性强的产品，应更多地站在中立角度谈问题。内容营销的目的是初步建立信任感，过强的推销会让用户对产品产生怀疑，甚至引起反感，最终得不偿失。

3. 提高用户对产品的关注度

对于那些比较专业、有认知门槛的产品而言，用户就算关注到了自己的产品，一般也不会马上就购买和使用产品，这个中间还有个关注的过程，要让用户在多个触点反复感知到产品，并通过使用者的评价、分享，逐步加深对产品的认可，最终才可能迈出消费的第一步。

要提高产品的关注度，一方面要加大公域触点的覆盖程度，实现内容在主流公域触点的反复呈现，当然，要针对不同的用户为其提供最契合的触点。不同的公域触点有不同的使用群体，他们的需求也有差异，如果要实现效果最大化，需要做到更精细化的渠道运营。另一方面，还要设法把潜在用户拉进社区的私域流量触点，实现企业与用户的直接交流，提升用户对产品的关注度。

关注度仅仅说明了用户对企业产品产生了兴趣，用户此时对产品和服务的认知可能还相当肤浅，此时应及时给予用户想要的产品，满足用户期待。这个阶段需要尽量缩短，把用户的关注度尽快转化成体验和消费。

下面就通过宝岛眼镜数字化营销的案例来说明企业是如何同时用好公域流量和私域流量做好用户引流的。

案例：宝岛眼镜数字化营销变革

1. 宝岛眼镜的变革历程

随着商业模式的不断发展，宝岛眼镜经历了商业1.0的传统店铺时代、商业2.0的平台电商时代、商业3.0的社交电商时代，随之而改变的是宝岛眼镜从眼镜1.0、眼镜2.0到眼镜3.0的快速迭代。

1997－2012年，眼镜1.0阶段以门店为王，跑马圈地，线下快速扩张，在线下布局多渠道战略，包括街铺店、百货店、大卖场、购物中心。

2012年－2018年，眼镜2.0阶段是O2O－O＋O的电商时代，宝岛眼镜自2010年启动电商项目；2011年成立至今的数字部，在天猫、京东、糯米、美团、大众点评等各大平台拓展O2O、O＋O、OXO等多项业务，将线上顾客引导至线下零售门店；2012年成立电商部门。

宝岛眼镜自2018年进入眼镜3.0阶段，战略转型的核心从卖眼镜变成医疗服务的提供商。从零售的角度来看，宝岛眼镜从以门店为中心的管理模式转变为以视光师为中心的赋能模式，整个数字化的建设都是围绕着专业视光师和消费者之间做交互。

商业1.0－3.0的变化带动了消费者端和营销的变化，宝岛眼镜将品牌方与消费者的交互和营销也分为三个阶段。

（1）营销1.0阶段：大规模投放

这个时代的广告学就是所谓投放学，大众媒体就是平面、广播、电视。有一组数据，号称369：一个广告打到一个消费者3次，能够让他记得；打到消费者6次能够让他心动；而打到他9次就能够让他行动。因此，当时企业最佳的广告战略自然是拼预算、拼曝光量，以最快的速度打到消费者9次，迅速占领消费者心智，让他完成产品购买。

（2）营销2.0阶段：搜索为王

随着互联网和个人计算机的普及，品牌方与消费者之间的信息落差被抹平，消费者会主动上网搜索产品，这时候，品牌方的营销动作就变成了搜索引擎优化和搜索引擎营销。

（3）营销3.0阶段：喂养信息

2015年以来，今日头条开启了新的信息化革命，张一鸣认为，消费者不一定知道自己想要什么，算法推荐可以精准地引导消费者的动作。今日头条和字节跳动的成功，在科技圈证明了算法推荐的有效,科技圈整体进入信息喂养时代。

但对宝岛眼镜这样的品牌方来说却是特别头疼、特别恐惧的时代,因为消费者很难触达。直播带货等简单的形式短期内可以提升销量,但其实很难做到真正的"品效合一",最终,宝岛选择了垂直领域的个人IP,通过对员工IP的打造,让他们与消费者之间形成高互动,盘活私域流量,走数字化+专业化+社交化的道路。下面就来看一下宝岛眼镜在营销方面的新做法。

2. 营销3.0:公域扩大声量、私域流量运营

自2019年起,宝岛眼镜沉淀了一套独有的方法论——"两大动作,五大路径",打通公域到私域到私域运营的路径。宝岛眼镜公域私域协同运营的体系如图5-7所示。

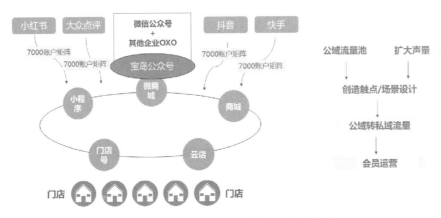

图5-7 宝岛眼镜公域私域协同运营的体系

(1)公域做声量,打造公域平台"网红"

不同于纯靠电商平台砸流量的老路子,宝岛眼镜选择布局新媒体,靠扩大声量来宣传品牌。2017年到2018年,互联网用户的数据有了很大的提升,因为快手、抖音等短视频的兴起,消费者花在手机上的时间更长。而扩大声量就要到消费者花费时间的地方来做,所以,结合眼镜行业特有的O2O模式,宝岛眼镜成立了MCN(Multi-Channel Network)部门,重新定义了8000个员工,将他们内化在不同的平台、不同的公域流量App做达人,建立了约8000+大众点评账户的媒体矩阵,一边研究规则,一边创造内容,并将这套方法迁移到小红书、抖音、快手和微博等平台。针对各类平台,配备了专属团队学习平台运营规则,制定了详细的技能模型,针对性地帮助员工创作内容、打造人设,孵化出一个个KOC(Key Opinion Customer),在消费者进店之前将声量传递出去。

MCN是一个专门培养和孵化达人、传授平台运营技能使其持续在各个社交品牌发声从而拉新转换的机构。宝岛眼镜MCN部门分为两个组别,一个是图文类,一个是视频类,工作职责是不断地培养和孵化集团内部的员工在各个平台上发挥他们的才能或技能,为产品、技术设备做宣传,使用户对产品产生兴趣,加入企业的微信,成为私域流量,未来进行持续

的用户运营,其中最重要的是拉新的动作,通过达人的小视频、科普、评价等,让用户对产品产生兴趣。

所以,MCN 部门的职责主要分为两部分,一部分是孵化和培养达人,教会他们在各个平台上使用的技能;另一部分是拉新,告诉他们拉新的技巧,赋予他们一些工具和办法。宝岛眼镜将员工定义为自洽闭环商业体,通过数字赋能让每个员工都能做好私域流量运营,将广告预算的一半奖励给员工,让员工在各大声量平台做达人,从全员参与的大众点评不断延伸到小红书、知乎、抖音等各个平台。在 MCN 的运营过程中,首先,要寻找公域流量池,找到目标消费者,在其所对应的平台做自媒体的运营,宝岛眼镜的消费者画像被分为功能科技、品质科技、完美主义、入门品质、淡定族、国际奢华、时尚搭配、白富美、小仙女 9 大族群,分别对应着 B 站、知乎、抖音、豆瓣、大众点评、微博、今日头条、微信、小红书等平台。然后进行精细化的分类,包括全民制的大众点评、视频号;兴趣型的小红书,自愿报名或地区推荐外向型人才;精兵制的知乎,专业岗位推荐,自主自发的专业领域佼佼者;团队制的抖音、快手,属于团队作战。

MCN 的出现为员工开放了一个技能的平台,员工可以在这些平台上面找到专属舞台,尽情地释放自己的能力。不仅可以在平台上发挥自己的优势,提升自身价值,还可以得到相应的福利。

(2)私域做运营,为用户营造"好的感觉"

2019 年 9 月,宝岛眼镜重新建立了以会员运营为中心(MOC)的全新组织架构,彻底颠覆了从前的零售组织逻辑,不再设立传统意义上的资源控制中心或决策中心,而是调动所有部门资源来支持会员运营。MOC 就像一个赋能中心,从技术、数据、工具、内容等各个方面赋能前线的门店和员工,消费者的关注点在哪里,MOC 就向哪里提供"弹药"。具体如图 5-8 所示。

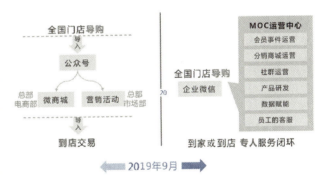

图 5-8　MOC 运营中心为一线成功赋能

私域流量变革的前提是人力模型的改变,在销售达人、专业达人的基础上叠加出声量达人、拉新闭环达人。人力模型也被称为自洽闭门商业体,未来的新型人力模型将需要强大的 AI 辅助工具。

在 2019 年 9 月之前,宝岛眼镜早期的运营是由全国门店的导购运营把消费者引进到公众号,做微商城和营销活动,再导入到门店交易,将五年来积累的接近 600 万的会员沉淀在公众号里。但是由于短视频、直播的崛起,公众号运营越来越难,无法做到双向的高效沟通,导致会员难以复购。所以,宝岛眼镜从 2019 年 9 月激活了 MOC 模式的框架,进入私域流量运营,MOC 运营中心不再是管理中心,而是赋能中心,从技术、数据、工具、内容等各方面赋能前线的门店和员工。比如，MOC运营中心了解到某地要举办活动，就会配置一些福利包，通过小程序等方式触达到消费者，当触碰到消费者微信的时候，就会弹出福利包。

MOC运营中心基于腾讯生态开展私域流量运营，通过企业微信上的工具帮助宝岛眼镜实现和消费者的连接，基于工具进行二次开发，将一些定制化的工具承载在企业微信上，和用户进行更深层次、更高频次的交互。

MOC运营中心主要围绕会员事件运营、分销商城运营、社群运营、产品研发、数据赋能、客服开展工作。在会员运营的过程中有非常多的场景和玩儿法，比如，在会员事件运营中，宝岛眼镜在会员月期间策划不同的活动，包括社群的活动、直播的活动、线上商城的活动、门店线下的活动、老会员的活动、新会员的拉新活动等，围绕着一个事件来运营。在直播活动中，通过不同的达人、KOL、主播的分享，配合品牌上的资源，结合私域社群，进行全盘运营。类似的场景非常多，在不同的场景中，根据人群的特性配置相关的工具来和他们进行互动，以此实现会员持续增长、业绩增长的目标。

这便是在眼镜3.0时代宝岛眼镜探索出的实践路径，每个员工通过各种工具和内容，基于场景与顾客双向交流，从而使宝岛的私域流量得到了更加精细化的运营。

3. 营销转型的保障措施

以私域流量为主的运营会改变企业的商业逻辑，而商业逻辑的改变必然会牵扯到组织架构的变革，宝岛眼镜通过搭建以MOC为中心的组织架构，取得了阶段性的成果，让8000名员工可以在大众点评、小红书、快手、抖音等各大公域流量平台进行发声，触达用户产生交互。当然，这只是私域流量运营的一个重要条件，还有另外一个重要条件是员工能力的多维度提升，从2019年下半年开始，宝岛眼镜就开始打造新型人力模型，让每一个员工都能成为自洽闭环的商业体。

（1）组织变革

宝岛眼镜原来在总部的组织也是比较传统的，是按照职能部室进行设置的，包含行政管理中心、财务管理中心、资讯管理中心、营运管理中心等。在营销3.0阶段，宝岛眼镜的组织结构发生了巨大的变化，组织架构设置不再是以门店运营为核心，而是让会员运营中心成为最核心的部门，战略重心转向了私域流量运营。宝岛眼镜的组织结构变革具体如图5-9所示。

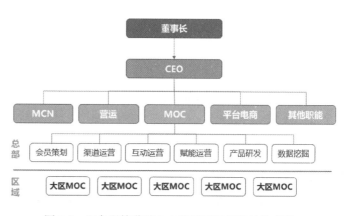

图5-9 宝岛眼镜营销3.0背景下的组织结构变革

如图所示，MOC 成为组织架构的中心。该部门的成立经历了三个阶段，第一个阶段是 CIC（客户交互中心），从互联网、微信、微博等各个方向收集数据，包括社交倾听的架构。第二个阶段是 MIC（会员交互中心），2018 年，随着生态工具的日趋完善，CIC 升级为 MIC，但是组织架构没有变化，所以运营过程比较艰难。第三个阶段是 MOC（会员运营中心），2019 年，走向以会员运营为中心，搭建 MOC 的全新组织框架。

(2) 新型人力模型

宝岛眼镜一直在思考消费者运营的竞争是什么，王智民认为，在商业 1.0 的传统店铺时代，线下的位置是最稀缺的资源；线上的时间是最稀缺的资源；而商业社会可以竞争的是社交关系，社交关系里的信任关系是最稀缺的资源。

在此基础认知之下，宝岛眼镜做了人力模型的调整，将人力模型打造成四个模型，从最底层的销售达人，到专业达人，到声量达人，到拉新闭环达人，让每一个员工都能够发出声量，进行拉新，在专业的交互体验下完成销售，形成完整的闭环模型。

人力模型的改变是宝岛眼镜真正进入私域流量运营的开始，私域流量运营不仅是引入私域流量运营的工具那么简单，更重要的是要拥有强大的运营能力，而运营能力需要做到组织变革，在宝岛眼镜私域流量的模型中，工具的功能只占 30%。

(本案例参考了首席数字官付媛媛撰写的《宝岛眼镜的实战经验》一文，及宝岛眼镜 CEO 王智民的演讲)

5.2.3 留存：扩大用户的蓄水池

用户运营最重要的有两件事，一是引流，就是能够做好开源，带来更多的用户；二是留存，提高现有用户的留存率及活跃度，减少他们的流失。上一节重点介绍了企业如何引流，本节就谈一下用户的留存。

1. 关于用户留存的最新认知

在用户运营中，许多公司都在强调用户增长，想要用一切的力量去达到用户增长这个目的，似乎用户增长一旦停滞，就很难生存下去。在这样的理念指引下，人们总结出了 AARRR 漏斗模型（如图 5-10 所示）。AARRR 分别对应用户获取（Acquisition）、用户激活（Activation）、用户留存（Retention）、获取收益（Revenue）以及用户推荐（Referral），是一个典型的转化漏斗。在实际的应用中，AARRR 模型追求最大化拉新获取新流量，之后优化各环节转化率，实现用户增长。

图 5-10 用户运营的 AARRR 模型

AARRR 模型把用户获取放到了第一位，是一个把用户获取为核心的模型，在实践中对用户获取的重视也是超过了其他环节，也就决定了 AARRR 模型更多是依靠流量红利。但近年来，随着流量红利的逐步消失，人们发现用户增长越来越困难，而且单纯用户数量的增长并不一定能带来企业收入和利润的增长。所以近年来，也越来越多的企业认识到用户留存的重要性，因此，该模型也产生了新的进化，从 AARRR 模型变成了 RARRA 模型（如图 5-11 所示），RARRA 即用户留存（Retention）、用户活跃（Activation）、用户推荐（Referral）、获取收益（Revenue）、用户获取（Acquisition），这不仅是简单的顺序更替，而是互联网流量红利消退、存量用户为主时代的一种策略更新，把工作的重点从拉新变成了现有用户的深度运营和价值挖掘，而不是简单地追求拉新的数量。具体如图 5-11 所示。

图 5-11　用户运营的 RARRA 模型

RARRA 模型把用户留存放到了第一位，作为了用户增长的核心。在做好用户留存之后，再去优化用户的激活，让用户充分体验产品，之后用户产生推荐传播和持续付费贡献，最后在前面四个环节已经优化验证后，再发力用户获取，实现良性的用户增长。

2. 如何让用户留存下来

RARRA 模型的理念是没问题的，关键是到底如何实现用户的留存呢？或者说，用户为什么会留存下来呢？

最简单来看，用户之所以留下来，是因为企业提供的产品或者服务能给其带来价值，而且是长期的价值，产品价值是用户留存的第一因素。当用户面临多个产品竞争时，除了产品价值之外，用户的转换成本也是决定是否留存的重要原因。这是决定用户是否会留存的第二个因素。总体看，用户是留是走由如下两个公式来决定。

$$己方产品价值 + 转换成本 > 竞争对手产品价值 —— 用户留存$$
$$己方产品价值 + 转换成本 < 竞争对手产品价值 —— 用户流失$$

产品价值和转换成本这两大因素决定了用户能否真正留下来。产品价值是对用户需求的满足程度；转换成本则包括用户在旧产品中投入的时间金钱、等级荣誉、社交关系等，也包括了新产品的使用难度等。面对竞品给用户的替代选择时，一方面要提升自家产品的体验和价值，另一方面则要增加用户在自家产品中的投入和参与，增大用户转换成本。具体说，可以从如下几方面发力。

（1）感知产品价值，形成使用习惯

让用户留存下来，首先要让用户更好感知产品价值。可以从以下三个方面实现这一目标。

● **提升功能的完整性、友好性**。产品的核心功能是满足用户需求的主要方式，也是产品对用户价值的最佳体现。要根据用户痛点打磨产品的核心功能，让用户更高频地使用核心功能，培养用户对产品的认知和习惯，才能真正使用户留存下来。当然，除了产品的核心功能的改善外，友好的新人引导、直接的使用入口和路径都是提升用户使用频次的具体方式。

- **增加用户的产品使用时长**。增加用户的产品使用时长能够提升用户对产品的熟悉度和使用熟练程度，通过适当的非核心功能和个性化短期活动可以较好提升用户使用产品的时长。可以围绕用户的非核心需求，整合辅助性功能，让用户通过产品办理更多的业务，从而增加驻留的时间长度。
- **拓展产品的使用场景**。一方面解决用户在多种场景下的需求，另一方面则是增加用户触点，触点越多，与用户连接的机会就越多。

（2）提高转换成本，打造用户资产

转换成本在现有产品中主要指用户投入造成的沉没成本，增加转换成本即增加用户投入的沉没成本。用户在产品内的投入的沉没成本包括：时间成本、金钱成本、社交关系、等级荣誉等。用户投入越多，流失的沉没成本越高，流失的可能性也就越小。

5.2.4 忠诚：让用户持续创造价值

用户运营的最终目标是提高商品交易总额（GMV），商品交易总额 = 交易次数 * 每笔交易额，在每笔交易额固定的情况下，能够在一定时间范围内提高交易次数，就会成倍提高用户的交易总额。提升用户的忠诚度是提高交易总额的关键。

有调研显示，企业争取一个新用户的成本是留住一个老用户的 7～10 倍，留住 5% 的用户有可能为企业带来 100% 的利润。还有营销研究机构报告表明，忠诚的用户数量大约占到整体用户数量的 20% 左右，他们的活跃度大约是平均水平的 10 倍，创造了 80% 的运营收入，带来了 72% 的业务访问量。数据可能不尽相同，但结论是一致的，因此，企业纷纷推出忠诚计划，以提高用户的持续交易次数。

忠诚度由三个方面决定：回购（用户继续购买产品和服务）、金额（用户的消费的越来越多）、推荐数（用户向亲朋好友、同事甚至陌生人推荐产品）。用户忠诚度不是指"留住"用户，或"不得不"进行消费，而是指用户想要企业的服务，用户想在企业这里越买越多，还会向别人推荐企业的产品或服务，这才是真正的忠诚度。用户忠诚与信息技术紧密结合，信息化时代已经有很多的 IT 技术应用到提升用户忠诚度中，而数字化时代用户忠诚又有了新的发展。下面就分别来看一下。

1. 信息化时代的用户忠诚度管理

现代管理意义上的商业忠诚度管理始于 20 世纪 80 年代初期的航空业竞争。美国航空的 AAdvantage 会员计划是全球航空业乃至世界忠诚度管理发展史上最重要也是最成功的奖励计划之一。会员支付的平均运价高于平均水平，为美国航空带来的运营收入占比超过了 50%，贡献了接近 80% 的运营利润。这个阶段有很多的信息技术应用到了用户忠诚度管理中，并发挥了重要作用。

- **客户关系管理系统成为主要工具**。客户关系管理系统是数据驱动型忠诚计划的核心支撑，对客户的交易行为和服务交互进行记录和数据化，基于数据洞察建立起对客户群的全面理解，发起适合的营销活动。

- **主动积累交易数据**。企业通过忠诚计划建立与用户更紧密的关系，同时收集更多的数据和信息，基于对数据的理解和分析更好地了解用户，形成数据洞察驱动的主动式用户管理，但数据的可用性和丰富度的不足依然是困扰大多数企业的重要因素。
- **以积分作为主要的激励形式**。积分奖励计划是第一代忠诚计划最常见的可感知的形态，积分计划的目的是让高贡献用户获得更多的回报和更高的价值认同感，通过向会员发放奖励积分的方式鼓励用户消费更多，同时将积分作为衡量会员贡献的量化营销工具来使用。
- **以会员卡作为身份识别标志**。奖励型忠诚计划的典型形式是向用户提供一张会员卡，这张会员卡能够承载会员身份识别、会员级别、积分累积等功能，并基于会员卡的识别机制实现面向忠诚用户的连续性服务。
- **用户交互连接与自助能力**。随着互联网技术的应用，越来越多的企业向用户开放会员系统的登录权限，允许用户基于互联网进行查询和更新信息，这样的转变使得用户可以参与到忠诚行为数据的积累和维护中，用户数据的采集难度和成本逐渐降低。
- **主动发起营销沟通**。企业为了建立更多有价值的用户连接和积累更丰富的交易行为数据，往往主动吸引目标用户加入忠诚计划。在这一目标驱动下，忠诚奖励的规则变得越来越直接，利用积分吸引来策划主动营销活动，依赖数据管理技术的支撑来发起数据库营销。

总之，信息化时代，很多企业已经基于信息技术和数据开展了用户忠诚营销，目的是通过会员忠诚计划与用户建立更长久的关系。

2. 数字化时代提升用户忠诚度的主要举措

数字技术的应用为用户忠诚度管理提高设计了更加有力的工具。数字化忠诚度管理也呈现出了新的特征。具体说有如下一些重点举措。

（1）用户画像成为数字化用户忠诚度提升的关键

用户画像是数字化时代用户运营的基础。用户画像最初是在电商领域得到应用的，在大数据时代背景下，用户信息充斥在网络中，将用户的每个具体信息抽象成标签，利用这些标签将用户形象具体化，从而为用户提供有针对性的服务。借助大数据技术，企业能够更加精确地分析用户行为，描绘用户画像，从而促进产品与用户间的智能匹配，最终促进产品的运营，提高用户运营的质量。

用户画像基于尽可能全面的信息来建立对用户的背景处境、认知特征和个性特点的理解，包括身份背景、生活习性、消费需求、决策方式、购买偏好、价值潜力、行为倾向信息等，企业基于用户画像建立起更全面的用户理解。有了这个基础，就可以进行更加有针对性的营销，用户画像越精准，企业和用户之间的联系就越密切，营销效果就会更好，也让用户感觉自身更受尊重，有利于产品和服务的忠诚度提升。

（2）社群运营成为用户忠诚度提升的新渠道

社会正在经历从个体到群体的过渡，进入一个"人人时代"。以相同价值观，共同归属感为主要特征的社群兴起，成为连接人与人，人与企业的重要方式。社群也因此成为企业思维向用户思维转变的转折点，成为用户持续运营，并提升用户忠诚的重要工具。社群经济真正的价值是由某个产品而凝聚起一群具有相同价值观的人，并通过人人参与、彼此帮助的形式让社群不断发展和壮大。这种互联互通形式不仅能让社群成员之间实现资源互换和共享，企业也能以此聚集用户智慧、不断创新升级。

在社群中，人们因为对感兴趣的同类话题聚集在一起，形成了一个特定的群体。起初以线上的活动为主，大家针对这个话题，畅所欲言，分享相关的视频，分享自己的感受；大家讨论的内容也会渐渐扩展到更多的内容和主题，也因为这样的沟通，群内的人们彼此熟悉起来，彼此间的信任度逐渐加深，群里的人们可能发展成为朋友和合作伙伴，并最终提升对产品和品牌的忠诚度。

（3）永远在线的用户服务是用户忠诚度提升的重要工具

随着各种触点的进一步成熟，用户的服务诉求随时随地、无处不在，用户也希望随时随地能够享受到全面、一致的用户服务。永远在线的企业服务提供了最佳的用户体验，每一次接触都是一次用户服务，为用户提供各类关怀、信息咨询及不同场景的体验活动。

为了满足用户的这些诉求，企业不断开拓用户服务的触点，包含升级传统的客服电话，开发 App 客服，微信客服等。当然，最重要的是要保持全触点的服务一致，否则再多的触点带来的都是不一致的服务，用户的满意度会不升反降。

当然，数字化时代的忠诚度管理措施是向下兼容的，信息化时代的很多做法仍然有效，例如会员制、积分制等仍然是用户忠诚的关键，只不过随着技术的发展，用户的忠诚和持续运营有了越来越多有力的工具。

5.3 数字时代的平台化运营转型

运营管理可以分为标准化、一体化、集约化、平台化几个阶段，几个阶段是前后延续的过程。在信息化阶段，大部分企业已经通过核心业务系统的建设初步实现了流程的标准化，虽然很多企业并没有完整的流程管理体系，但通过业务系统也基本可以做到统一的操作和管控，基本实现了运营管理的标准化和一体化。下一步运营优化的目标就是集约化和平台化，本节就重点来谈一下这两方面的内容。

5.3.1 集约化运营实现降本增效

运营管理最主要的目标是降本增效，要实现这一目标，可以适用于所有类型、行业的举措就是通过共享实现集约化运营。企业出于自身发展及降低成本的需要，将人事、财务，甚至是共性较强的核心业务进行合并、整合，通过集约化运作的方式来减少人员、降低成本，实施集约化运营，成为数字化时代企业运营管理创新的一个重要举措。

1. 集约化运营的发展历程

在现代经济学中，集约化运营指以技术进步为基础，依靠采用新技术措施和科学管理，提高生产资料的使用效率和劳动生产率来实现扩大再生产的运营方式。从经济学角度看，集约化运营就是规模经济,也称为规模效益,是指通过大规模生产来降低产品或服务单位成本,提升企业的营业利润。

集约化运营在企业管理领域获得了广泛的应用,并在不同的时代表现出不同的特点。按照集约化的程度,集约化运营到目前为止可分为三个阶段,具体如图5-12所示。

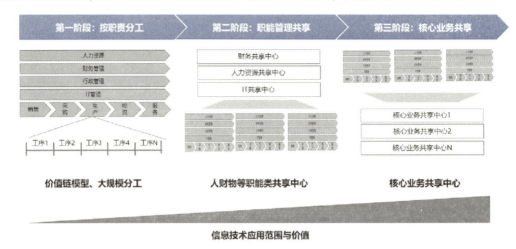

图5-12　集约化运营的发展阶段

(1)第一阶段:按职责分工

在大工业生产诞生初期,由于管理水平低下,导致生产混乱,劳资关系紧张,工人"磨洋工"等现象大量存在,最终的结果是企业生产效率低下。泰勒制的出现改变了这一局面,泰勒制的核心思想是科学分析人在劳动中的机械动作,研究出最经济而且生产效率最高的所谓"标准操作方法",严格地挑选和训练工人,按照劳动特点提出对工人的要求,定出生产规程及劳动定额;实行差别工资制,不同标准使用不同工资率,达到标准者奖,未达到标准者罚,实行职能式管理;建立职能工长制,按科学管理原则指挥生产,实行"倒补原则",将权力尽可能分散到下层管理人员,管理人员和工人分工合作。

泰勒制的精髓是专业分工,以及通过流程的串接将各个工序连接起来,这一做法使得各个工种的工作复杂程度大为降低,通过分工实现了工序级的集约化。但其适用范围一般仅仅是单个工厂、企业,在不同的企业内会有大量的共性职责存在,难以实现更大范围内的集约化运作。

(2)第二阶段:职能管理共享阶段

按职责分工的泰勒制诞生初期大大促进了生产力的发展,但随着规模的不断扩大,企业极容易出现"烟囱式"的运行状况:功能重复建设,系统间交互集成和内部协同成本高昂,组织资源在不同业务、不同场景之间难以共享。尤其是在集团企业内部相同的职责重复建设导致成本的增加、流程的复杂,已经成为企业运营必须面对的难题之一。

随着IT技术的发展,很多集团企业发现,财务、人力资源、采购、IT等这些共性职能类管理部门可以通过网络的支持实现共享、共建。福特汽车早在1980年就在欧洲设立了财务共享中心；通用电气在杰克·韦尔奇时代也开始设立职能共享中心。20 世纪 90 年代，全球著名管理咨询公司科尔尼对福特汽车、惠普、杜邦、通用电气等企业进行研究后，在其研究报告中首次提到"共享服务"这一概念。之后，很多集团性企业开始探索打破组织边界，在全国、甚至全球范围内构建职能共享中心，这一浪潮一直延续至今。

(3) 第三阶段：核心业务共享阶段

当然集约化运营不仅仅适用于人财物等职能领域，对核心业务运营也同样有效。近年来，以金融业为首的服务行业正在数字技术的支持下开展集约化运营的变革，转变传统运营模式，搭建起后台处理中心，实现核心业务共享，其目的是为了压缩成本、提升效率、防范风险。

这个过程的发展离不开数字技术的支持，可以说，正是在 IT 技术的支撑下，才使企业的运营逐步摆脱了"前店后厂"的运营模式，发挥每个区域的资源禀赋优势，在更大的空间范围内调度资源，实现了全球范围内的集约化运营，真正推动了全球化分工的实现。下面就分别对职能类和核心业务这两类共享中心如何构建和运营进行探讨。

2. 职能类共享中心运营建议

职能类共享中心提供共享性质的服务，如财务共享中心、人力资源共享中心、IT 服务共享中心等。共享中心的概念提出于 20 世纪 80~90 年代，该模式一经诞生，便颠覆了传统职能部门的工作方式。职能性共享中心在于把集团企业内部的专业性业务集中处理。共享中心的集中化处理可将财务、人事等业务的工作内容扁平化，流程化处理，大大减少信息传递的消耗时间，降低成本，提高工作效率。限于篇幅，本节以财务共享中心为例，来看一下数字技术支持下的共享服务如何创建和持续运营。

自从 20 世纪 80 年代福特公司在欧洲成立财务共享中心后，财务共享服务走上了企业管理的舞台。财务共享理念的主旨在于剥离各个分支机构内设的财务部门，以电子信息技术为依托，将重复繁多的财务工作流程进行标准化，规范化的重新规划，并且将财务处理工作集中到共享中心完成，以实现规模上的效率提高及成本节约。20 世纪末，随着经济的快速发展，财务共享在国外的发展日益蓬勃，特别是跨国公司，已将财务共享服务纳入日常的内部管理工作中，财务共享中心已成为不可或缺的内部职能部门。

财务共享服务是一种针对财务业务中高重叠性、可标准化的流程进行再造，通过建设集中式的平台中心处理分散业务，达到控制并减少总成本、简化流程环节、改进服务质量、提升管理价值、提升业务处理效率目的的作业管理模式。财务共享中心一般与其他职能部门相独立，单独设置专门的人员和架构，采用标准化的作业流程，将重复性较大的工作集中处理，进行财务数据的加工和输出。财务共享服务平台是企业财务数据的"集中处理器"，一般将各类会计业务处理、财务数据分析、财务业务服务等环节，利用信息技术，建立一条标准化的作业系统，在系统内实现集约化处理，本质是一种管理模式和方法的创新，是共享服务在财务领域的应用。

(1) 财务共享中心运营框架

财务共享在国外的发展可以说是突飞猛进，许多集团依托信息技术手段建立了财务共享中心，不断优化财务共享服务模式，不仅降低了财务管理风险，还实现了管理模式的革新，从根本上改变了集团内耗严重的局面。相较国外而言，我国的财务共享发展较为滞后。但传统的财务管理存在诸多问题，这些问题的解决为财务共享中心建设打开了大门。

一是随着集团规模发展逐渐扩大，运营机构逐渐增多，也需相应地增加财务内设部门及专业的财务人员，并且财务人员仅完成所属机构范围内的工作任务，不可兼任其他分支机构的工作岗位，这导致管理成本，人事成本的增加。

二是内设的财务部门仅对所属的分支机构负责，意味着每个分公司对自身的财务工作拥有绝对的决定权，这种决定权意味着在财务人员工作安排、权限设置、财务环节衔接上拥有主导权及决策权，因此每个分支的财务工作管理模式具有一定的差异性，财务工作标准也不尽相同，当集团总部需要掌握整体的财务数据时，由于各个分支机构的数据标准不同，在数据的传递、汇总上所消耗的时间漫长，并且数据的质量不一致，造成财务信息的时效性降低。

三是资金的管理也集中在分支机构的领导层中，因此资金的滞留是不可避免的，这不仅大大增加了资金的管理风险和财务风险，而且也不利于集团总部对资金的统筹规划和管理。

随着企业对于提高内部工作效率，精简工作流程的需求越来越迫切，财务共享在国内的发展时机与条件逐步成熟。对企业来，要构建财务共享中心需要从组织、流程、IT系统等多个方面入手。

1）组织架构与岗位职能分配。

财务共享中心实施建设后，财务各业务被重组整合，原有的分散的组织结构被改造，企业需要结合自身的需要，从上到下的规划适合企业发展的组织结构。目前，大多数财务共享中心是依据扁平化理论来建立组织结构的，汇报层级较短，组织结构清晰明了，分工明确，组织灵活。

财务共享中心的组织层级一般可以分为三层，最高层是决策层，中间是职能层，最底层是执行层。决策层是财务共享中心的策略决定层，对共享中心实行宏观的控制，如负责确定组织的目标、纲领和实施方案；职能层职责是把决策层制定的方针、政策贯彻到各个执行部门的工作中去，对日常工作进行组织、管理和协调；执行层在决策层的领导和职能层的协调下，通过各种技术手段，把组织目标转化为具体行动。在执行层中可以设立多个工作小组，包括会计核算组，人事培训考核组，风险控制组，税务工作组，每个工作小组中配备多个岗位，分配相对独立的工作职能，相互牵制，相互监督。这三个层级组成了财务共享中心的组织架构，相互独立有有机联系，通过完成各自的职能，保证共享中心的正常运转。

2）财务处理流程的优化。

业务流程是为用户创造价值的一系列活动，也是财务共享的核心。财务共享最基本的原理就是将分散在各分支机构的标准化的业务有效地集中，从而减少这类重复性工作所耗用的人力物力，以降低企业的成本。而这种脱离传统模式的流程再造是一个需要持续不断改进的过程，因此对流程的有效管理是能否使财务共享中心发挥其应有效用的关键一环。以员工报销流程为例对流程管理的主要思路进行简要的分析，财务共享中心是将总、分公司的报销工作统一集中到中心处理，如图 5-13 所示。

从上图中可以看出，报销流程需要集团内每位员工的参与，各地各职能的后勤协调人员将报销信息通过网上系统进行申请并提交相关凭证，经过网上核查并获取审批后流转至财务共享中心，由中心内员工合并汇总进行后续报销操作。对该流程的流程管理首先就是向员工传输流程持续优化

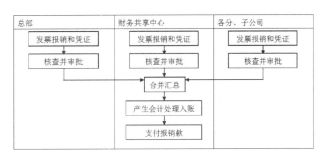

图 5-13　员工财务报销流程示例

的概念，让参与其中的员工关注报销流程的不合理或者可改进之处，并提出意见。其次，定期对报销的流程进行监控和跟踪评估，检查凭证审批、核查等步骤中是否存在纰漏，分析流程的效率是否有可提升的空间等，及时改进。同时，报销制度和报销操作流程也需要书面化并不断完善。

3）财务共享信息系统。

财务共享服务模式下，要实现远程财务流程，要基于强大的信息技术平台。只有通过IT平台来强化内部控制、降低风险、提高效率，才能实现"协同商务、集中管理"。所以必须建立一个财务共享服务的IT信息平台，让分子公司把数据导入系统，做到事前提示、事中控制、事后评价。研究表明，建立一个完善的信息系统是财务共享中心组建中遇到的最大的挑战。先进的数字技术实现了点对点的链接，将分散的数据集成起来，把企业的各个业务单位链接在一起。可以说，财务共享服务模式需要一个强大的信息系统作为支撑，只有利用高效的IT技术，才能使企业集团的财务共享服务真正落到实处。

（2）财务共享中心建设的挑战

财务共享中心的建设是财务管理工作的一场革命性变革，对财务管理工作可以带来诸多直接的收益。但与此同时，也要看到，共享中心建设也存在诸多的问题和挑战。

1）共享中心建设的投入巨大。

财务共享中心的建设是一项投入巨大的工程，投入既包含资金等可以衡量的成本，也包含时间、精力等不可衡量的成本。资金的投入包含建造或租赁相当大面积的工作场所，需要购置固定资产；强大的信息技术平台，购买或开发信息系统；现有机构人员的遣散费用，共享服务中心的人员招聘费用等。由于前期投入较大，导致短期内总体运营成本不降反升，难以快速达到提质降本的目的。

除了这些可见成本之外，企业还需要投入大量的精力在业务流程和管理流程再造，内部组织各方利益的协调，新的条例规章的制定，员工的安置、招聘和培训等一系列工作。因此，企业要有足够的心理准备，财务共享中心的建设并不是一件容易的事，需要企业具备雄厚的实力，做好长期准备。

2）各业务职能部门之间配合更加复杂。

财务共享中心远程操作的模式，使财务人员和其他业务部门的人员失去了面对面交流的

机会,工作的交流主要依靠邮件、电话和网络聊天工具,沟通和解决问题可能需要更长的时间。财务共享中心内部流程细分,以前分别由公司各部门自行操作的业务,现在改由财务共享中心与该部门共同承担。这种模式下,两者在操作中可能因权责不清而产生矛盾,进而影响效率。

另外,很多企业将各分支机构原本的财务人员编制抽调为总部机关的编制,由于大量人员集中在机关,造成服务意识淡漠,机关作风严重。很多设置财务共享中心的企业仅仅实现了"共享"而无法实现"服务"的目的。

3) 共享中心沦为辅助岗位,人员流失率高。

很多企业将大量简单、重复性的财务工作集中到财务共享中心集中化处理,且流程被切割的很细,如同一个财会的"流水线"。在长期机械化的工作后,员工极容易对当前的工作产生厌倦感,认为工作枯燥乏味,没有发展前景,失去对工作的兴趣和激情。员工更替率高不利于团队的稳定,工作频繁交接、岗位不断换人也容易招致内外部用户的不满,影响整体服务质量。

另外,财务共享中心是以服务者的角色为内部用户提供服务的,需要满足内外部用户的需求,很多企业会把提升用户满意度作为一项考核的指标,这非常容易导致财务共享中心与用户产生地位的落差,容易在对与用户的接触中产生抵触情绪。

总之,从传统财务模式转变到财务共享模式无疑是需要付出很多的时间、金钱和精力,需要做好打持久战的准备,变革的过程中也会出现许多的问题。但是,从整体上来看,财务共享服务模式的优势大于劣势。它能很好地解决由于组织机构庞大带来的效率问题,通过把扁平化、标准化和劳动细分的理论在实践中灵活运用,优化组织机构的管理,能低成本高回报,出色地完成工作。财务共享中心的建设向企业的集约化运营迈出了一大步,不仅对财务自身工作提升大有裨益,也为核心业务的集约运营奠定了良好的基础。

3. 核心业务共享中心运营建议

人、财、物等职能共享已经在很多企业实现,那核心业务能否也实现共享呢?答案是肯定的,而且核心业务的集约化运营目前已经在很多服务业破局,尤其是银行、保险等金融行业,它们经过十多年的实践已经总结出一套行之有效的方法,所以本节就以银行为例,看一下核心业务的共享中心到底如何构建。

(1) 银行运营模式的进化历程

银行是高度依赖信息技术的行业,在信息技术的推动下,近年来银行的作业模式先后发生了三次重大变革。

- **第一次变革是会计电算化**。20世纪90年代,手工记账被计算机记账代替,特别是会计电算化统一了会计核算和业务操作,传统的一人操作,换人复核的双人临柜制被一名核心业务系统综合柜员取代,极大地降低单笔业务处理时间,减轻柜员的作业压力,使临柜业务生产率得到大幅提升。

- **第二次变革是电子银行业务的快速发展**。多种渠道分流了传统柜台业务。第一类是自助机具,包括取款机、存取款一体机、自助缴费机等,分流了大量现金存取款和缴费业务;第二类是电子渠道,包括手机银行、电话银行、网上银行等,分流了基金、投资理财和汇款缴费业务;第三类是第三方支付的兴起、转账电话和电子商务的发展。有了这些渠道,柜面业务被分流超过一半,临柜压力得到进一步缓解,排队难的情况得到很大改善。

- **第三次变革是后台业务的集中处理模式。** 虽然部分柜面业务在电子银行渠道得到有效分流,但柜面仍有大量处理耗时长、风险控制要求高、复杂程度高的业务需要处理。为解决传统模式中存在的诸多问题,国内银行业开始把国外运营工业化的思路引进来,成立专门的运营管理部门,建立业务后台处理中心,将部分交易处理、风险管理职能向后台转移,逐步推广前台接单、后台作业的集约运营模式,在效率提升、成本节约、风险控制等方面起到了积极的效果各行逐渐形成以集约化为核心的业务运营体系,运营管理成为银行的支柱管理之一。

(2) 业务集中运营的主要流程

集中运营模式主要是指,银行业务处理过程中的前台和后台业务进行分开运营方式。在此过程中,采用工厂运作和有序运作的新理念,并依托数字化手段,如用户形象识别、智能图像处理等技术,将银行部分前端业务集中到后台进行工厂化操作,实现了业务处理从前台的"一手清服务"向后台的集约化、工厂化转变,彻底改变了传统的银行操作和运营模式。

后台运营模式是此次变革的核心,运营后台中心以效率、质量、安全为原则,对辖属营业机构后台业务进行集约化、标准化、流程化处理,并向营业机构提供指导与服务的业务集中处理中心。运营后台中心内部构成一般包含三部分,具体如图 5-14 所示。

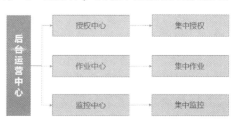

图 5-14 银行业务集中运营中心模式

1) 授权中心。

临柜业务授权管理,是指在银行临柜业务处理系统中,所有业务交易操作都按照风险大小被预先设计为两类业务,一类是可单人完成的业务,另一类是需要换人复核后授权完成的业务,当指定业务的金额或某些事项超出了经办柜员操作权限时,必须由相应级别业务主管进行授权审核。银行中,授权管理是防范事中风险的第一道防线。

最初解决授权问题的方式是"走动授权",即当柜员需要授权时,主管走到柜员身边审核业务后在系统中进行授权操作,柜员才能继续处理业务。随着银行业务的飞速发展,高、低柜业务分区,前、后台业务分离以及实施精细化管理。在风险防范、人力资源配置、作业效率、服务形象等方面现场授权模式逐步暴露出缺陷,同时对较小网点的节假日授权等风险防范问题与人力资源不足的矛盾也日益突出。

在这种情况下,集中授权模式诞生了,所谓集中授权是指利用信息科技手段,将柜面交易需授权的交易画面以及业务凭证、用户证件和实物影像同步传输至专用授权终端上,由专职授权主管进行审核并完成授权的一种授权模式。该种授权模式能较好解决传统作业流程中授权环节存在的种种问题:一是规范授权行为,提升风险防控能力;二是优化人力资源配置,有效控制成本;三是提高工作效率,增加用户满意度;四是改善信息储存方式,便于事后追踪。

远程集中授权通过限制柜面工作人员对于风险业务的操作权限,降低其在业务办理过程中的差错率,达到降低银行的金融风险的目的。远程授权减少了网点工作人员之间串通作案的可能性,尤其是对于某些高风险业务而言,远程授权无疑是一道双重保障。此外,远程授权模式通过对业务实行实时监测,改变了传统授权模式下的事后监督的弊端,使得问题可以被及时发现。

2)作业中心。

集中作业上线以前,前台柜员接到用户业务申请后,审核后需要完成验印、换人验印、记账、复核几个必要业务节点,其中在记账和复核过程,需要两名柜员先后要完成选择交易、判断交易类别、录入凭证上的所有交易要素,记账与复核结束后,业务完成出具相应回单给用户。

新的作业模式下,用户向前台发起业务请求,前台柜员审核业务凭证,登入业务办理系统进行部分要素的录入,扫描资料影像并传输至集中作业中心,后台经过一系列标准化处理后交由主机进行账务处理,账务处理完成后返回前台终端,柜面人员打印回单交给用户,业务流程结束。主要流程如图5-15所示。

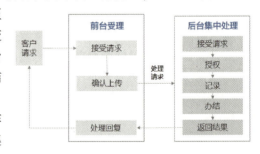

图5-15 银行集中化作业流程示例

通过新旧业务运营流程的比较来看,集中作业系统的上线转变了生产模式。业务实现远程集中授权,使传统的以网点为生产单位的封闭串行、逐笔业务处理的生产模式,转变为同步并行处理、工厂化流水线集约化生产模式。新流程运行下,前台网点主要负责受理凭证、扫描上传及结果反馈,产品生产加工主要由后台中心负责。集中处理模式借助数字化手段,依托集中作业平台,以业务流程为中心,对业务进行分离化、影像化、标准化以及专业化的处理,构建前台网点全面受理,后台作业集中处理的生产作业模式,形成了中心化、产业化、专业化运营格局,实现业务经营的规模效应。

3)监控中心。

银行一直以来主要通过制度建设、加强合规教育和加大违规查处等方式来加强柜面监督控制,以降低柜面风险。该种监控方式成效不大,明显的缺点在于:它是事中监控,对事前和事后控制不足,对已经产生的风险事故无法补救,且影响效率;它仅针对行内员工,没有关注外部用户风险;它的监控能力较为薄弱,监控整合能力不强,风险控制的科技含量不高,以传统的人盯人方式为主,柜员的精力有限,在作业任务重、处理柜面业务时间紧的情况下,无法做到熟悉每一个风险点。

业务的集中操作为集中监控提供了基础,很多银行在集中化运营的同时整合分散运行模式,构建全国数据集中的监控运行模式,建立以各级监控中心为核心的监督管理组织体系,并通过系统控制、流程控制与管理控制形成三位一体的风控体系,通过过程控制和风险模型测量，实现风险控制由人工控制向自动监控的转变。在流程设计中，实现角色隔离、任务随机分配、数据自动检查和异常事务预警等功能，可以有效地降低人员操作风险。

总之，银行通过核心业务的集约化操作，实现了运营模式的重塑和升级。下面就通过一个案例来了解一下银行是如何实现这一跨越的。

案例：某国有银行作业集中共享经营

某国有商业银行原有运营管理相对比较粗放，柜面业务接受财务会计部的指导，合规方面则由内控合规部及审计部来管理，业务流程方面一直处于无人管理的状态，对于作业方面不合理的流程及漏洞，基层没有通畅的渠道来反映。随着用户群体素质的提高、银行用户权益维护意识的提高及外部竞争环境的加剧，这种状况越来越难以为继。

有鉴于此，该银行组建运营管理部，明确了运营管理部作为全行后台业务的集中运营和管理部门的主要职责，并单独成立运行中心，全面接管全行的业务流程梳理工作，并提出后台集中建设规划，标志着银行全面运营改革的正式启动。

在改革试点年，该行以"集中作业、集中授权、集中监控""三大集中"为重心开展试点。"三大集中"工程的总体目标是：构建合理的运营布局；提升业务处理效率；建立科学风险管控体系；实现人力资源优化配置。

- 集中作业工程是指将网点部分非实时、复杂业务集中到后台中心处理，提高业务集中处理程度。
- 集中监控工程是指在二级分行和省会城市行建立监控中心，对临柜业务进行实时、全面、重点、集中监控。
- 集中授权工程是指全面建立以二级分行授权中心或一级分行授权中心为主的专职授权机构。

经过3年的努力，全行"三大集中"建设圆满收官，实现网点全覆盖，初步建立起"网点分散受理、后台集中处理"的新型作业模式。之后，该行在"三大集中"完成之后继续向纵深发展，向"大运营、大后台"的方向发展。"大运营"具体是指：运营管理涵盖范围更广，包括交易处理、账务核算、风险控制、用户服务及业务支持，前台接单、审核，后台集中处理；整合跨板块、跨条线的业务运营职能和运营资源，实现全行统一运营；构建基本覆盖全产品、全业务的一体化运营管理体系。"大后台"具体是指：提升后台中心建设层级，推进"三大集中"省域集中；整合全行现有后台中心资源，启动全国区域金融服务中心建设；构建"总行区域中心"集中处理专业性强、复杂程度高的业务，"分行省域中心"承担本地常规化业务的集中处理；建成总、分行后台中心各有侧重、相互补充、互为备份、集中统一的运营大后台。经过几年的变革，该行取得了如下的成效：

(1) 人员结构优化

自该银行启动"三大集中"为重点的后台集中建设体系改革以来，通过后台集中、流程优化和系统改造等一系统举措，有效提升了柜面业务处理效率，操作风险得到有效控制，在全行柜面业务量逐年增长的情况下，全行网点前后台运营人员显著减少，网点营销人员大幅增加，网点人员结构明显优化，为全行经营转型提供了有力支撑。

(2) 柜面操作风险降低

"三大集中"后，各分行在实现风险降低方面均取得了一定成效，风控能力上不断加强。集中作业平台"背靠背操作、流程化控制"的特点，有效改善了网点操作带来的风险点分散、控制难度大等问题。省域集中模式进一步强化了流程控制，减少了因作业中心分散、操作人员水准不一引发的操作风险，使柜面业务操作风险管控更趋集约化和专业化，网点柜面操作压力明显缓解，柜面业务差错率显著降低。

(3) 集中监控风险

在集中监控方面，集中监控的推广完成，打破了传统监管模式，建立了科学、高效的监控体系，有效控制了风险。一是通过建立运营监控中心集中监管人员，整合监管手段，统一监管标准，改变手工、分散和现场监管为主的监管模式，转向以借助系统、集中和非现场监管为主，提高了监管工作质量和效率。二是加强了营业机构及后台中心的规范操作，有效提高了防控运营操作风险的能力。三是实现了纸质凭证影像化管理，利用凭证塑封保管模式，促进档案集中管理。在集中监控方面，整合了会计监控系统、后督系统和安保视频联网系统，实现了监控系统预警信息自动调阅对应的会计凭证影像的功能，便于监管员同步分析业务形成的视频录像背景资料，实现了监管手段、监管质量和监管效率上的一次飞跃。每名监管员可监管的网点数量由分散监管时的平均 4－6 家增加到集中后的 15 家。

从以上论述可以看出，集约化运营是通过规模经济实现降本增效的一种运营模式，是对传统分散式、前店后厂运营模式的升级，不仅可以提高运营的标准化程度、降低运营成本，还可以降低运营风险，实现资源在更大范围内的统筹和布局。集约化运营正在从传统的职能共享中心向核心业务领域发展，越来越多的企业正在考虑如何结合自身业务需求建设各种能力共享中心，这是数字化 2.0 时代运营管理创新的一个重要方向。

5.3.2 平台化运营为一线赋能

平台化组织、平台化运营、大平台为一线赋能，这三者是有前后关系的，只有实现了平台化组织才能实现平台化的运营，才能通过大平台为一线赋能。虽然大多数的企业尚未尝试构建所谓的平台化组织，但很多人也都承认，传统企业的组织结构模式存在问题，这些问题严重影响着组织效能的提升，也阻碍着数字化转型的深入进行。因此，本节首先从组织结构入手，说明如何建设平台化组织，并探讨平台化组织下的运营模式优化策略。

1. 传统企业组织结构存在的问题

传统企业的组织架构是金字塔式的层次结构（科层制），存在着诸如僵化、集权、等级、臃肿、职责不清、难以协作等的问题。

(1) 组织僵化与臃肿

传统企业往往层级多、部门多、员工多，等级森严、阶层分明、机构臃肿僵化、难以变通，在外界环境稳定时尚能有序发展，在遇到变革时难以腾挪辗转、无法轻装前进。尤其是一些大企业，在经形势不好时，甚至不得不大量裁员，不但伤筋动骨，也会给企业带来负面影响，乃至社会问题。

（2）部门职责不清

传统企业部门很多，但经常存在部门职责不清的情况，往往会引起部门之间的业务争夺或职责推诿，造成企业资源的浪费，并且可能会给用户留下不良印象。

（3）业务衔接不畅

如果业务流程中相互紧密衔接的两个环节分别归属于两个部门，而且两个部门对于各自业务的重要性排序判断存在差异，那么在业务链的衔接过程中往往会出现资源调度和日程安排的冲突，并且可能会导致部门间矛盾的产生。

（4）一线没有弹药

科层制的另一弊端是前线没弹药，而有弹药的不上前线。最接近用户的基层业务人员手中没有资源，他们要走流程，向财务和人力等职能部门递交资源预算申请，得到批准后才能动用现有资源，或者从外部招聘和采购；离市场和用户最远的职能部门却掌握资源，有权决定资源的配置。

（5）内部协作困难

对很多企业来说，内部部门间的协同是比与外部机构合作还困难的事，部门之间相互合作、资源共享是一件无比艰难的事。

（6）文化刚性病态

在企业文化方面，传统企业则表现出集权文化、等级文化、硬性文化等特征，软性、宽容度、宽松度、容错度等较少。导致员工关系紧张，且易滋生办公室政治和团伙派系，团队精神较弱。

实际上，这些问题并不是今天才被发现的。在斯隆设计通用汽车的管理体系之后不久，德鲁克就对科层制提出了尖锐的批评，并与斯隆多次当面交流。德鲁克具有远见地预言了"知识经济"的到来，认为企业需要从命令与控制型的科层组织转变为由知识工作者构成的"信息型组织"，从按照职能划分的组织转变为面向任务或工作的团队。团队由来自不同领域，拥有不同背景、技能和知识的人组成，为完成某项特定的任务而一起工作，每一个人对团队的成功承担责任。相对于科层制，新型的企业组织可能是扁平的，管理层级减少，每个人都要承担分享信息的责任，而不只是单纯地执行上级的指令。

近些年来，业界沿着这一思路逐步探索组织模式的创新，逐渐形成了平台化组织、网络化组织等概念，这些组织对市场反应更加灵活。其中平台化组织在传统企业中更有实现的可能性，也已经有部分领先企业已经在尝试，并初见成效。

2. 平台型组织的特点

平台型组织指的是利用发达的信息流、物流、资金流等技术手段，通过组建强大的中心/平台/后台机构，以契约关系为纽带，链接各附属机构的组织形态。平台型组织是近年来组织变革的热点，相关的论述和定义也很多。究其根本，美军却是这一模式的开创者。

20世纪初,美军进行了"目标导向、灵活应对、快速制胜"的组织模式改革,构建"军政(养兵)"和"军令(用兵)"两大流程,明确各流程的范围、定位、职责、边界、关联协同机制。构建了"小前台+大平台"的运营模式,让战斗管理更加扁平化。十几人甚至几人组成的特种部队在战场一线,可以根据实际情况迅速决策,引导精准打击,取得战斗胜利。平台型组织模式以其显著的优势迅速走出部队,成为很多企业的选择。与传统组织结构相比,平台型组织具有如下几大特点:

(1)用户导向:前端牵引,快速响应

传统科层制组织模式,组织运行是行政权力导向,而非用户导向。平台型组织首先明确用户导向,以满足用户需求、增加用户价值为企业经营出发点,反对官僚主义和形式主义,简化内部程序,促使组织扁平化,通过"平台+前端"的方式,打造贴近用户的敏捷性组织。

平台化之所以重要,是因为它赋予或加强了企业最核心的能力:用户响应力。平台化的思想鼓励企业不断抽象沉淀自己核心的底层能力,通过平台化包装,得以更好地赋能前台业务,用底层的确定性来帮助企业应对前台业务以及最终用户需求的不确定性。

(2)资源数字化:所有的资源实现线上化

对于传统的企业来说,很多资源或知识是不在线的,都以分散实体形式存在。对于需求方来说,不了解有什么资源,资源有什么属性。对于平台型企业来说,所有资源都处于在线状态,实体的资源经过数字化后变成在线资源。资源标签要能够清晰表明该资源的功能、特长等属性。上线后且随时在线的资源可被需求方随时调用,从而降低搜索成本,提高资源整合的效率和成功率。

(3)员工创客化:员工变成经营者,直接对用户负责

当市场成为唯一驱动力量时,组织需要调整,作为组织的个体构成也需要进行身份的重新确认。在这样的背景下,很多企业变成了平台,员工变成了经营者,即创客。创客通过调动企业这个大平台的资源,为顾客提供独立的服务,对顾客负责,对经营状况和经营后果负责,而不是对上级管理者负责,也不是对岗位职责负责。

3. 平台型组织的几种运营模式

平台型组织的出现,从根本上改变了企业传统的运营模式。平台型组织主要有以下两种运营模式。

(1)前-中-后台运营模式

业务中台不仅是一个个的能力中心,更是一个个的能力组织,为前台提供专业化的服务。采用这种模式的组织都可以称为平台型组织,也就是"前-中-后台组织"。在第6章中会详细论述业务中台。

在这一模式中,前台是传统的利润中心,一般是快速响应用户需求的业务部门或由跨职能部门的项目小组组成,每个前端就是一个用户触点,是企业与用户的交点。如华为的前线三角部队、海尔小微生态圈中的用户小微都是这类团队。它们分散而灵活,负责无孔不入地与用户交互,强力组织内外部资源,获得用户买单,实现产品交付。前台设计最大的好处在

于让听得见炮火的人来指挥战斗,一线的用户团队在面对用户需求时,能够向上寻找资源和支撑。强前端的精髓是为了目标,通过用户关系、解决方案、融资、回款、交付等综合能力的提升,形成多角色融合的作战团队,实现商业成功。

中台大多是传统的成本中心,也就是把前台打仗需要的资源做成"中间件",方便前台随需调用。京东是一家中台建设的标杆企业,前两年京东商城最大的组织变革的核心逻辑之一,就是把以品类为前台,转化为以消费场景为前台,以内容品类、产品品类为中台,在多个渠道共享,实现全渠道统一的运营。建设企业级统一的中台可以用一个强大的平台为前台赋能。最大程度减少重复工作。

后台是传统的费用中心,也可以称为职能部门或后勤部门,例如财务系统、产品系统、客户管理系统、风险管控系统等。它们不直接产生效益,更多是提供间接的、长期的贡献。后台的重点聚焦于战略规划、服务支持、制度输出、战略落地、绩效管理、创新整合、资本运作、市场引领等职能。它们负责建立平台的规则、划定规则的红线,建设平台的资源池,同时推动平台现实整体数据化和线上化,这些职能的运用是平台维系和繁荣的基础。

前-中-后台的运营模式最近几年非常火,但也遇到了巨大的挑战。例如2020年底,有消息称阿里要拆中台了。阿里之所以要拆中台,而是因为中台组织经过几年的发展已经形成诸侯割据的局面,前台已经无法调动中台了,拆中台就是要把强势的中台组织做薄。由此可知,这种以中台为核心的平台运营模式也不是完美无缺的。

(2)平台+自组织运营

另一种平台型组织的运营模式是平台+自组织运营,这种模式起源于传统的项目管理制企业,如咨询类、软件实施类企业就是典型。这种模式在互联网时代有了更大的发展,前台是很多小组或小微,它们所做的事情都是和用户直接打交道;后台是企业共性功能,包含生产、财务等,为所有前台提供统一服务。近年来,这一模式的典型代表是韩都衣舍。

在韩都衣舍,2015年其内部大概有267个小微,都是直接跟用户进行交互。如果按以往的事业部制就是267个事业部,这样的组织一定是无法运转的。但是平台化以后就可以做到这一点。这些小微帮助韩都衣舍做的工作是不断孵化出各种服装款式,使得韩都衣舍很快成为快销行业中产品设计能力和设计节奏最具有领先性的企业。在韩都衣舍内部,会提供各种公共职能平台,比如物流、摄影、品牌等,聚集到公司的后台。小微和平台之间的合作,则更多依赖市场化方式。比如小微创造的价值中,有一部分转移给了后面的平台,作为平台分享的利润,这样就解决了以往考核中的"不公"或者"不明"问题。

总之,平台化组织建设和平台化运营对现有企业来说是一个巨大的颠覆,要实现这一目标绝不是一朝一夕之功,也不适应所有的企业。只适应于那些有坚定信念和变革决心的企业家,才能推动将企业打造为平台型组织,实现组织和运营模式的彻底变革。

5.4 数字化时代的数据驱动运营转型

华为轮值董事长郭平曾说过:我们的管理方式要从定性走向定量,从"语文"走向

"数学"。实现基于数据、事实和理性分析的实时管理,实现数据化运营,这是数字化转型的真谛,也是精益化管理的根基。

5.4.1 数据驱动运营的内涵与价值

1. 什么是数据驱动运营

在谈到企业数字化转型时,很多人都会说起数据驱动,比如数据驱动运营、数据驱动业务、数据驱动决策等。那到底什么是数据驱动运营呢?该如何理解数据驱动运营呢?

简单讲,数据驱动运营是指从数据的角度来分析和解决业务运营工作中存在的问题,以数据为基础实现精细化决策,以数据为基础,通过业务问题指标化、指标定量化、业务问题数量化、分析模型化等动作推动业务运行。从这个角度看,数据是方法和手段,精细化运营是最终的目标。

如果觉得这个解释太抽象,来看一下一名叫"接地气的陈老师"写的一篇名为《八张图,看懂数据分析如何驱动决策》的文章,该文形象论述了数据驱动运营的发展过程,原文比较长,文笔也比较口语化,本书摘取其中的部分内容,并做了必要的修正,从中可以更好地理解什么叫数据驱动运营。

该文作者认为,按照数据精细化程度可以将企业决策过程分为四个阶段,具体如图5-16所示。

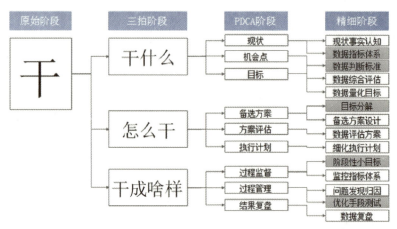

图5-16 企业决策过程进化示意图

(1)第一阶段:原始决策流程

做决策是否一定需要数据呢?答案是不一定,最原始的状态就是两横加一竖,一个字"干"。干什么、怎么干、干成啥样,都不知道。当然,这是比较原始的状态,到目前已经很少如此决策的了。

(2)第二阶段:科学决策的雏形

在正规的组织中,在遇到不明确或者难以决策的事情时,领导经常会问:干什么、怎么干、干成啥样？这种三段式的提问代表着决策过程已经比较科学了，但这还不是真正意义上的科学管理，还太粗糙。特别是对于干什么，往往是领导自己拍脑袋定，很少有深入分析与论证的过程。目前，这样三段式的决策在很多传统企业中仍不少见。

（3）第三阶段：PDCA 阶段

随着精益管理理念的深入，很多企业开始意识到决策需要进一步精细化，要引入数据度量和数据分析，有了数据的支持，才能做大量精细化的管理。于是很多企业开始了精细化决策的进阶，并开始逐步实践 PDCA（即计划、执行、检查、改进）的理论。

在决策前开始做如下工作：量化评估经营现状，收入、支出、利润；根据市场、对手、消费者数据，评估机会点与威胁；根据过往业绩走势，发现自然变化规律，制定更合理的目标。

在决策中尝试如下举措：量化评估备选方案所需的时间、人力、物力投入；根据过往市场表现，量化评估方案可行性，评估预计完成率；根据过往业绩走势，发现自然变化规律，制定更合理的目标。

在决策后还能持续跟踪、评估：量化监督执行过程，发现执行问题；分析执行手段，评估优化、调整的措施；复盘执行效果，检查目标实际完成，总结经验。

目前，很多领先企业的决策一般也都在这个阶段，很多人觉得数据驱动决策已经做到头了。但数字技术的深入应用，使得决策还可以更加精细化，这就进入了第四个阶段。

（4）第四阶段：数据驱动运营

前面几个阶段还可以单纯依靠管理优化来实现，但仅仅依靠人的力量也仅能达到第三阶段，要想实现更精细的数据驱动运营，就离不开数字技术的支持。例如有了 OMS/CRM 系统，可以即时地采集交易及用户数据；有了 App/小程序 + 数据埋点，可以充分采集用户行为数据；有了丰富的数据，可以完善用户画像，可以生成预测模型。有了数字技术的加持，管理上也可以做到指标更丰富、监控更及时。在数字化技术的支撑下还可以实现监控从事后向事中的转移，这些都是数字化技术支持下的数据驱动运营的体现。

2. 数据价值开发的发展阶段

上面这个过程既是管理和运营逐步精细化的过程，也是数字价值逐步开发的历程。从数据加工的深度或应用层次来看，数据价值的实现由浅入深可以分为 4 个层级：数据初步分析、数据支持决策、数据驱动运营、数据变现，具体如图 5-17 所示。

图 5-17　数据价值发挥的四个层级

（1）数据初步分析

数据初步分析是数据驱动的第一个层次，在这个阶段，人们已经开始注意数据的整合与治理，对数据需求比较高的部门开始尝试利用各种分析模型和分析方法来分析数据，例如，财务部门、销售部门等往往最早开展数据分析工作，它们能用各种成熟、商用的分析工具进行数据加工，开展常态化的、有一定思维框架的数据分析，能用数据诊断问题、发现问题，能用数据可视化技术来展现数据分析的结果，虽然数据分析大多是事后的，但数据的价值开始逐渐显露出来。

（2）数据支持决策

数据支持决策是数据驱动第二层级，它在初步分析的基础上更进一步。一方面数据分析的范围更大，需要开始跨越部门进行数据的整合，可以为领导进行重大经营决策提供比较完整、准确、一致的数据支持；另一方面，数据分析的技术也更加专业，企业进行数据分析的能力更强，企业已经能游刃有余的利用一些复杂的算法对数据进行深度加工和处理。通过对数据的分析、挖掘，帮助企业对业务有更清晰、更完整的认识。此阶段数据分析不仅应用于事后的总结，还可对事中进行监控与实时预警。此时，数据的价值能得到较为充分的体现。

（3）数据驱动运营

数据在此阶段已真正成为一种生产要素融入企业的实际业务中，数据为业务运营注入了强劲动力。数据驱动运营要求数据分析应用过程的自动化实现，通过数字技术可以实现业务状态的自动感知、自我优化、自动反馈，数据分析结果不需要过多的人为干预就可以直接作用于业务运行，可以根据分析结果触发不同的流程，实现数据自动驱动运营。

（4）数据变现

在此阶段，数据成为企业的核心资产，不仅可以支持企业内部的决策和运营，还可以通过市场化对外进行销售，从而实现直接的变现。有越来越多公司力图通过新的商业模式将自己可控的数据以合法的形式变现，成为新的业务增长点。

总之，数据驱动运营既是运营走向精细化的必然要求，也是数字技术发展到一定阶段后出现的运营模式，这是一个需求端和供给端共同作用下诞生的产物。数字化2.0时代数据运营会有什么样的特点呢？接下来就详细论述。

3. 传统企业数据运营进入新时代

数字化2.0时代，市场竞争将进一步白热化，颠覆与被颠覆的拉锯战将持续进行。可以预见的是，数据在传统企业的地位将会进一步提升，大部分企业的数据运营都会进入一个新的阶段，逐步告别粗放向精细化迈进，具体说，可能会出现如下几大趋势。

（1）数据生产从"过去时"变为"现在进行时"

企业对数据的重视并不是从今日才开始的，但限于技术手段，过去对数据的积累、利用更多的是静态、留存的数据，例如数据仓库+BI架构下，企业的管理者看到的数据往往都是T+1，甚至T+2的，就是说，放在领导案头的报表最快也是1-2天前的数据，甚至更久之前的，这样的时长是远远无法满足实时推荐等场景要求的。在不断强大的数据处理技术支持下，企业的数据处理正在向"现在进行时"升级，企业的管理者可以随时掌握越来越多的实时数据,这对企业的经营和管理来说价值巨大。

(2) 数据应用主体从"精英式"过渡到"大众化"

传统企业数据应用的主体一般是企业高管,例如 BI 系统的使用者一般就限定于高管层。但在数字化时代,企业的很多创新和变革往往并非是管理层发现的,而来自执行层面敏感的嗅觉,这些嗅觉在一些场合下甚至直接影响公司的成败,这就是任正非所说的"让听到炮声的人决策"。因此,数据的使用者不仅仅限于高管团队,数据应用应从精英走向大众。数据支持决策应是宏观和微观的结合,即宏观层面上,要为高管提供策略型数据,微观层面上必须为业务执行者提供操作型数据,让他们能够进行更准确的选择。

(3) 数据决策从"被动式"演变成"预判式"

在数字经济时代,为帮助企业更好地预测未来、提高决策能力,需要充分对当前数据进行分析和挖掘,利用大数据技术,构建采集、筛选、存储、分析和决策的系统,对企业的业务发展、用户需求、商业机会进行预判,制定出面向未来的决策。这样才能更早的发现问题和趋势,先人一步。

(4) 数据粒度从"分子级"向"量子级"进化

在技术的支持下,数据的粒度也在逐步细化,原来数据应用的最小单元可能是一个部门或者是班组,但是今天则可以精细到每一个员工的每一个行为;过去在用户层面只能细化到一个地区、一个产品的用户或者一个行业的用户,今天则可以精细到每一个消费者的每一个消费行为。数据粒度的细化带来的是数据量的爆发,也是数据价值倍增的基础,只有粒度足够,才能让运营更加精细化、个性化。

总之,有远见的企业正在加速把数据驱动运营融入他们的日常工作中。这些企业几乎所有重要决策都是基于数据和分析的基础上得出的,这才是真正的数据驱动型企业。当一个企业的运营基于数据驱动时,它在这个时代就赢得了速度,也赢得了更精准、更加个性的对于用户的满足。麻省理工学院一项针对数字业务的研究发现,那些在大多数情况下都进行数据驱动运营的企业,它们的生产率比一般企业高 4%,利润则要高 6%。因此,有专家甚至认为,3~5 年之内,如果一个企业还没有开始构建数据驱动运营体系,那么这个企业很可能将因为失去数据打造的核心竞争力而难以为继。

5.4.2 数据驱动运营的困境与应对

当前,越来越多的传统企业开始向精益化、数据驱动运营的方向转型,数据驱动运营被很多企业当成制胜法宝和建设目标。确实有部分领先企业在数据驱动运营上取得了初步成效,但更多的企业仍然举步维艰,投入巨大,却收效甚微。为何会出现如此大差距?传统企业数据驱动运营的关键又在何处呢?

1. 企业数据运营面临的挑战与困境

目前,很多传统企业的运营管理虽然已经开始重视数据分析和利用,但大部分企业仍然处于初始阶段甚至无序状态,还存在诸多问题待解决。

（1）业务不能完全在线，数据存在断点

在企业信息化建设过程中有一个重要的指标叫作全流程、全覆盖，意思就是企业的全部流程、全部业务都要有信息系统支持，只有这样才能确保所有业务全部在线，数据才能没有断点。但这一目标在很多企业并没有实现，往往一个流程总有 1~2 个关键节点还要线下操作，数据的断裂不可避免，这种情况下，数据的收集、分析都会变得异常困难。

（2）数据孤岛与数据烟囱林立

这是老生常谈的问题了，很多企业在项目立项、建设时缺乏总体架构的管控，导致信息孤岛林立，后来孤岛又逐渐演化为一个个直立的烟囱。系统的割裂必然导致数据的离散化、碎片化。同一数据多个源头，数据定义不明确，数据质量差等问题在传统企业比比皆是。要解决这些问题，绝对不是简单地购买一个大数据平台可以解决的。

（3）认知存在偏差，缺乏数据思维

企业各层级人员对数据运营建设没有统一的认知，甚至有人认为只要有一套大数据平台，企业就具备数据运营的能力了，殊不知数据运营的建设是个复杂、长期的过程。这其中最难改变的是领导的思维和习惯，目前还有很多传统企业的领导仍然习惯于"拍脑袋"式的决策，业务人员也大多站在部门视角上看常规报表，没有系统化的数据思考意识，缺乏深入数据分析的思维，也没有很强的意愿将数据转化为能支撑精细化运营的能力。这种情况下，数据的价值就很难体现出来，这是数据运营工作中要解决的一大难题。

（4）数据分析利用率低，价值不能显现

数据不会被消耗，只会越用越多。很多传统企业已经积累了大量的数据，但是对数据的挖掘利用能力不足，不能从数据中找到亮点和不足，无法从数据中找到机会，无法通过数据赋能业务。企业内部众多的管理、运营部门往往还在依赖传统的流程与模式，数据驱动业务发展的理念还没有得到真正实施。80% 以上的决策依靠的是感觉和经验，而非真实的数据信息。这样的结果导致低效益、低效率和大量的失误。

（5）数据治理机制缺乏，数据分析工作难以深入推进

企业数据运营化还面临一个现实的挑战就是数据治理难题。虽然很多企业也采购了先进的数据平台，但仍然面临数据标准不一致、数据孤岛难以整合、数据来源复杂、数据质量参差不齐、数据分析组织不全、人员能力不够等现实问题。很多企业很早就意识到这些问题，但或者是苦于没有系统化的治理机制，没有牵头部门来推进；或者是遇到一些困难就止步不前，没能将数据治理工作真正深入下来，导致的结果就是人人都觉得数据重要，人人都希望别人给自己数据，但都觉得数据治理是别人的事，最终形成一个死循环，企业规模越大这种问题就越严重。

2. 数据驱动运营的四要素

数据的真正价值在于数据驱动运营，通过数据来做出决策，如何让这个想法真正落地，是一件很不容易的事。想要成为一家数据驱动型的企业，这可不仅仅是收集数据、定期查看数据这么简单的。真正的数据驱动运营指的是让基于数据进行决策成为一种习惯、一种文

化，并自动固化到企业的运作流程中。笔者认为，要实现数据驱动运营需要从数据战略与文化、数据管理组织、数据分析方法、数据中台等四个方面入手去建设。具体如图5-18所示。

（1）制定可行的数据战略

要实现数据驱动运营，在数字化时代生存和发展，企业仅仅进行大数据技术平

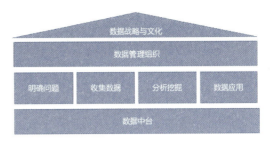

图5-18 数据驱动运营的四个要素

台建设是远远不够的，更重要的是如何将数据与企业的业务活动、组织变革等有机结合起来，从战略高度进行总体设计，通过数据战略的实施提高企业数据建设及应用水平，最终实现数据驱动的决策与运营。数据战略的制定包含如下几个方面的内容。

- **明确数据应用的阶段与目标**。虽然数据对所有企业都很重要，但不同的企业数据管理和应用的阶段不同，未来的目标也不一致，企业应该根据自身状况确定科学、合理、可行的数据目标。例如，不是所有企业都能够实现数据货币化，尽管很多企业都有这样的希望，但这一目标显然超出大多数企业的能力范围。在针对数据驱动运营这一目标时，企业应实事求是，要明确在多大范围内实现数据的自我感知、自动计算、自动反馈。

- **根据数据应用的目标确定具体的实施举措**。数据战略目标的实现要具体细化为一系列合理、可落地的举措来执行，企业要根据自身的实际情况梳理未来的实施举措，并根据紧急程度、重要程度等，对这些举措去排序。

- **要有比较完善的保障措施**。数据战略实施要有组织、文化、治理体系等多个方面的保障措施，这些是数据战略的软性因素，没有这些软性因素，再高远的目标、再先进的平台都很难落地。这其中，数据文化是最为重要。

所谓企业的数据文化，是企业对数据在企业经营、决策价值的一致认同。数据文化的建立，意味着企业从管理层到员工，全员都尊重数据，将数据作为决策的基础。这种文化不仅仅是将数据变成洞察、变成思想，还要通过系统的接口、通过API的集成，让数据分析的结果能直接改变和影响业务行为，让业务更高效、让决策更智能。唯有如此，才能打造真正的数据驱动运营的企业。

数据文化与意识的培养是一个全员的事情，首先要培养管理者的数据意识。当数据分析结果与管理者的印象有明显的差异时，管理者是坚持自己的判断，还是从数据中找答案？企业是相信权威还是相信数据？不同的文化会有不同的答案，但数据应用的效果、数字化转型的顺利与否，都与领导对数据的态度紧密相关。

目前，在领先的互联网企业中，运营人员用数据说话已经成为常态，但在大多数的传统企业中，这样的员工很少，大多数人基本不分析、使用业务数据来支持自己的工作。所以数据驱动运营的首要任务是要员工意识到数据思维的重要性，并且开始自觉践行。

数据文化的培养和积淀单靠制定规章制度、建立专门组织是不够的，还需要从业务行为习惯入手，有意识地培养全员的数据思维，才能将数据文化渗透到企业的各个角落。

(2) 构建数据管理组织

对很多传统企业而言，阻碍数据发挥作用的另一个难题在于，做业务的不太懂技术或者数据，做数据分析的对业务又不是特别了解，如何构建一个科学的数据管理组织是一个现实的难题。

在不同的数据应用阶段，有不同的数据管理组织设计模式。

最开始，数据从业人员一般都来自企业的信息技术部，基于对信息系统的了解，协助各部门做一些简单的数据收集和报表处理工作，工作简单、零散。随着各业务部门数据需求的日益增多，各个部门逐渐演化出专门从事数据统计、分析、汇报的岗位，一般是从市场、营销、财务等数据密度比较高的部门开始。但这些数据分析人员往往是企业内部较为初级的人员，所做的工作比较基础，以简单的统计为主。

之后随着数据规模越来越大，数据分析复杂性越来越高，业务部门的数据分析岗位已经不能满足业务发展需求，开始纷纷设立专业的数据分析团队，招聘高端人才，专职进行数据的分析和挖掘，如市场份额、品类增长、趋势研究、用户增长等。自此，部门内部专业的数据团队逐渐完成专业化建设。为了支持本部门的数据分析，很多部门还建设了自己的数据分析平台。在这一时期，大部分的职能管理和运营管控部门都设置了自己的数据分析岗位，数据分析人员大量增多，在一定程度上解决了部门内部的信息需求。但这种分散模式带来了几大挑战。

• 很多企业缺乏企业级的数据标准体系，数据分析平台也不统一，造成在数据分析领域的孤岛现象很严重，部门间的分析口径往往不一致。

• 部门内部的分析往往只关心自己需求，但领导决策需要跨部门、跨组织的数据，这些需求是这种分散模式难以支撑的。

• 现有数据分析人员只能满足比较基础、常规性的数据分析，对那些需要在大量数据中寻求规律的深度分析和挖掘也往往无能为力。

面对这些挑战，很多企业又进一步探索。到目前为止，企业探索出了三种不同的数据管理部门设置模式，这三种模式的利弊分析如表 5-2 所示。

表 5-2 数据管理部门设置的三种模式

	分 散 模 式	集 中 模 式	混 合 模 式
特点	各个业务部门分别建设数据分析团队，支持本部门数据分析需求；部分企业还建设了独立的数据分析平台	把所有数据管理相关的职责全部集中到一个部门，负责数据收集、存储、分析、服务、治理	数据职责进行细分：数据平台和治理集中，数据基础分析分散到各个部门，集中的数据科学家进行深度分析和挖掘
优势	数据与业务部门融合，能及时响应数据需求，对业务部门提供有针对性、及时的反馈	数据分析人员集中，总体实力强，见效快；数据管理人员集中、易于管理；数据管理平台统一、数据治理难度较小	既能满足各个部门的需求，又能确保平台和数据治理体系的统一，还可以支持企业级的数据分析需求和深度挖掘需求

(续)

	分散模式	集中模式	混合模式
劣势	数据分析人员分散、管理困难；缺乏统筹，整个企业的数据治理状况、数据平台难以统一；全局性分析困难	数据分析人员与业务一线较远，数据分析工作难以深入、持续开展，对业务的响应速度也不够	组织管理比较复杂，界面划分不清晰

这三种模式各有利弊，应该说混合模式兼顾前两种模式的优点，是比较科学、合理的一种做法。

3. 逐步推进数据分析应用

数据虽然有价值，但原始数据仍然只是矿石，要想把它们提炼成高价值的黄金需要设计一套高效的生产工艺。具体流程如下。

（1）明确业务目标

企业在进行数据分析时经常会陷入一个因站位不同而产生的争论中，有人认为应该从业务问题出发，有场景、找应用、找分析、诊断和解决问题的数据；也有人认为应该从现有数据出发，找数据可发挥价值的应用场景。其实这两者并不是互斥的，前者适用于对自身问题比较明确、需要寻求答案的情况，这往往是业务人员的想法，适合 BI 架构；后者适用于有很多的数据但不知如何应用的情况，这往往是数据分析师遇到的情况，适合 AI 架构。应该说，两种情况都是很常见的，但对企业来说，第一种情况更加常见，也更有价值。

数据为土，业务是核心。如果不清楚自己到底需要什么，也就难以明确到底需要什么样的数据。没有明确的目标就没有明确的方向。当然，不同的企业要通过数据解决的问题可能是完全不一样的。

- 利用数据做好用户画像、分析与个性化营销。
- 通过数据为门店选址提供依据，确保门店最大限度覆盖有效用户。
- 利用用户数据为产品设计提供优化建议。
- 利用数据监控设备运行状态，以节省能量源并进行预防性维修。
- 通过数据优化生产工艺，减少不必要的环节。
- 通过数据优化物流运输路径，减少运输距离，提高装载率。
- 通过数据进行服务质量监控、分析，提升用户满意度。
- 通过数据实现计划、执行、监控、绩效的闭环，实现管理的精细化。
- 通过数据实现财务的深度分析，为投资、管控提供更科学的依据。

如果需要的话，这个单子可以列的很长。因此，企业在进行数据分析时首先要明确目标，也就是要搞清楚自身的商业模式，要理解业务部门的痛点和需求，据此明确数据分析工作可以解决哪些问题、如何解决，然后再进行大数据技术选型和架构设计，进而利用大数据挖掘技术实现业务目标。这就要求数据管理和数据分析人员懂业务，理解数据的对业务价值。

当然，仅有简单的理解是不够的，为了将业务目标转化为切实的结果，需要详细列出每个业务的绩效考核指标（KPI），再通过对每个指标进行更细致的拆分，最终形成开展数据分析工作所需的报表、指标、维度、明细等。

（2）定向收集数据

确定了数据分析要解决的问题，并明确了解决问题的KPI指标之后，下一步要做的就是如何收集数据。关于数据收集有如下几个注意事项。

- **要根据问题定向收集数据**。在数据资产理念的推动下，很多企业开始重视数据的收集工作，并且往往认为数据越多越好，可以去收集任何能拿到的数据。这显然是不正确的，所有的数据收集都应以解决业务问题为目的，并且数据收集都是有成本的，不能不管三七二十一什么数据都搜集，不计成本的收集与问题无关的数据肯定是一种浪费。
- **要创新数据收集方法**。目前很多传统企业在遇到问题时收集数据的方式还是比较传统的，例如，在进行用户满意度调研时，很多企业往往还是依赖传调研手段收集内部外部的用户意见。这样的方式有两大不足：能够收集到的往往是少数倾向于发表意见的用户，数据的代表性不足；需求往往倾向于眼前问题的解决而不是大的优化提升。要解决这一问题就要通过合作、置换、购买等方式更广泛收集数据；并且通过深度挖掘发现更多的优化机会。
- **内部数据与外部数据的协同**。谈到数据收集，企业首先想到的肯定是内部数据，因为内部数据更加可控，更加容易收集。但外部数据往往更有价值，不断精而又精地加工内部数据，价值远不如多一个外部的数据源，有的时候这些外部数据源的采集难度并不一定大，应该注重做好外部数据的收集工作。
- **要注意体系化的数据收集**。要解决一个问题需要的数据维度往往是很多的，这就对数据的关联性提出了更高的要求。孤立的数据只能反映一个维度的表象，而所有关联的数据在一起才有可能完整地挖掘出数据背后的故事，所以在数据收集时要更多地从算法需求角度，体系化的去收集数据。

（3）科学进行分析

数据本身是冰冷无趣的，但经过经验丰富、能力超群的数据分析师之手，数据就好像变成了有趣的故事，将那些隐藏在表面之下的深层原因挖掘出来。要实现数据的深度分析，首先需要一个高效、有力的数据中台，其次要有科学的分析方法，但最重要的还是培养一支数据意识强、对业务有深入理解的数据分析师团队。

数据敏感度是对数据感知、计算、理解能力，是通过数据的表象理解事物本质的程度。对数据敏感的人，看到数据能够找出问题，找到规律，发现机会或做出决断；对数据不敏感的人，看到数据只会问这是什么，这反映了什么，这能说明什么？

人并非天生就会对数据产生敏感度，人们对数据的敏感度来源于经验的积累，看的数据越多，种类越丰富，处理的问题越多，对数据的敏感性就越强。培养数据敏感度，本质上就是培养通过数据发现问题、解决问题的能力。具备数据敏感度的业务人员和数据分析人员，往往可以带来意想不到的收获。下面就看一下百丽的一个小案例。

2018年初，百丽国际在门店开始收集鞋的试穿率数据。经过一段时间，在几个试点门店收集了不少数据上来，但这些数据没有引起业务和数据分析人员的重视，反倒是一位领导发现了其中的异常：一款试穿榜排名第一的鞋子，销量排名却在第 30 名左右。按照百丽国际原来的做法，这样的 SKU 一定会被淘汰，不会再补货。但在鞋类市场，用户试穿是一个成本很高的动作——先找店员沟通，坐下等店员从库房取货，试穿要脱鞋、穿鞋……消费者用时间进行了投票，试穿第一名意味着很多人都很喜欢它，但最后没有买，这位领导认为其中肯定是有问题的。带着问题，这位领导到了门店，店员告诉他，这是个凉鞋，不跟脚。并且，这种情况在店里几乎每天都会出现，店员已经见怪不怪。那为什么这款鞋子不跟脚呢？产品设计人员分析发现，这款鞋是新的楦型，在制作的过程中，后边的带子稍微长了一点点。于是，问题得以快速解决，在下一批补货的时候，这款鞋的带子已经做了改进，最终这款鞋成为畅销款。这就是数据敏感度提升带来的价值！

（4）数据高效应用

数据分析应用目前最主要的方式是报表、报告、看板、管理驾驶舱等，可视化工具在其中起到了重要的作用。但不管是哪种展示方式，其实质都是一样的，就是数据工作者把数据产品输出给各级业务决策者使用，决策者首先要理解其中的逻辑，并有意愿基于数据做出更好的决策，这样才有可能将数据价值传递给运营人员和用户。这就对业务决策者提出了很高的能力要求，即基础的数学能力、逻辑思维能力和学习能力。如果业务决策者没有较强的数据分析与逻辑思维能力，或者没有很强的意愿将数据转化为能支撑精细化运营的能力，那数据的价值就很难体现出来。目前企业普遍面临这样的困境，数据平台的建设者与运营者极力宣扬大数据的种种好处，但业务决策与运营者却往往没有真正将大数据应用到日常的生产经营中去。

解决这一问题的办法就是将数据转化为直接生产力，将数据平台紧密地对接生产系统，快速精准地分析和挖掘出数据后，可以直接将数据结果反馈业务操作系统，数据分析服务、数据建模和挖掘与业务运行过程紧密衔接，在不需要过多人为干预的情况下实现运筹优化、模拟仿真、调度执行、运行监控的闭环，实现常规运营的自动化、智能化。具体如图 5-19 所示。

图 5-19 数据驱动运营的闭环模型

当然，要实现这一目标是非常艰巨的，需要企业小步快跑、稳步推进、逐步完善。

第 6 章
架构升级：夯实数字化转型的地基

处事的智慧教导人们宁可依循传统而失败，也不愿打破传统而成功。

——经济学家 凯恩斯

数字化转型既是商业模式与管理模式的转型，也是企业架构的转型。近 20 年以来，很多企业由总部牵头实施了诸多的核心业务系统，在支持条线业务发展的同时，这些系统烟囱式的建设模式与业务条线之间的协同产生了很大的矛盾。于是在经历了多年轰轰烈烈的烟囱建设之后，企业又纷纷开始了"拆烟囱"运动，推动这一运动的主角就是中台。

中台这个概念其实有很长的历史了，最早出现于银行业，为了解决前端多个渠道的统一接入而产生，后来在互联网企业实施 O2O 模式时，很多企业也提出了中台的解决方案，以实现线上线下融合、避免重复投资、实现资源复用。

去除概念炒作的成分，中台作为一种企业级架构的模式，一方面能够解决传统架构的问题，一方面可以承接业务和运营转型的需求，可以认为是 IT 架构在数字化时代的一种创新。但中台的建设不仅仅是技术实现，更是企业的组织调整、是业务的横向协同、是思维和意识的变革，难度比以往的核心系统建设要大得多。本章就结合中台建设来谈一下数字化时代的企业架构如何与时俱进这个问题。

6.1 从中台的争议看架构的演进

中台概念提出之后，经历了一个过山车般的过程，从最开始的不为人知到快速爆红，再到不断受到质疑，也就两年的时间。2020 年，前期大干快上的中台项目纷纷爆雷。在这样的情况下，人们纷纷开始反思，中台真的是数字化转型的灵丹妙药吗？中台是否适合所有企业？要回答这些问题，首先要明白到底什么是中台，为什么会产生中台，中台建设的本质到底是什么，怎么做才能保证中台建设的成功。

6.1.1 从企业架构角度看中台建设

关于中台的定义很多，最简单、也最为人们接受的一个是：中台是企业级的能力复用平台。这里有两个关键点，一是能力复用，二是企业级架构。由这一定义可知，中台不是一个系统级的架构设计，而是企业架构的一种模式。要想深刻理解这一含义，首先还是要理解一下到底什么是企业级架构。

1. 企业架构的发展历程

关于企业架构，在几年前笔者的一本著作《互联网+时代的 IT 战略、架构与治理》中有过深入的论述，本书只做一些简单的说明。在讲述企业架构理论之前，我们先来看一个小故事。

美国加州旧金山南部有一座"温彻斯特鬼屋"，它被许多旅游杂志冠之为"美国最引人入胜之处""全世界最大最怪的私宅""全世界最怪诞的女性恐惧纪念馆"等。这座"鬼屋"是由一个叫作萨拉·温彻斯特的寡妇在 19 世纪末投资建造的，她的丈夫威廉·温彻斯特是美国著名的"温彻斯特步枪"的发明者，当丈夫温彻斯特和他们唯一的一名女儿突然去世后，悲痛欲绝的萨拉去拜访了一名"占星者"，这名"占星者"对她称，她丈夫发明的步枪造成了许多人的死亡，因此她的家受到了那些枪下亡魂的"诅咒"。为了破解诅咒，她必须为这些"鬼魂"不断地建造房间供它们居住，并且房子要建得越怪越好，于是 38 年来锤声锯声从未中断，在这不间断的"安魂曲"中萨拉似乎找到了某种心理平衡。

据统计，建造这座"鬼屋"总共耗费了 550 万美元巨资，它共有 160 个房间、40 道楼梯、17 个烟囱、2000 扇门和 1 万扇窗户。依据"占星者"的指示，这座庞然大物完全没有设计蓝图，而是凭房主兴致随意翻建而成，因此，在这座"鬼屋"中，怪异的设计比比皆是，比如房主认为"鬼"会从烟囱里进来，就设计了 17 个烟囱供"鬼"出入，但是，有一道高达四层的砖砌烟囱，它的顶端停留在离天花板还有十几厘米的地方，于是，这个烟囱和与它相连的壁炉都成了摆设。还有，许多门都是机关，门后面可能是一堵墙，也可能是一扇直直的窗户，一不小心就会落到下面的花园里；即使门后有楼梯，好不容易爬了陡峭的 20 级楼梯，顶端却空无一物。在这栋怪异的屋子中，所有人员都需要看地图才不至于迷失。1922 年，萨拉·温彻斯特死后，搬运工人花了 6 个星期都没能把她的家具搬出来，不仅是因为家具众多，更是因为搬运工人常常在屋子里走着走着就迷了路，最后，州政府不得不请人绘制地图，给工人做指南才得以解决。

今天，这座"温彻斯特鬼屋"已经成为建筑界缺乏总体架构的一个反面典型。其实，这样的情况在重视总体设计的建筑界并不多见，但在IT领域却比比皆是，因此有人戏称"若建筑师按照程序员写程序那样造房子，那么史上出现的第一只啄木鸟也许会毁掉整个文明"。很多企业的信息化建设由于缺乏总体规划和设计，造成了技术平台庞杂、标准不兼容、应用与信息孤岛、系统重复建设、基础设施建设跟不上业务发展需要等问题。

在这样的情况下，业界逐渐总结出了企业架构的思路。企业架构最初是通过在高层次上抽象系统的层次结构和交互关系，隐藏系统的局部细节信息，提供了一种理解、管理复杂系统的机制和方法。这种高度抽象的设计使得人们对企业级应用的设计变得简单化，可以使系统的利益相关人员都能够理解，并相互交流、沟通，使大家对系统的理解一致。慢慢地，企业架构延伸到了业务领域，成为对业务进行抽象、建模，并指导应用、数据、技术开发的一套完整方法论。

时至今日，企业架构理论取得了长足的进展，并形成了Zachman、EAP、FEAF、TOGAF等架构框架，这几大架构框架的发展历程如图6-1所示。

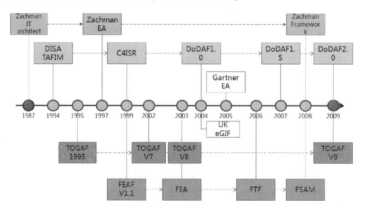

图6-1 企业架构框架的发展历程

企业架构方面的研究与实践源自20世纪80年代信息系统的规划与设计领域。Zachman于1987年提出了"信息系统架构的框架"，它是一个通用的组织架构模型分类方案，为现今所称的企业架构提出了一个基本的概要性检视。这一工作被视为企业架构方面的开创性工作之一。Zachman在1997年总结提出了经过扩充的、更完整的框架，并改称为"企业架构框架"。

在Zachman框架的基础上，美国联邦政府内不同部门曾先后提出、应用过多个框架。1999年9月，美国联邦CIO委员会发布了联邦企业架构框架（FEAF）。FEAF旨在为联邦机构提供一个架构的公共结构，以利于这些联邦机构间的公共业务流程、技术引入、信息流和系统投资的协调等。FEAF定义了一个IT企业架构作为战略信息资产函式库，它定义了业务、运作业务所必需的业务信息，支持业务执行的必要的IT技术，响应业务变革实施新技术所必需的变革流程等要素。

在企业领域，则诞生了 TOGAF 框架，该框架是由 OpenGroup 组织开发的，是目前在商业企业领域较有影响的企业架构框架之一，其最初的版本是在 TAFIM 基础上完成的。这一企业架构框架标准一直在改进之中，目前已发行了第 9.2 版。

总之，经过多年的发展，企业架构内容的逐步演化，已经非常先进和成熟，已由一种单纯的 IT 思维方法和视角（IT 架构）演化为面向企业管理的、由业务流程所主导的架构观和方法论。需要说明的一点是，上述几大架构框架都有非常复杂的内容体系，限于篇幅，本书不再赘述。

2. 企业架构的基本内容

早期的企业架构还很幼稚，仅仅从信息化工作者自身的角度去理解和运用企业架构，这种以信息化工作为中心来开发架构，体现的主要是应用系统、技术和信息基础设施，因此这种企业架构实际上是系统架构和复杂大系统架构，而不是企业架构。现在的企业架构则强调将业务架构（BA）也包含到企业架构定义中来。这样企业架构的概念就趋于成熟和完整了。目前，一般认为企业架构包含如下四大部分。

- **业务架构**（Business Architecture，BA）：只有勾画出清晰的业务架构，才能定义出正确可行的、具有持续发展能力的技术架构。企业业务架构对企业的业务结构、组织机构与业务的关系等进行整理，企业业务架构包含了：企业的业务和战略目标，将高层次的业务目标转换为可操作的业务模型，组织及绩效考核指标等。业务架构是确保 IT 技术实现的业务基础，并基于此对 IT 解决方案进行评估、优先级排序和集成。

- **数据架构**（Data Architecture，DA）：数据架构着力于从总体上看待整个企业的数据资源，包括企业数据模型的建立方法，从支持业务架构和应用架构的层面考虑数据分布的要素、数据分布的建议及对数据容量的初步估计，定义数据管理和维护的策略与原则，包括结构化和非结构化数据的管理、存储及复制；提出企业信息集成架构建议等。

- **应用架构**（Application Architecture，AA）：应用架构着力于业务流程的应用实现，按照应用架构的层次模型细划为各个应用/应用群的功能模块和应用范围、应用之间及与外围系统的关联关系、应用/应用群的分布模式、接口定义及数据流向，在此基础上实现现有应用架构向目标应用架构的过渡。

- **技术架构**（Technology Architecture，TA）：技术架构主要描述支持应用架构的技术基础设施的操作模型，着力于从概念模型、逻辑模型和物理模型的角度诠释技术架构。多层次的逻辑模型则描述了整个信息系统和企业级架构的设计思路，主要模块及其相互间的关系，包括技术组件（功能、技术特性考虑要素、可选方案）、网络连接、数据存取、用户及外部系统之间的关系；物理模型则提供了在具体实施时设计和选型的考量指标。

业务架构是从用户的角度看业务的总体发展要求，数据、应用、技术架构是从 IT 系统实施的角度看如何支持业务需求的实现。数据、应用、技术架构将业务的要求转化为技术的支持，对业务架构起着支撑作用，业务才是真正的驱动因素。

简单来说，企业架构是一套对企业进行完整设计、建模的思路和方法。企业架构最大的价值就在于它是业务与IT衔接的桥梁，是业务与IT融合的利器，更是战略落地和IT总体设计的有效方法。

3. 基于企业架构的IT建设模式

企业架构的出现也改变了IT建设和应用的模式。如果从IT能力和业务变革两个维度去分析，IT建设模式可以分为四种模式，具体如图6-2所示。

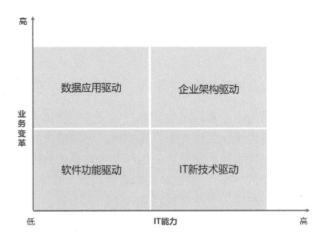

图6-2 企业IT建设的四种模式

- **软件功能驱动模式**。这是一种最基本的模式，企业采购业界成熟的软件包，根据自己的需求进行二次开发。这是企业信息化建设最主要的方式，但这种模式也存在诸多不足，IT应用水平会受制于软件自身的质量和实施的水平，企业会经常陷于"削足适履"还是"削履适足"的纠结中；另外，软件的孤立性也是导致产生信息孤岛的一个重要原因。

- **IT新技术驱动模式**。软件功能驱动模式在数字化时代遇到了很大的阻力，主要原因是企业的业务创新太快，来不及沉淀出"最佳实践"，无法形成广泛接受的软件包，这时候领先企业只能依靠自身能力去自主开发，而新技术也为软件自主开发提供了条件。也正因此，近年来，很多大型的企业纷纷成立IT科技公司进行自主开发。这种模式的优势是可以最大限度满足企业自身业务需求，真正做到量身定制，但这种模式对软件架构的管控也提出了更高的要求。

- **数据应用驱动模式**。与应用驱动并行的还有一种模式就是对数据的应用。企业投入大量资金购置IT设备，建设各类信息化系统，根本目的是应用数据，但如何管好、用好数据始终是企业的一个大的难题，从最开始的数据库，到数据仓库、数据湖、大数据、数据中台，概念一直在演进。在这个过程中，大家对数据的理解也越来越深，从简单的数据分析到数据驱动决策，再到数据驱动运营，数据的创造性应用也成为信息化建设的重要内容和模式。

- **企业架构驱动模式**。这是一种比较全面的模式，该模式以总体架构为指引，强调顶层设计、强调全局最优、强调业务与IT融合、强调建设与治理并进等。从理论上看，这是一种非常理想的模式，尤其是对那些大型的、多元化集团企业来说更是如此。

但在实践中，企业架构的推广也遇到了很大的阻力，主要原因是因为企业架构是一套非常庞大、复杂的体系，它的涵盖面非常宽泛，试图彻底理顺战略、业务、流程、制度和IT

之间的关系，让战略统领业务和 IT，让 IT 真正支撑战略和业务。在具体实施时，往往会把摊子铺得过大，复杂性很高。另一方面，企业架构又是一个下水道工程，深藏在业务表面之下，其价值往往难以凸显。复杂而价值难以显现，这两点就决定了企业架构在国内难以得到广泛认可。企业架构在中国传播也有十多年的历史了，但真正做好、用好的企业寥寥无几。

尤其是近几年，互联网企业以其速度和敏捷性成为广大传统企业学习的榜样。但很多传统企业在学习互联网企业的敏捷策略时，盲目地追求开发速度，让原本就混乱的底层架构更加不堪。数字化转型是漫长的过程，不仅需要有长期的战略，还需要兼顾稳定、敏捷的底层架构才能满足业务变革需求。因此，笔者认为企业架构理论仍然具有强大的生命力，在喧嚣之后，企业架构还会显示出他的顽强生机。

4. 中台是企业架构的最新模式

企业架构的总框架和理念虽然比较稳定，但随着技术的变化，企业架构设计的模式却一直在变化，我们熟知的 B/S、C/S、SOA、微服务等都是不同技术背景下、不同理念下的企业架构设计模式，而中台是企业架构的最新模式。

中国企业的信息化建设大多已经进行了 20 多年，从 IT 架构角度看，大约经历了三个阶段，分别是孤岛式建设、纵向整合式建设、协同中台式建设，在未来还会走向平台组件式建设阶段，具体如图 6-3 所示。

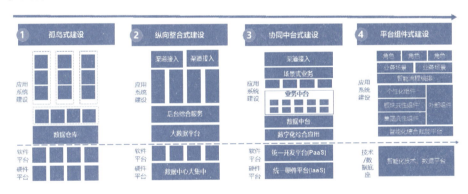

图 6-3 企业架构模式进化史

从上图可知，企业架构是随着技术和业务需求不断进化的，架构的演进过程就是利用分、合、解耦、重组等技术手段，对业务和 IT 组件不断进行有序打散与重组。

（1）第一阶段：孤岛式建设

前面已经有过论述，企业信息化建设的初级阶段是孤岛式建设，信息系统建设处于起步期，大家的认识也相对比较初级，一个部门有需求就建设一个系统，日久天长就产生了很多的信息孤岛，这些孤岛可以解决部门的部分问题，但是互联互通互操作的任务是无法实现的。

从架构角度看，孤岛系统的显著特点是分散，同一个业务条线会有多个软件、多个开发平台、多个数据库、甚至多个数据中心,毫无规模化可言。这个阶段的典型特点是 1＋1 ＜ 2,系统应用的效果不显著,问题多多。

(2) 第二阶段:纵向整合式建设

面对孤岛系统存在的问题,很多大企业纷纷由集团总部牵头,以业务条线为单位建设全局性的大平台,将原来小散乱的系统通过大平台进行纵向整合,这一过程大概从 2005 年前后开始,一直延续到今天,目前大的集团企业这一任务已经基本完成。这种模式在当时看是一种非常先进的思路,但在今天来看,其后遗症很多。这是一种典型的竖井式架构,每个业务线按照自己的需求构建系统,形成了一根根纵向的大烟囱。这种模式的优点是解决了原来分散建设带来的诸侯割据问题,但它的问题和不足也是很明显的。

- **难以发挥业务的协同优势。**一个企业可能会有多个相关的业务,每个业务开发一套纵向的核心系统,实际上是人为地强化了业务的独立性,相互之间的协同就变得更加困难。
- **用户一致化服务不足。**以用户为中心,为用户提供一致的服务,这是近年来企业致力推进的,其中一个主要原因是烟囱式的系统建设导致用户的信息、服务分散在各处,传统的前后台架构模式难以快速响应用户的变化,难以为用户提供一体化的服务,用户体验难以提升。
- **一线员工体验不友好。**有道是上面千条线,下面一根针。很多企业有很多业务条线,但在基层这些业务却经常汇聚到某一个员工头上。他对外要直接面对用户,为用户提供各式各样的零散、不一致的服务,用户很难满意;对内又要使用多个难以互联互通的系统,一个数据录入多次,一个人应对多个部门的报表需求,可谓苦不堪言。

为了打通烟囱式系统,很多企业在十几年前开始引入 SOA 架构,SOA 架构的核心思想是服务共享,但 SOA 技术并没有被广泛接受,美好的愿景最后只留下了一个叫作企业总线(ESB)的工具。面临以上问题,企业急需一种模式,通过将核心资源整合、核心能力沉淀、核心系统集成,对不同的部门进行总协调和支持,以适应互联网时代和数字化浪潮下的商业环境。

(3) 第三阶段:中台式建设

烟囱式的纵向整合式系统建设问题很多,而作为解决方案的 SOA 却难以解决难题,在这样的背景下诞生了中台架构。从技术角度看,中台架构的分布式技术是去中心化思维,很好地解决了 SOA 性能上的问题,同时实现了 SOA 共享服务能力的需求。当然,建立企业的中台,除了能解决传统架构的问题外,更重要的是能为业务创新带来契机。中台式架构的作用如下。

- **解决外部市场与内部体系的冲突。**数字化时代,用户的需求越来越个性化,越来越场景化,也越来越碎片化。面对这种情况,企业尽可能积极地响应用户需求的变化,发展新业务,提供新服务。这就给企业的前方业务端提出了挑战:必须做到快速响应、灵活运转。但对一个组织机构庞大、层级复杂、承接大量、多类型业务的企业来说,又必须保证内部体系的稳定有序。所以,前方市场的灵活需求和企业内部的稳定有序之间必然发生冲突。中台就是解决这一冲突的有力工具。

- **解决前台系统与后台系统的冲突**。这里所说的前台是企业的终端用户直接使用或交互的系统；而后台是指企业内部起支撑作用的管理平台，是企业管理核心能力和资源的系统。前台需要持续创新，讲究快速迭代；而修改后台的成本和风险较高，要越稳定越好。因此，趋于灵活的前台和要求稳定的后台就会出现匹配失衡。在这样的情况下，企业通过整合不同业务单元间可复用的核心业务和数据资源，将可共享的运营管理能力下沉，形成中台，实现服务共享、能力复用、数据互通，使任何业务单元都能快速调用企业的核心能力，减少重复建设和资源浪费，使企业能够快速创新，持续地与用户需求对接，为企业降本增效。

- **解决系统重复建设问题**。企业发展到一定程度，组织架构和层级必然不断膨胀扩张。各大事业部下各个部门，就像一个小型组织一样，各占山头，就导致公司内部各处都是墙。而一些原本可以快速提供的用户服务，却需要多重对接，无法快速拿出产品方案，耗费很大的成本和极长的时间。一个原本可以共用的服务，被不同部门重复建设。业务中台的实施，恰好打通了上述壁垒，让事业部之间的业务进展互通有无，并借此打造出企业内部统一的流程标准，不仅可以为用户提供一致的服务，同时避免重复投资、重复建设。当然，也正因此，中台要实现横向跨部门的协同，要打破部门墙的约束，建设难度就会非常之大，尤其是在很多的国有企业更是如此。

简单一句话，中台是为用户提供灵活、一体化的服务而生，它是一种企业级能力复用的平台。中台之所以能够一夜爆红，既是在解决重复造轮子、重复造烟囱的问题，也是IT从关注内部向关注外部进化，向真正以用户为中心目标进行的优化和重构。

（4）第四阶段：平台组件式建设

中台建设是系统建设从纵向向横向的转型，开启了业务、数据、技术组件抽象、独立建设的进程，在这个过程中最开始只有少部分的共性组件被抽象出来，例如面向交易的商品中心、订单中心、支付中心等，尽管这类建设已经很困难，挑战重重，但其仍然属于浅层次的共性组件。随着业务和技术的发展，企业的IT建设最终会走向真正的平台组件阶段，此阶段IT建设的主要内容包含如下几个方面。

- **企业级技术、数据底座**。建设企业级统一的基础设施、技术开发运营平台、数据分析与服务平台等，为上层的应用组件开发提供统一的技术工具。

- **企业共性组件开发**。在统一技术底座基础上开发企业级共性组件，统一规划、统一开发、统一调用、全局共享，这部分内容就是对中台的进一步扩展，随着中台建设的逐步深入，会有越来越多的企业级共性组件被开发出来。

- **板块共性组件开发**。对很多多元化集团企业来说，不同的板块之间业务差异很大，企业级共性组件数量有限，但板块内部的共性组件是很多的，IT建设的重点就转移到板块内部的整合与重构上，通过板块内部的共性组件建设实现板块内部不同业务条线间的共享。

- **个性组件建设**。当然，每个板块业务肯定还有一些非常个性化、难以共享的组件，这些组件可以依据统一的技术及数据标准开发成个性化组件，与共性组件一起被前端业务调用。

- **基于场景的流程编排**。组件开发相当于生产中的标准化过程，逐步开发出企业级共性零部件、车间级共性零部件和个性零部件，这些零部件通过流程引擎进行灵活编排，满足不同业务场景的需求。

- **基于生态的外部组件整合。** 当内部组件不足以满足用户需求时，还需要整合外部组件，通过生态圈的模式整合外部资源，最大限度满足用户需求。

这种平台组件式建设是很多人梦寐以求的理想阶段，也是前面所说的平台化运营的基础。但这不是一朝一夕可以实现的，目前真正按照这种模式进行 IT 系统开发的企业也都属于行业的领先企业，例如华为已经开始按照这种思路进行系统总体架构的重整。华为把自己的 IT 业务打散成 200 多个具体的场景，并将每一个业务场景服务化，由业务人员根据场景自主进行服务编排，最终实现全球任何地方和地点获得等距离的服务体验。华为基于场景的系统架构重构示意图如图 6-4 所示。

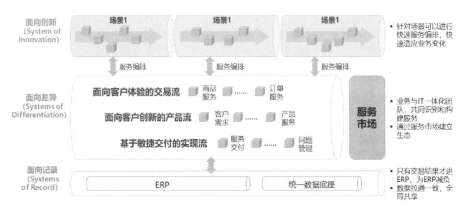

图 6-4　华为基于场景的系统架构重构示意图

从总体架构模式的演进看，中台是 IT 建设从纵向向横向的关键转折期，也是未来平台组件化建设的前奏，处于承上启下的重要阶段。中台的建设顺畅与否，对企业未来的整体架构转型有着重大影响。

5. 中台和前台、后台的关系

了解了中台，很多人接着就会问前台是什么？后台又包含哪些东西？前中后台到底是什么关系？

先来看一下阿里巴巴对前台、中台和后台职责的定位。前台主要面向用户以及终端销售者，实现营销推广以及交易的应用；中台主要面向运营人员，完成运营支撑；后台主要面向后台管理人员，实现流程审核、内部管理以及后勤支撑，比如采购、人力、财务和 OA 等系统。

阿里的业务相对比较单一，中台建设主要支持各种类型的电商销售，而传统企业的业务类型往往很多，营销只是其中职能之一，还可能包含设计、采购、生产等更加复杂的环节，这样的业务场景下前中后台怎么划分呢？

不管业务怎么复杂，前中后台的划分还是有一定的依据的：前台面向用户，直接为用户提供产品和服务；中台是从前台沉淀下来的共性能力，这些共性能力可能是支持销售的订单中心、支付中心等，也可能是一个在多个业务条线共享的其他能力；后台是企业的人财物等共性能力。

可以通过以下两个比喻来更好地理解前、中、后台之间的关系。

拿军队作战做比喻，业务中台好比陆军、海军、火箭军和空军等专业军种，主要发挥单一军种的战术专业能力。前台就是联合作战部队，它会根据前线战场的实时作战需求，快速完成不同军种的组合和调度，例如步坦协同、海空协同等，以实现不同军种的灵活组合，形成强大的组合打击能力。数据中台就是信息情报中心和联合作战总指挥部，是作战指挥的大脑，它能够汇集各类一线作战部队的数据和信息完成数据分析，制定战略和战术计划，完成业务中台不同能力的智能调度和组合，为前台作战部队提供快速数据和情报服务。

后台就是后勤部队，它不直接面向前台业务，主要提供后勤保障、武器装备支援等能力。

企业中台与现代餐饮业的运作模式很类似，目前很多大型餐饮公司已经放弃了传统的前店后厂的模式，变成了大工业时代的流水线操作模式。在这种模式下，中台就相当于连锁酒店的中央厨房，负责为前端所有酒店进行菜品的前期处理，包括洗菜、切菜等，对外让前端更加专注于服务用户，对内提高工作效率，降低运营成本。

前台厨师根据用户需求对食材进行组合，烹饪，可以快速满足用户需求，减少准备时间。而后台专注于采购和后勤保障，包含食材、餐具、厨具等采购、财务结算等。

通过这两个比喻可以看出，中台是隐身在前台后面的一种共享能力，中台能否发挥效用主要取决于前台的表现如何，属于"为他人作嫁衣"的角色。中台做好了，前台不一定成功；中台做不好，前台一定不成功。

6. 目前主流的几大中台类型

在中台概念兴起之后，很多似是而非的产品都在往中台上靠。因此，在不同的人眼中，看到的中台都是不同的类型。一时间，中台迅速裂变出了一系列概念。

- **业务中台**。将企业经营管理涉及的业务场景流程标准化、数据化，为数据中台提供完整的数据源，保证数据的可复用性。例如用户中心、订单中心。
- **数据中台**。将业务数据化沉淀的数据，通过大数据、机器学习等方式，进行价值提炼，形成企业数据资产，提供决策支持，赋能前端业务，帮助企业从数据中学习改进，调整方向。
- **算法中台**。提供算法能力，帮助企业提供更加个性化的服务，增强用户体验。算法中台一般借助 AI 能力，尝试解决模型的训练与发布、智能服务的自动化构建、统一的元数据管理体系、模型的全生命周期管理等问题，通过 AI 能力平台化，降低对人员能力的要求。
- **技术中台**。将云或其他基础设施的各种技术中间件进行整合并封装成微服务，提供规范一致的接口，负责完成消息传递、服务管理、数据分析、数据服务等方面的工作，为前台、业务中台、数据中台的建设提供支撑。

● **研发管理中台**。软件开发和系统建设是一项工程，涉及项目管理、团队协作、流程、测试、部署、运营、监控等方面。研发管理中台提供自建系统部分的管理和技术实践支撑能力，帮助企业快速搭建项目、管理进度、测试、持续集成、持续交付。

● **组织中台**。要发挥中台的能力，让中台战略实际落地，并为企业的业务目标服务，需要有与中台技术架构相匹配的组织架构。尤其是为项目提供投资管理、风险管理、资源调度等支持的组织中台更加重要。

虽然中台的概念宽泛，但针对企业而言，业务中台、数据中台是数字中台的主要类型。业务中台是基础，将业务数字化后，产生的数据不断反馈到数据中台，实现数据资产化，驱动业务创新发展，两者相辅相成，相互演进融合，形成闭环。

无论是业务中台还是数据中台，都是在企业 IT 系统架构演进过程中形成的，并从企业自身 IT 系统规划、建设、运营、运维等多年的经验中提炼出来的共性能力。业务中台和数据中台作为两个轮子并肩构成了数字中台，促进企业业务的提升和发展。技术中台虽然也是数字化转型的重要内容，但作为一本更加偏重数字化变革和管理的书，本书不涉及过多的技术中台细节，有兴趣的读者可以查阅相关专著。

7. 中台架构的未来发展趋势

任何一个事务都有成熟发展的阶段，中台亦如此。中台作为一种新的架构模式虽然在这几年快速发展，但总体看，仍然处于发展的初级阶段。2020 年 9 月，Gartner 发布 2020 年中国 ICT 技术成熟度曲线（如图 6-5 所示），该曲线中将中台发展阶段归入期望膨胀期，很快就要进入泡沫破裂低谷期。

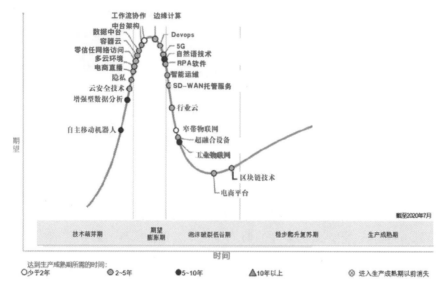

图 6-5　2020 年中国 ICT 技术成熟度曲线

可以预见，未来两年，"中台"概念会逐渐降温，随后进入平稳区。认识到这一点，就可以很好地理解目前出现的关于中台的各种议论。正如 2000 年前后大家对 ERP 的评价，当时最有名的评论就是"上 ERP 找死、不上 ERP 等死"，这句话今天仍然有效，只不过主角变成了中台而已。

8. 中台的三种模式

无论是在论坛上，还是在微信朋友圈发布的文章中，大家看到的关于中台的框架都比较相似，一般都包括会员中心、订单中心、库存中心、支付中心等，如果做一些总结会发现，这些中台的实施企业大部分都是快销、零售企业，就算有些传统制造企业，中台实施的也是面向 C 端的销售领域，这就给人一种感觉，中台就是数字化营销或者电商的专业平台，其目标就是全域用户运营、全渠道营销、电商交易等。如果是这样，那中台这一理念就与"企业级能力复用平台"这一定义不符了。而且，中台如果仅仅是面向 C 端的数字营销平台，那它的应用范围就会大大缩小。很多并非面向 C 端用户的企业是否就没法或者就不需要进行中台建设呢？笔者认为，答案并非如此。

经过几年的发展，业界出现了三种中台建设的模式，一是面向 C 端用户营销的中台建设，第二是面向 B 端用户营销的中台建设，第三是企业全面应用的中台建设模式。

（1）面向 C 端用户营销的中台建设

这是目前最主流的中台建设模式，针对个人用户，主要解决多渠道统一销售、统一用户服务、电商销售等问题，中台功能以交易为核心展开。主要是零售、商超、互联网等行业在实施，之所以是这些企业，是因为"春江水暖鸭先知"，这些企业面对为用户提供一体化服务的挑战，必须对 IT 架构进行了改造和重组，也正因此，它们走在了技术应用的前沿。

（2）面向 B 端用户营销的中台建设

还有一些面向 B 端用户的企业，它们也在探索中台建设，中台的核心也是交易，是针对 B 端大客户的交易与服务展开，构建统一运营的体系，中台功能以招投标、交付过程中的订单监控等为主。目前电信运营商等机构正在探索构建此类的中台，其核心仍然是交易和服务。其他业务操作仍然还是传统架构，中台化比例仍然较低。

（3）企业全面应用的中台建设模式

还有一类领先企业正在践行中台"企业级能力复用"这一理念，在开展全面的中台化建设和改造。中台不仅仅服务于营销和客服，更关注企业内部运作，将一线的各种业务操作进行场景化解耦，拆解出每一个角色所需的业务能力，并固化为 IT 服务，每个人只需要关注与自己工作相关的几个界面，工作任务也会主动推送，真正从复杂的应用中解脱出来。这种模式下，企业应用逐步实现了全部的中台化。

总之，中台目前仍处于探索实践阶段，规模化的应用落地仍需时日，虽然各方企业关注程度高，但对数字中台的相关概念及整体认知还不足。可以说，中台作为一种新的架构模式仍然处于起步阶段，未来一定会从专注于 C 端的企业向 B 端企业，再向企业核心业务应用逐步发展，中台的发展之路还很长。

9. 怎么看待目前关于中台建设的争议

中台的概念在 2020 年遭遇了极大的质疑，很多企业的中台建设也遇到了重重挑战。对中台建设的争议，笔者有几个基本观点：

（1）中台是中国企业对企业架构理论的一大贡献

中台不是一个简单的应用系统，而是一种企业架构设计模式。Zachman、TOGAF 等架构框架是为了解决 IT 架构从分散向集中阶段诞生的架构理念，而中台则是为了解决从纵向向横向整合难题的架构理念和方法，中台架构是企业架构在数字化时代的最新发展阶段。国务院国资委发布的《关于加快推进国有企业数字化转型工作的通知》就提出：探索构建适应企业业务特点和发展需求的"数据中台""业务中台"等新型 IT 架构模式。

企业级业务架构方法论可以为实施中台建设的企业提供更好的规划与设计方法，帮助企业更好地进行企业级的能力抽象和复用，避免不断推倒重来。TOGAF 等架构框架也是经过 20 多年才一点点完善起来并形成体系化的，而中台架构出现不过才几年时间，还处在架构模式的探索阶段，自然会存在诸多不足和问题。中台架构模式能够在中国首先诞生，恰恰是我国互联网企业勇于探索、不断创新的结果，是中国企业对企业架构领域的一大贡献。

（2）中台的刚需是存在的，方向是正确的

要判断方向是否正确，首先要分析中台要解决的问题是否客观存在？是否是必须要解决的难题？就是看是否有刚需。应该说，不论是阿里还是众多中台的探索者，它们实施中台要解决的问题是比较类似的，大多是企业内部多条业务线重复造轮子，由此衍生出团队之间内耗严重、协同困难、难以实现一体化服务、IT 重复投资、新业务增长乏力等问题。应该说，这些问题的解决到目前看除了中台之外还没有更有效的药方。因此，从问题定义角度来说，中台并不是个伪命题，对中台的需求是广泛存在的。建设中台是个完全正确的方向。

（3）中台并不是万能药，不能将其神话

在承认中台价值的同时，也要看到中台不是万能药，它在解决原有问题的同时也带来了很多新的问题，其中中台建设最大的挑战是与前台的关系。中台本身并不直接面对用户，对用户的需求把握并不灵敏，也不一定准确，更加重视的是对共性场景的抽象，在这个过程中肯定会损失很多的一线创新。同时，当中台做到足够大时，它也完全有可能变成一个强大的"诸侯"，不再关心一线用户的需求，甚至阻碍用户需求的实现。因此，有人说中台只适合协同创新，但可能耽误原创的新业务，这是有一定道理的。中台更适用技术演化相对慢且功能通用性高的场景中，对于那些快速变化、需要对前端用户做出快速响应、不断创新的领域并不适用。只有更深刻地理解中台的这些局限，才能更好地掌控它、应用它。

6.1.2 中台建设面临的挑战与建设思路

企业对待中台建设之风不能盲从，在实施中台建设之前，必须要回答如下几个问题：别的企业实施中台为什么会失败？到底自己需不需要建设中台？什么样的中台实施方法、路径才算合理？中台建设的策略是什么？下面就逐一来回答这些问题。

1. 中台实施失败的几大原因

根据笔者的观察，导致中台实施失败可能是如下几方面因素导致的。

（1）对中台的错误认知

认知决定行动，对中台的认知也决定下一步的行动，甚至会直接决定结果。作为一个新生事物，目前企业对中台的错误理解不可谓不多。

第一，对中台存有不切实际的高期望，认为中台可以包治百病。这两年随着中台概念的盛行，很多企业都对中台高看一眼，甚至把它作为解决业务发展难题的救命稻草，把中台看成解决业务增长慢、企业运作效率低、组织架构臃肿、缺乏创新等问题的良药，认为实施了中台就能解决业务增长缓慢的困局、就能解决部门墙的难题。这样不切实际的高预期是中台不能承受的，也是不可能实现的。

第二，也有一些企业仅仅把中台当作一个技术开发问题。有这样认知的企业在建设中台时肯定是 IT 技术人员主导，关注点也更多放到技术开发、集成等层面，没有业务部门的牵头和引领，试图让 IT 引领业务创新也注定是难以成功的。据调研，目前实施中台不成功的企业中有 60%~70% 是简单地把中台建设理解为微服务改造了。

第三，希望中台能够尽快见效。前面说过，企业架构是一个下水道工程，作为架构最新模式的中台架构自然也是一个下水道，在短期内难以快速见效，必须要秉承长期主义的原则，持续投入、不断优化。没有终局思维和战略定力，没有长期作战的准备，中台的实施大概率会半途而废。

总之，企业只有对中台有了非常准确的认知后，才能提供坚定和强有力的支持，这一点在企业中台后期发展中尤其重要。如果不具备中台建设所需要的环境和土壤，没有持续的投入，没有对阻碍中台发展的人和组织提出变革的要求，没有企业领导者的耐心和决心，中台将很难健康地建设。

（2）不重视科学的规划

中台建设要与总体的业务目标一致，这看似很简单的道理却常常被企业忽视。

首先，很多企业在业务层面上没有非常清晰的目标和思路。不明确中台在实现业务目标中能够发挥的作用和价值，看到中台很热、看到别人都在做也想试一试。没有明确的业务需求，最终的结果一定是赔了夫人又折兵，既浪费了资源，又打击了人员的积极性。

其次，中台建设过于宏伟，短期难以见效。中台是一项短期内难以见效的工作，虽然一直在倡导长期主义，但大多数传统企业领导的耐心是非常有限的，不能快速见效的中台很快就会被遗弃。中台要想在企业立足就要创造一些速赢的机会点，要与某些能够快速带来价值的前台应用一起建设，让用户在短期内感受到价值，而不是简单地画个一两年后才能看到的大饼。

（3）不知道从何处着手

中台建设是一件开始想时很激动，深入想时很头痛的事情。很多企业会发现真正想做时却不知从何处入手。对这一问题，一般来说应该大处着眼，小处着手。千里之行始于足下，从一个小功能开始,从一个小流程开始,等把体系流程走通了,再逐步扩展应用范围。

由于中台是隐身在前台后面的共享平台,所以中台建设一定要与某个前台应用一起建设,这样才能真正发挥中台的作用,而不是建一个没有任何应用场景的所谓共享能力中心。目前业务中台建设一般是以电子商务、会员管理、销售系统等前台应用为契机来构建,在满足前台应用的前提下,将中台能力初步构建起来,后期再随着前端场景的完善逐步增强中台功能。要注意的是,中台建设不是一个项目,需要有长期的运营机制,需要将前端业务能力不断固化至中台,前端应用越多,中台的价值就越大。

(4)组织机构调整的挑战

中台是从纵向向横向转型的产物,就是拆"烟囱"的过程。这个过程势必会影响多个业务部门、涉及多个业务领域、甚至贯穿企业的整个价值链,这样的项目实施难度会远远超过纵向的核心业务系统实施。

首先,很多"烟囱"需要合并,这就可能会导致组织、岗位的精简、优化、合并,如果没有高层的支持,就会很难。

其次,业务中台之所以称为业务中台主要是要有业务部门来负责各个中心的运营和持续优化,这就需要新增很多部门、岗位,而这点在很多国企是非常困难的,尤其是在集团总部因为编制的限制更是难上加难。

最后,建设中台需要强化各个业务条线之间的协同与共享,就是要各个业务部门交出自己的权力和利益,这在国企还是民企都不是容易的事。

可以说,组织、权力、利益的改变和冲突是中台建设最大的障碍。

(5)技术和实施上的挑战

前面提了很多业务上的问题,好像中台在技术上已经很成熟了,其实远远不是这样。中台在技术上、在实施上也存在诸多问题和挑战。

首先,目前中台尚没有成熟的技术方案。由于诞生时间较短,目前业界还没有非常成熟的技术平台,每个项目都要定制开发,技术上的风险是很大的,再加之高水平的实施人员并不多,导致实施中台的风险更加不可控。

其次,中台尚没有科学的实施方法。之前企业实施 SAP、Oracle 等 ERP 系统时,虽然难度也很大,但不管怎样,这些系统已经有了不少的成功实施案例,也沉淀了不少值得借鉴的经验和方法,使得企业在实施这一类系统时还是能尽量降低风险的。但中台是一个新生事物,又是中国企业的首创,到目前仍然缺乏科学的、得到广泛认可的方法指引。

最后,实施过程非常复杂。从前台抽取出业务的共性再进行统一建设,看似原理简单,实则难度还是很大的。在这个过程中,中台服务抽象边界的把握是一个很大的挑战,要兼顾统一性和差异性。过于统一会阻碍业务的发展,过于差异又达不到中台共享的目的,这是技术人员和业务人员新的挑战。需要先与业务部门一起梳理需求,再抽取出共性建设公共模块,最后还要保证这个公共模块与前台业务的适配性。这个过程中需要投入大量的人力、物力,对项目管理的要求是非常高的。

总之,对于企业数字化转型体系架构的设计,中台虽然是一种科学的架构模式,但它的实施难度超过了以往任何一种信息系统的实施难度。没有科学的规划、有序的组织是很难成功的。

2. 如何判断企业要不要上中台

简单说，中台最大的驱动力就是不同业务之间的协同与共享，这种协同对外的表现是为用户提供一体化服务，对内则是跨部门协同服务与产品创新，这些工作没有中台的支撑是难以实现的。阿里CEO张勇说：当一个组织追求速度的时候，应该让业务分开快跑，更应该把业务变成纵向的，必须独立的建制往前跑；当整个组织要追求效率、要积累、要沉淀的时候，那就需要把有些东西横过来，让整个支撑体系包括商业沉淀能够有办法共享给其他团队。他所说的横过来就是指的中台，这样的企业就需要构建横向的中台来支持多业务共享与协同。当然，这一标准还可以细分，一般来说，企业是否需要中台可以从以下几个因素来判断。

（1）是否有多个业务条线、业务部门

是否要建中台与商业模式的复杂程度高度相关，初创公司、业务较为单一的企业，现阶段不适合搭建中台，因为中台建设模式较重，需要投入较高的资金和人力成本，短期内对这类企业的价值并不显著。而那些内部有多条产品线或多种业态，各个业务单元之间存有重复、协同需求的企业中台的建设必要性就要高很多。

（2）信息化是否存在低水平重复建设

中台是企业级能力复用平台，不仅与企业规模、业务种类有关，也与企业的信息化建设模式相关。如果企业系统都是按照业务条线分别建设烟囱系统，那业务之间的协同和共享就会很困难，建设中台的必要性也就更高，就需要利用中台实现从纵向向横向的转型，通过中台打通系统之间的壁垒。

（3）业务是否具备高度不确定性

中台建设是要响应业务快速变化需求的，如果行业竞争不够激烈、变化不够快速、业务确定性够高，那中台建设的必要性也不大。而对于零售、快销等行业，对中台的需求就很强烈，它们需要通过中台实现业务的快速变革，多业态扩张，多消费渠道触达，以及上下游合作伙伴之间的协同等。

（4）是否存在数据互联互通问题

传统的烟囱式建设不仅仅是系统烟囱，也是数据烟囱。由于纵向条线型的组织架构，很多企业都在不知不觉中形成了部门墙，数据和系统也是烟囱式的，业务中台、数据中台就是要解决数据的共享、联通问题的。部门墙越严重，中台的价值就越大，但中台的建设难度也越大。

（5）企业发展对信息技术的依赖程度有多高

不同企业对IT的依赖程度是不一样的，有些企业的业务和运营高度依靠IT，有些企业则不尽然，是否需要中台也与企业对IT的敏感程度成正比。现在，越来越多的企业发展会更加依赖数字化技术，这种情况下中台架构变革的必要性就会逐步提上日程。

总之，不是所有企业都需要中台，是否进行中台的建设与企业所处行业、阶段、数据成熟度相关。以上 5 个条件中满足 3 个及以上，就认为这个企业适合实施统一的数据中台。

3. 中台建设的先后顺序

决定了要建设中台了，很多企业还是会犹豫，业务中台、数据中台、技术中台的建设孰先孰后？有没有一个标准的建设顺序？笔者以为，这两者互相促进、结合紧密，最好要一起建设；但如果企业能力不具备，无法同时启动业务中台和数据中台建设，可以先启动数据中台，待数据中台取得一定成效后再启动业务中台为宜。之所以这样建议，是因为数据中台应用范畴更广，而且业务中台对数据中台的依赖性更高。

（1）数据中台在企业中的应用范畴更广

数据中台是抽象数据能力为企业提供数据服务的平台，而企业的各个业务条线、业务部门都需要数据的支持，所以数据中台的应用范围和场景会非常广，数据中台建设的必要性和价值也会更高，因此，如果企业精力有限可以首先建设数据中台。

（2）业务中台强依赖数据中台

业务中台中的很多能力实现需要依赖数据中台，例如用户画像是业务中台对外提供的一个基础能力，但这个能力的实现有赖于数据中台的支撑，没有数据中台的支持，业务中台就只是一个架子，很难发挥作用。

总之，业务中台和数据中台一起组成了支撑业务创新的两只轮子，两者缺一不可，建议同步建设。但如果不能同步的话，可以先从数据中台起步，待到有了部分可用成果后再启动业务中台建设。但不管谁先谁后，都要注意两者的协同和融入。

4. 中台成功建设的保障策略

企业如果想推动中台建设的成功，不仅需要清楚基本的开发流程，还要考虑组织与领导力、支撑平台和实施方法论三个方面的因素，一般来讲后两者都可以买到，但组织领导力是买不到的。

（1）获得高层支持、努力达成共识

兵马未动，粮草先行；中台建设，领导先行。大部分员工由于地位所限，更多的关心自己手头的工作，很难站在一定的高度去实施一个短期内难见成效的长远规划，特别是当长期目标与眼前的 KPI 目标难以平衡时，中台的工作必然会受到各个方面的挑战。这时候，高层的坚定支持是中台建设的必要条件，领导必须要对此项工作有深刻的理解，并给予从上到下的充分支持。

另外，在实施前期，中台建设的投入很大，但由于没有太多的前台应用，其价值并不能充分发挥，可能没有给业务带来多大帮助，反而制造了很多问题。此时必须有高层的支持，这样中台建设才能顺利推进。

（2）完善的组织保障

中台建设最难的不是技术，也不是实施方法论，而是组织。阿里的中台战略之所以能够成功落地，倒不完全是因为其 IT 人员能力强大，最关键的是组织架构调整的能力。2015 年底，阿里巴巴集团对外宣布全面启动中台战略，与此同时，宣布了新的组织架构调整计划。在如今的阿里巴巴共享服务体系中，每一个服务中心都少则100多人，多则400～500人。规模较小的企业可能不必如此复杂，但没有专职的组织中台建设是不可能持续推进的。

（3）明确中台建设的高阶路径

中台所沉淀的共享服务能力并不要求支撑所有前台业务，只要有多于一个前台业务需要某一种能力，此能力即可沉淀为中台能力，因此没有必要大而全地建设中台。如果企业认为现在企业各系统的用户管理能力需要统一，那就可以着手进行用户中心的建设。在此基础上，如果企业发现会员需要统一管理，订单需要全局视图，那么就构建会员中心和订单中心。因此，中台的建设是可以分阶段逐步实施的，无须将所有能力重构全部一起推动。

（4）因地制宜，采用灵活的建设模式

业务中台会包含很多的能力中心，例如会员中心、营销中心、订单中心等，对很多企业来说，这些能力中心可能并不完全是空白，有些能力已经在某个或者多个系统中建设过，在这样的背景下，有两种建设策略，一是基于现有系统进行改造，把系统中的某项功能打造成企业共享的能力中心，供企业复用；另一种策略是全部重新构建，现有系统中的类似功能全部取消，对接新的中台。这两种模式各有利弊，也适应不同的企业，要根据实际情况谨慎选择。

（5）根据业务需求持续优化与迭代

中台的建立，切忌做成项目制，中台需要使用产品管理的方式来对待。建好了中台，中台建设才刚刚开始。不妨将中台看作是企业的数字化基础设施，是铁路、港口或者桥梁，基础设施自身是没法创造价值的，需要投入人力让它们运转起来才能创造价值。同时，中台还需要不停地迭代，以适应业务的需求，否则经过一段时间，前台因为中台提供的服务固化，只好自己新建一个服务来满足业务需求，逐渐不再使用中台提供的公共服务，中台就会慢慢被边缘化。

6.2 数字化时代业务与应用架构的进化

中台的第一个重要部分就是业务中台。追根溯源，业务中台这个概念是阿里巴巴首先提出的，从整体战略、业务支撑、连接消费者和业务创新等方面进行统筹规划，支持阿里全局业务的一体化、集约化运作。阿里的业务中台包含一系列能力中心，这些中心不仅包含应用系统，还是一个个独立的组织，有自己的组织架构、部门职责、考核指标等，从这个背景看，所谓的业务中台是业务架构和应用架构共同进化的结果。因此，要想深刻理解业务中台，就要先明白业务架构和应用架构的内涵与演进历程。

6.2.1 业务与应用架构的内涵与演进

1. 业务架构的内涵与框架

业务架构（Business Architecture，BA）是企业架构的先导，是对企业如何创造价值、如何运营的总体设计和客观描述，重点是分析盈利模式、业务流程、组织结构、绩效考核等。简单说业务架构是人们为了了解企业业务而经过抽象得到的对于业务的某个或者某些方面进行的描述。对业务运营来说，业务架构是企业战略转化为日常运营的必由之路，宏观的企业战略只有经过业务架构的分解，才能具体分解为日常运营的战术，它是战略与日常运营之间的关联桥梁。业务架构是企业 IT 战略和 IT 体系架构的基础，通过对业务架构的定义，才能推导出应用架构、数据架构和技术架构。

总之，业务架构是反映业务的总览图，是整个总体架构规划的起点和驱动力，它源于企业的战略和目标，从不同视角来阐述整个业务中各类要素的框架结构和要素之间的关系。但业务架构是一个很复杂的概念，通过什么方法能把企业的运作说清楚一直是管理学界的一大难题。由于业务整体的复杂性，一般不可能只用一个模型描述清楚。因此，业务模型的一个显著特点就是通常由一组模型组成，不同子模型完成业务某一个局部特性的描述，并按照一定的约束和连接关系将所有的子模型组织在一起构成整体业务模型。

企业业务架构通常由商业模式、业务域、业务子域、业务流程、业务步骤、业务能力与创新、组织与绩效管理、IT 需求几部分组成，如图 6-6 所示。企业业务架构上承企业战略，下接 IT 能力与需求。

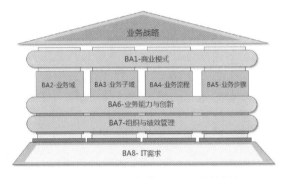

图 6-6　企业业务架构（BA）总体框架

2. 应用架构的内涵与框架

在企业架构体系中，应用架构不是对某个系统的分析、设计，也不是软件架构，应用架构着力于描述应用系统的部署以及和核心业务流程之间的作用和关系。应用架构受业务架构驱动，它是从业务功能结合技术因素推导出来的，以支撑业务目的和性能目的为目标。系统是由一系列围绕某一主题的服务构件组成，而整体的应用架构则是通过一个个系统的实施来实现的，所以应用架构也常常被看作是总体的系统架构。

应用架构规划是对整个组织的应用格局进行顶层设计，明确组织内各类应用的边界和定位，保证其能够与总体的业务及 IT 战略一致，同时能够指导后期的分析设计和项目实施规划，起到承上启下的桥梁性作用。通过应用架构的规划能够明确未来 IT 系统的边界划分、处理模式、部署分布以及关键技术要求。应用架构总体框架如图 6-7 所示。

应用架构总体框架包含应用架构愿景

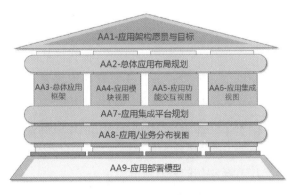

图 6-7　应用架构总体框架图

与目标、总体应用布局规划、总体应用框架、应用模块视图、应用功能交互视图、应用集成视图、应用集成平台规划、应用/业务分布视图、应用部署模型等几部分。

一个好的应用架构应该能回答这样一些问题：

- 应用架构如何满足业务需求，不仅满足现在的需求，更要满足未来业务战略变革的需求？
- 应用架构的核心内容是系统边界的划分，那什么样的划分标准是合理的、科学的？
- 应用架构是由一系列的服务组件构成的，这些组件的集成、交互方式是什么样的？
- 应用架构与数据架构的关系如何？
- 应用架构如何体现组织、地域的关系？哪些应用要集中部署，哪些应用要分散部署？
- 未来的架构与现状的差异有哪些？如何平滑迁移？

3. 应用架构模式分析

在进行架构设计时，经常提到一个词：模式。模式可以理解为一种想法被证明在某个实践环境中是有用的，而且可能在其他环境同样有用。也就是说，模式提供一种承诺，来帮助识别架构的组成部分哪些已经存在被过去证明有效的解决方案或者实现途径。

从模式的类型来说，除了常见的设计模式，还有架构模式。架构模式是指事先设计好的、成熟的、经过验证的架构设计方法。架构模式并不是一个架构，而是一个架构设计的方法，例如面向对象的架构、面向服务的架构、三层架构等都是架构模式。

软件设计模式和应用架构模式二者是有区别的。应用架构模式是模式中的最高层次，描述软件系统里的基本的结构组织或纲要，架构模式往往表现为一个基本的结构化图表，它提供一些预先定义的子系统，指出它们的职责，包括规则、指南以及它们之间的组织关系。而软件设计模式则可以细化定义到构件层，它主要目的是为了解决那些在特定环境下某种重复发生的通用设计问题。软件设计模式目前在软件设计领域已经被广泛应用，而应用架构模式则应用不多，相关的成果也较少。比较常见的应用架构模式包含以下几种，具体如表6-1所示。

表6-1 常用的应用架构模式

名称	模式名称	描述
应用架构模式	流程型应用	基于流程引擎、表单工具为主体开发的应用
	交易型应用	面向交易的事物处理类系统，其基本特征是通过界面/接口接收原始数据，立即传送到数据中心进行处理，并在很短的时间内给出处理结果
	内容管理型应用	管理非结构化数据的应用，通过接口/工具采集非结构化数据，存储在非结构化数据库中，并提供工具进行调用、查阅和管理
	分析型应用	以数据仓库体系为基础，采用数据分析工具，支持复杂的分析操作，并且提供直观易懂的分析界面
	基于服务的应用	将处理接口注册到一个全局的总线上，形成共享服务，并对服务进行调用和组合
	中台复用性应用	为了快速响应前端业务需求，需要在企业范围内统一建设，多个业务复用的应用

6.2.2 业务中台建设策略与步骤

从企业架构角度看，业务中台是解决传统纵向为主、烟囱式架构无法协同、难以为用户提供一体化服务问题总结出的一种新型架构模式。从业务架构角度看，业务中台又不仅仅是一系列的应用系统组合，为建设中台系统，要成立专门的中台团队来整体负责、实现和运营，这个团队中既有IT技术人员，又有很多的业务专家。因此作为组织的中台和作为应用系统的中台这两者是不能分开的，它们的有机融合形成了业务中台。简单概括一句话，业务中台是数字化时代业务架构和应用架构共同创新、共同融合的产物，它的产生解决了以往业务架构和应用架构割裂的难题。

在理解了业务中台的出现背景后，还要解决如下几个问题：第一，业务中台到底包含哪些能力？第二，业务中台是怎么建设的？第三，业务中台建设要遵循什么样的原则？等。下面就分别对这些问题做出解答。

1. 业务中台包含哪些能力

企业业务中台通常包括会员中心、交易中心、支付中心等业务中心。每一个业务中心内部会包含很多的业务数据和业务流程，这些能力中心本质上是提供一种业务能力，这些能力可以为多个前端业务部门或应用系统提供支持，支持的部门、系统越多，中台的能力就越强。

应该说，目前面向C端用户交易的中台能力是比较类似的，总体看，这些能力可以分为三个层次，业务交易层、业务协作层和业务实体层，不同业务中心属于不同的层次，在中台中所处的位置也不同，具体如图6-8所示。

（1）业务实体层

业务实体层由对静态业务实体进行管理的中心所构成，这些能力中心的数据结构与企业的主数据类似，也可以理解是主数据能力的延伸与发展，传统的主数据包含的属性有限，能够起到的作用也更

图6-8 业务中台各类能力中心层次关系

多关注同一实体关键属性在不同的组织内部的一致。这些业务实体层的能力中心在主数据基础上更上层楼，大大扩展了基础实体属性的范围，属性更加丰富，能力更加强大，相应的建设难度也更大。业务实体层的能力中心主要包含会员中心、商户中心、商品中心等。

- **会员中心**：会员中心服务于用户的消费全生命周期，为用户提供特定的权益和服务。会员中心的主要能力包括会员注册、个人信息维护、会员注销、会员卡办理等会员管理能力；会员体系的创建、积分规则、成长值规则、等级、权益等会员体系管理能力；用户的新增、导入、查询等用户服务相关能力；积分获取、核销、清零、冻结、兑换等积分交易能力。

- **商品中心**：商品中心提供商品核心数据的管理能力。其主要能力包含对商品品牌的维护、查询、前后端类目的维护、属性及属性组管理等相关能力；对产品模板的创建、编辑、查询、禁用等相关能力；商品创建、修改、查询等相关能力；商品发布、上下架（即时+定时）等相关能力。
- **商户中心**：商户中心支持企业为商户提供线上门店，同时也支持商户管理、店铺会员、店铺会员等级管理、店铺装修等。商户中心提供的主要能力包括商户单个、批量开通，商户审核，商户基本信息维护等相关能力；及店铺开通、店铺基本信息维护、店铺审核、店铺会员等相关能力。
- **用户中心**：用户中心是业务中台的基础能力模块，主要实现对内外部用户的统一管理，对用户的权限进行统一管控，实现多系统的单点登录，解决企业内部用户管理混乱、权限越级等问题。

(2) 业务协作层

业务协作层由以完成或管理支撑类业务活动为目标的中心所构成。本层的中心并不一定是业务活动不可或缺的部分（或者说主流程的一部分），但是没有这些支撑类的业务中心，我们的服务和业务水平就不能更上一层楼。业务协作层一般包含营销中心、评价中心等。

- **营销中心**：提供商家的活动计划、申报、审批、执行、核销的全链路管理，也提供基本的促销能力，如优惠券活动、满减买赠等。其主要能力包括提供营销活动的策略模板、规则配置、条件、动作模板等活动模板管理能力；提供具体活动的基本信息配置、人群圈选、商品管理、触发条件等活动管理相关能力；优惠券的发放、领取、查询、使用核销等优惠券管理相关能力。营销中心和数据中台联系得比较紧密，比如"如何选择用户做活动"就可以通过数据中台基于规则推算出来，而且在活动完成后，数据中台可以基于活动产生的数据做自动化的活动效果分析。
- **评价中心**：评价中心提供对评价主体对象、评价规则/等级、评价内容、评价操作的管理能力。主要能力包括评价的发布、修改、追加、回复、申诉等相关能力，及评价发布审核、申诉审核、评价屏蔽等监管相关能力。
- **客服中心**：通过对平台中的用户进行电话回访等方式实现运营推广；管理用户售后需求，监控用户反馈进度；处理部分自营业务的售前服务，承接用户商品咨询服务。

(3) 业务交易层

业务交易层由以完成或管理核心类业务活动为目标的中心所构成。这些中心都是企业业务活动必不可少的部分，它们为业务活动提供了核心运行机制。业务活动层包含交易中心、库存中心、支付中心等。

- **交易中心**：交易中心负责企业业务交易订单的整体生命周期管理。订单的整个生命周期包括加入购物车→订单生成→合并分拆→流转→支付→发货→退换货→完成。所有电商业务的核心系统都是围绕交易订单进行构建的。交易中心的主要能力包括购物车管理、正向交易管理、逆向交易管理、订单数据管理。
- **库存中心**：库存中心的主要能力包括仓库管理、货品管理、货品盘点、履约管理等。

- **支付中心**：支付中心需要处理各个支付渠道的对接（比如支持支付宝、微信、银联等支付方式），还要处理支付后的对账——每个订单用户应该支付多少钱、平台方应该抽取多少钱、供应商应该分多少钱，需要一套十分严谨的对账逻辑保证各条产品线的账目是平的。支付中心的主要能力包括支付管理、支付路由、资金账户管理。

2. 业务中台建设的步骤与方法

企业业务中台建设是一个复杂的过程，需要从业务和IT两个方面入手。中台的建设实施路线规划主要包括五个阶段。

（1）高阶业务规划

首先，结合行业趋势、竞争对手分析、用户客群分析、业务现状分析、IT资产盘点等进行战略分析，全方位多角度地理解企业的战略市场环境、业务及IT全貌，做出最正确的判断；其次，通过座谈会、调研表、实地考察等多种方式获取业务素材，深入理解企业业务和认识企业面临的竞争。通过业务调研和业务分析，设计业务蓝图和抽象业务元素，为下一阶段的中心建模阶段准备顶层思想和业务素材；第三，在经过战略分析和业务调研后，结合行业趋势、类似项目的比较以及自身的经验，设计企业的总体业务架构和应用蓝图。

（2）中台总体架构设计

根据业务分析，定义中台架构及规范，包括最初级的业务中台架构、业务数据流规划、架构原则等。业务中台的一级架构本质上是应用架构，它以中心为最小单位进行设计，因此也称为整体架构设计。如图6-9就是某企业一级中台架构框架。

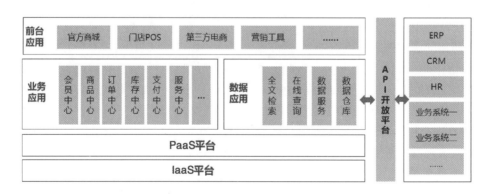

图6-9 企业一级中台架构示例

（3）能力中心模型设计

设计软件架构中的每个组成子模块，具体包括能力中心模型设计、组件模型及架构设计、关键交互流程设计等。能力中心模型设计承接一级架构设计，通过对中心功能的分析和对中心业务实体的抽象，将具有较强依赖关系的业务实体聚合为一个组件，或者将具有相同主题的业务功能聚合为一个业务组件，最后以结构化的形式聚合这些组件，构成独立的能力中心。例如，某企业的营销中心模型设计如图6-10所示。

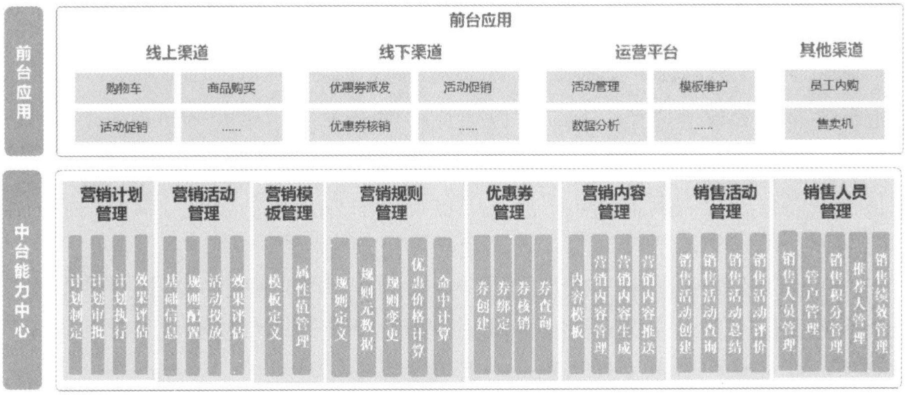

图 6-10 营销中心模型设计示例

营销中心主要包含营销计划管理、营销活动管理、模板管理、规则管理、优惠券、精准营销、销售人员管理等功能，为前端的销售渠道和营销运营提供基础能力支撑。

能力中心的设计是业务中台开发的重点，能力中心设计要遵循高内聚低耦合的基本原则，并要满足以下几个要求。

- **实现完整的业务流程**。在中台，服务中心是一个独立运营的业务单元，必须具有完整的业务流程，包括端到端的业务流程流转，以及流程环节对业务数据的处理和存储，因此一个业务流程对应一个服务中心。只有服务中心的业务具备了完整性，才能具备独立开发、独立部署的敏捷特征，才能具备快速响应前端应用需求的能力。
- **具有数据的独立性**。独立的业务数据是指服务中心的业务数据必须具备完整性和独立性，数据的完整性建立在业务完整性的基础之上，除此之外还得保证数据相对独立，也就是服务中心的业务数据可以独立维护和存储，不会影响其他服务中心。
- **具备基础设施服务接口能力**。中台的基础设施是各个服务中心提供稳定优质服务的前提条件，因此每一服务中心需要具备与基础设施服务交互的接口。除了有依赖 API 接口的形式外，还有依赖工具的接口，如配置业务流程、配置业务规则等服务；以及依赖数据的接口，提供统计分析数据的服务。

（4）迭代开发实施

进行中台总体架构设计之后，就可开始进行迭代开发。建议采用敏捷的方法进行开发交付，将最终目标拆解为多个小目标，逐个完成。同时应将每个小目标拆为多个子项目，每个小团队各自负责一个子项目，所有团队并行开发，协同向前推进，并结合敏捷和精益管理思想完成开发交付。

（5）持续运营

项目上线后，只是产出业务价值的开始。业务中台需要在持续不断的运营中不断沉淀和发展，能力会逐步增强和扩展，模型会逐步调整和完善。中台持续运营的关键是构建共享服务生态，实现持续迭代"能力沉淀、能力输出、业务支撑、能力沉淀"的闭环，进而实现中台的演进。

3. 业务中台建设的几种模式

业务中台是企业的核心应用,目前有以下几种建设方式。

(1)引入专业设计团队,进行中台总体设计开发

很多企业虽然有中台需求,但缺乏业务中台建设能力,在企业自身没有足够的理解和需求把握的情况下,可以采用招投标的方式,选择出更加专业的解决方案提供商,由其进行中台的设计开发工作。在此过程中,企业应抓住难得的业务学习机会,尽快对该系统的业务领域有一个全面的掌握,并借此提升企业自身业务中台建设和运营的能力。

(2)自有技术团队与外部专业人员联合开发

现在甲方的技术团队通常具备的是运维、项目管理等职能,但要做中台,一定要培养自己的开发团队,不能把开发任务完全交给外部开发团队。其中一个主要原因是中台不是一个项目,而外部团队往往将中台建设作为项目开发,希望在最短时间内把功能完善,完成验收结束,这两者之间一定会存在矛盾。在这样的情况下,前期搭框架可以由外部专业团队承担,在短时间内迅速将中台框架搭起来,但后期肯定需要逐步让企业的自有团队来运营中台,企业一定要在这个过程中培养自己的开发团队。

(3)引入商业套件,快速搭建中台能力

目前已经有一些专业公司开发了标准的中台产品,企业可以基于这些成熟的产品进行二次开发,而不必完全从头开始自定义、自开发,这与以前的 ERP 等系统开发模式非常接近。相比于完全自定义开发的方式,基于"商业套件+二次开发"的模式可以减少项目的投入周期和成本。但这对企业自身人员能力培养并不太有利,企业自己的员工在系统建设和使用中仍然需要学习专业知识,帮助企业提升中台建设、运营能力,构建自身独特的竞争优势。

6.3 数字化时代数据架构的进化

如果说信息系统是企业的血管,那么信息系统生成和处理的数据就是企业的血液了。数据是企业的核心资产,对数据架构的规划与梳理则是企业架构的核心。数字化时代,数据架构的内涵和内容也发生了变化,本节首先介绍什么叫数据架构,然后重点分析数据中台架构如何构建、如何运营。

6.3.1 数据架构的内涵与演进历程

1. 传统企业数据管理遇到的问题

目前,大多数企业已经意识到数据的价值,也直观地将数字化转型等同于数据应用,把数字化转型的目标定义为建立一个数据大脑,在所有业务领域实现数字驱动。基于这样的目标,企业也在构建自己的数据团队,建设大数据平台,开展数据分析与应用,希望真正实现

数据驱动的业务转型。虽然很多企业认识到数据管理的重要性，但目前数据管理做得好的企业并不多，企业在数据管理中面临着的问题也不少。

- **数据孤岛严重，数据集成共享困难**。在传统 IT 建设方式下，企业的各种信息系统和数据库大多是独立采购或者独立建设的，所谓的信息系统实际上是一些互不关联的数据结构和一些程序的堆砌，新旧 IT 系统中沉淀的数据之间难以打通，导致企业内部形成一个个"数据孤岛""数据烟囱"，分散割裂且不易形成可共享的数据服务，业务部门无法将不同数据进行关联和整合，无法挖掘更深层次的数据价值，也无法满足企业降本增效、高质量发展的诉求。这也成为很多企业在数字化转型过程中的一大痛点。

- **数据的质量很差，无法应用**。看似有很多数据，但都无法使用，就像海里到处是水，但都无法饮用一样。数据质量是数据治理的基础工作，也是企业最为头疼的问题。提高数据质量需要从制度、组织、流程、工具、绩效考核等方面入手，多措并举方能见效。但大多数企业对数据的管理要么不成体系，要么难以持久，导致系统中的数据不一致、不完整、不准确、不真实、不及时，严重影响了数据的应用效果。

- **数据的应用范围很窄，应用效果差**。很多企业进行了多年的数据仓库建设，但仍然无法构建统一的数据模型，也缺少集团统一管理指标体系，更没有自助式分析平台，每个部门根据业务需要分散、重复地进行报表制作、算法开发，既浪费了大量的人力、物力，又导致数据不一致，严重影响了业务部门的使用效果。另外，数据分析结果的利用也一直在报表阶段徘徊，企业一直缺少预测等高级分析能力。

- **采购了先进的工具却难发挥效用**。很多传统企业"不差钱"，采购了业界领先的大数据平台，但常常是买了马却配不了鞍，买了系统却缺少真正开发、维护的技术人员，数据分析队伍建设也不健全，最终导致系统虽然存储了大量的数据，但难以真正对其分析利用，无法发挥其价值。

2. 企业级数据管理总体框架

如果把数据比作是"石油"的话，那么数据也只能是原油，如果不对其进行加工处理，其本身价值不大。原油需要经过加热、催化、蒸馏、分馏等一系列淬炼、提纯的过程，才能生产出不同型号、规格的产品。数据其实也一样，原始数据存放在那里并没有什么作用，只有通过采集、转换、清洗、加载等一系列加工、处理过程，形成可信的、高质量的、可被利用的数据资产，才能使得数据具备价值。

基于这样的认识，笔者整理出一套企业级数据管理框架模型，可对数据进行全面有效的管理。该框架如图 6-11 所示，数据管理是一个复杂的体系，要做好数据的管理，使自己的数据真正产生价值，需要在数据处理平台、数据资产管理、数据治理、数据分析利用四个方面发力才能见效。

- **数据处理平台**。该平台的技术体系分两个层面：大数据存储计算平台和大数据工具组件，该技术体系主要关注点是大数据工具组件。大数据存储计算平台，比如 Hadoop、Spark、Flink、Greenplum 等技术平台，企业只需要进行合理选型即可，一般不需要自己开发。大数据工具组件包括数据汇聚、数据开发、数据资产管理、数据服务管控等。数据处理平台可以让数据更方便地加工使用。

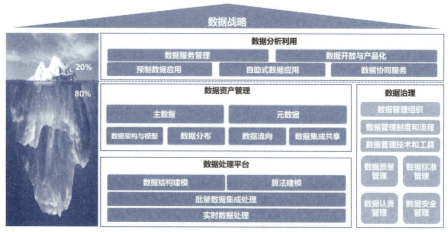

图 6-11　数据管理总体框架

- **数据资产管理**。目前，数据以已经被公认为是企业的重要资产。数据资产是指由企业拥有或者控制的、能够为企业带来未来经济利益的、以物理或电子的方式记录的数据资源，如文件资料、电子数据等。但数据自身不会自动变成资产，要通过数据建模和资产盘点、提升数据质量、实现系统之间的互联互通等手段逐渐将数据变为资产。从数据资产自身的管理来说，数据模型、数据分布与流向分析、数据共享、主数据与元数据管理等都是基础性的工作，只有通过这些工作才能让杂乱的数据分类有法、流动有序。数据资产管理是一种新型的数据管理理念，其改变了"数据只是企业经营活动的副产品"的旧有观念，将数据作为"一种同货币或黄金一样的新型经济资产类别"来进行管理。对于提升企业数据管理、应用水平，加速向数据驱动运营的转型有显著的推动作用。

- **数据治理**。数据的管理与利用是一个全企业的事情，既要有牵头部门的努力，也离不开每个部门、每个人员的参与。怎么样调动所有人的积极性，就是数据治理要解决的问题。具体说，数据治理重点研究数据管理组织、制度流程、工具等如何构建、如何真正发挥作用。其核心思想是使数据的获取、存储、运维、应用和共享得到规范化、标准化和流程化处理，最终达到提升数据准确性、一致性和及时性的目的，从而促进数据价值的广泛开发和挖掘，以更好地为企业的生产和运营提供科学的决策和支撑。

- **数据分析利用**。数据管理的最终目的是为了应用，数据只有用起来才能产生价值。对很多企业来说，应用是推动数据管理体系成熟的真正动力，尤其是针对高层领导的应用才能真正推动数据体系的发展。这部分内容我们在第 5 章已经有过论述，本部分不再赘述。

3. 企业数据架构进化历程

数据架构是一套相对比较抽象的理论和方法，在实践中，数据架构模式随着技术的发展不断进化，到今天为止，数据架构已经经历了基于数据库的报表阶段、基于数据仓库的 BI 阶段、基于大数据平台的运营数据分析阶段和数据中台阶段，每个阶段的技术平台、数据模型、数据利用程度都不一样。数据架构发展的几个阶段如图 6-12 所示。

图 6-12　数据架构发展历程

（1）基于数据库的报表分析阶段

在信息化建设初期，企业按照业务条线、管理职能实施了部分信息系统，这些系统在支持业务发展的同时，也将业务运行状况通过数据保留了下来，但如何利用这些数据企业却犯了难。

由于业务系统会记录业务操作信息，并把这些数据都存放在数据库中的一张张数据表里。而无论是业务人员还是管理人员，都难以找到对应的原始数据并进行分析。为了让业务人员能够了解业务的运行情况，只能让技术人员通过工具将底层原始数据变成一份份图表或者报告。这个阶段的分析还只是停留在对过去业务结果的统计上，但由于维度有限而且只能分析历史数据，因此无法支撑企业级别的基于数据的经营决策。

（2）基于数据仓库的 BI 阶段

简单的报表仅停留在单系统、单维度的统计分析上，只能用于对历史业务开展情况进行简单描述，数据并没有发挥出应有的价值。很多企业不再满足于这种现状，希望能通过数据为业务决策提供支撑。在这样的背景下，企业级数据仓库和 BI 应运而生。

数据仓库这一概念是由 W. H. Inmon 提出的，他因此也被称为"数仓之父"。数据仓库是一个面向主题的、集成的、相对稳定的、反映历史变化的数据集合，用于支持管理决策和信息的全局共享。可以从两个层面理解这个概念：首先，数据仓库用于支持决策，面向分析型数据处理，它不同于企业现有的操作型数据库；其次，数据仓库是对多个异构的数据源有效集成，集成后按照主题进行了重组，并包含历史数据，而且存放在数据仓库中的数据一般不再修改。

自从数据仓库出现之后，信息产业就开始从以关系型数据库为基础的运营式系统慢慢向决策支持系统发展。数据仓库系统能够实现跨业务条线、跨系统的数据整合，为管理分析和业务决策提供统一的数据支持。

从数据分析应用角度看，BI 利用信息科技，将分散于企业内、外部各种数据加以整合并转换成知识，并依据某些特定的主题需求进行决策分析和运算；用户则通过报表、图表、多维度分析的方式，寻找解决业务问题所需要的方案；这些结果将呈报给决策者，以支持策略性的决策和定义组织绩效，或者融入智能知识库自动向用户推送。当业务人员有数据分析需求时，IT 人员首先负责数据的清洗和打通，再将整合好的数据交给数据分析部门，数据分析部门得出结果再反馈给业务部门，最终为业务人员提供决策依据，支撑公司运营。一般来说，阶段数据分析开发的周期是比较长的，少则两周、多则几个月，这样的周期显然无法及时响应业务人员的需求。

从技术架构角度看，数据仓库系统包含数据集成、数据存储、数据计算、门户展现、平台管理等一系列的产品。数据仓库建设最大的争议莫过于到底是从上到下还是从下到上建设。所谓从上到下就是先建立全局的数仓，再建立数据集市，而从下到上则是先建立数据集市、再建设数仓。

Inmon 提出自下而上（EDW – DM）的数据仓库建设模式，即操作型或事务型系统的数据源，通过 ETL 抽取转换和加载到数据仓库的 ODS 层；ODS 层中的数据，根据预先设计好的 EDW（企业级数据仓库）范式进行加工处理，然后进入到 EDW。EDW 一般是企业/组织的通用数据模型，不方便上层应用直接做数据分析；因此，各个业务部门会再次根据自己的需要，从 EDW 中处理出数据集市层（DM）。这种方式的优势是易于维护，高度集成。但劣势是结构一旦确定，灵活性不足，且为了适应业务，部署周期较长。此类方式构造的数仓，适合于比较成熟稳定的业务，例如金融。

KimBall 提出自顶而下（DM – DW）的数据架构，通过将操作型或事务型系统的数据源，抽取或加载到 ODS 层；然后通过 ODS 的数据，利用维度建模方法建设多维主题数据集市（DM）。各个 DM，通过一致性的维度联系在一起，最终形成企业/组织通用的数据仓库。这种方式的优势是构建迅速，最快的看到投资回报率，敏捷灵活。劣势是作为企业资源不太好维护，结构复杂，数据集市集成困难。常应用于中小企业或互联网行业。

其实上述只是一个理论上的过程，其实无论是先构造 EDW，还是先构造 DM，都离不开对数据的摸底，以及在数仓构建之前的数据模型的设计。从数据模型方面看，数据仓库阶段给企业留下了很宝贵的一笔财富，那就是企业级数据模型，这些模型是在业务发展过程中逐渐提炼出来的，这些模型随着前端业务系统的发展变化，不断变革，不断追加，不断丰富和完善，为后续大数据系统的快速应用奠定了基础。但数据仓库阶段的建模方式是自顶向下的，是从数据源和主题域开始构建，构建成本比较高，适用于应用场景比较固定的业务，冗余数据少是它的优势。

（3）基于大数据平台的运营分析阶段

随着互联网企业的崛起，数据量越来越大，数据形式日益复杂，而以数据仓库为代表的数据存储和处理技术无法满足海量、多样的数据处理需求。于是，互联网企业开发了以 Hadoop/Spark 为代表的批计算、流计算、即席计算、在线计算等大数据处理技术及机器学习、深度学习算法，进行数据汇聚和开发，通过数据分析以驱动业务运营，让数据驱动业务变得更精准、更有效。最为典型的应用场景就是面向个体用户进行千人千面的推广展示和精准营销。企业收集并打通所有相关数据后，通过算法的能力，实现对用户偏好的挖掘，为用户提供实时、个性化的推荐，真正实现数据驱动运营优化。

大数据时代还有一个概念就是数据湖。数据湖概念最早是 2011 年由 DanWoods 所提出，他的最初设想是如果我们把数据比作大自然的水，那么各个江川河流的水未经加工，源源不断地汇聚到数据湖中。数据湖是一个以原始格式存储数据的存储库或系统，是一种数据存储的理念，它具有如下一些特点：

- 数据湖需要提供足够的数据存储能力，能够保存一个企业/组织中的所有数据；
- 数据湖可以存储海量的任意类型的数据，包括结构化、半结构化和非结构化数据；
- 数据湖中的数据是原始数据，是业务数据的完整副本。数据湖中的数据保持了它们在业务系统中原来的样子；
- 数据湖需要具备完善的数据管理能力（完善的元数据），可以管理各类数据相关的要素，包括数据源、数据格式、连接信息、数据 schema、权限管理等。
- 数据湖需要具备多样化的分析能力，包括批处理、流式计算、交互式分析以及机器学习等，还需要提供一定的任务调度和管理能力。
- 数据湖需要具备完善的数据生命周期管理能力。不仅要能存储原始数据，还要能够保存各类分析处理的中间结果，并完整地记录数据的分析处理过程，能够帮助用户完整详细地追溯任意一条数据的产生过程。

个人认为，数据湖本质上就是一个大数据平台，两者并没有本质的区别。

从数据应用角度看，大数据应用阶段的数据分析应用周期仍然较长，业务人员会提出各种各样的数据分析需求，针对业务人员的需求，数据分析部门会建立模型；然后，技术部门将数据分析部门的模型语言写成代码，并检验其是否正确；最后，业务人员通过这些模型或应用实现业务价值。这种数据应用的模式是单向循环的，需要历经多个部门的多项操作。为了实现数据分析，企业需要配备专业的技术团队和数据分析团队完成提出需求、建立模型并检验的整个过程，业务人员在这一过程中只是提出数据分析需求，实施过程需要技术人员投入大量的时间和精力。这种以技术为核心的数据化运营模式让技术人员"叫苦不迭"，而且数据使用并未进入核心业务，数据应用深度往往并不足。

总的来看，该阶段主要是企业在大数据背景下，基于海量数据积累，利用大数据、数据湖等技术，进行数据的深度挖掘和分析，并对多源、异构的全域数据进行汇聚、打通。但该阶段，企业更多是将视角锁定在了存储和计算上，而忽略了对于数据的资产化管理和数据的服务与应用，数据的应用仍然以技术和专业的数据分析人员为主，对业务的支持程度仍然不高。

（4）基于数据中台的全面运营阶段

数据仓库实现了企业数据模型的构建，大数据平台解决了海量、实时数据的计算和存储问题，数据中台可以帮助企业机构有效地赋能前端业务，使其可以根据后端部门生成的统一标准的数据做出决策。

数据中台为了能够更好地提供数据服务，还需要对底层的数据进行采集、存储、建模，这些也都是数据仓库、大数据平台、数据湖等同样要关注的问题。从这个角度看，数据中台并不是一个全新的概念，数据中台从技术的层面承接了数据湖的技术，通过数据技术，对海量、多源、多样的数据进行采集、处理、存储、计算，同时统一了数据的标准，把数据以标准形式存储，形成大数据资产层，从而满足前台数据分析和应用的需求。因此，数据中台在技术层面与数据平台、数据仓库并没有太大区别。

数据中台与数据湖、大数据的最大差别主要在应用层面。数据中台将企业已成型的数据、模型、算法、应用等进行存储与开发，并通过服务接口对外开放，确保企业的技术部门、数据部门、业务部门可随时直接调用。因此，数据中台的搭建使业务人员可以轻松便捷地使用数据，业务人员有大数据分析需求时，可以不再依赖技术人员和数据分析人员的力量，而是直接通过数据中台解决，真正实现数据驱动运营。

数据中台通过提供数据服务生成、发布、监控、管理功能，帮助企业逐个建立属于自己的各类数据服务，逐步完成企业数据服务体系的构建。正因为应用上的这一特点，数据中台不是一个大的产品，数据中台无法产品化地提供企业所需的所有数据服务能力，它的核心能力是逐步积累和沉淀出来的，而不是花钱就能买来的。

总体而言，数据中台相对于数据仓库、大数据平台，向前台、向业务又迈出了一步。如果把企业比作是海洋，数据便是海洋中的鱼类，数据仓库、数据湖等平台就是鱼类存储仓库，而数据中台就是鱼类加工厂，将各种鱼变成琳琅满目的商品，交给业务部门应用，最终创造价值。

6.3.2 数据中台建设策略与步骤

数据中台的建设是数据架构的最新发展阶段。数据已经成为企业的重要资产，企业要实现数字化转型离不开强大的数据中台的支撑。本节将重点说明数据中台到底能提供什么业务价值；数据中台架构框架是什么样的；数据中台应该如何构建。

1. 数据中台在数字化转型中的价值

中台战略并不是一个纯技术概念的堆砌，而是将数据和业务融为一体，为企业提供数据服务的能力，满足用户现在和潜在的需求，不断挖掘出数据的价值，力保企业在激烈的市场竞争中屹立不倒。积极打造数据中台对企业的长远发展具有重要意义。

（1）实现数据打通，减少数据应用重复建设

企业一般会有很多业务线、管理部门，每条业务线或者部门都存在数据需求，各业务线都做着数据抽取、服务开发等工作。不同业务线通常有很多共同之处，各自进行重复的数据服务开发，会造成人力资源浪费，而且开发效率低，从数据开发到最终交付数据服务，需要经历较长的周期。数据中台可以帮助企业实现内外部数据的打通和融合，实现全域数据分析

和应用。业务部门可以在中台之上自由地享用数据服务，而后端技术部门也不必为满足前端业务的简单需求而苦恼，可以留出大量时间和精力研发更高水平的应用产品。

（2）帮助业务部门灵活进行数据分析

数据中台改变了业务部门数据分析技术能力不足的窘况。在数据中台出现以前，业务部门因为缺乏技术能力，面对数据分析需求时只能求助技术部门。业务部门、技术部门、分析部门的沟通与配合会耗费大量时间成本和沟通成本，分散了技术部门有限的精力。数据中台规范化了数据的复杂格式，对企业的内部数据、外部数据、结构化数据和非结构化数据进行实时整合与分析，然后直接输出到具体业务场景的应用端，业务人员可以自由地进行数据分析。

（3）以用户为中心，用洞察驱动企业稳健行动

在以用户为中心的时代，用户的观念和行为正在从根本上改变企业的运营模式。数据中台建设的核心目标就是以用户为中心的持续规模化创新，而数据中台能够极大地提升企业对数据的应用能力，将海量数据转化为高质量数据资产，为企业提供更深层的用户洞察，从而为用户提供更具个性化和智能化的产品和服务。例如，以数据中台为基础，通过数据运营提升用户留存、复购率和忠诚度，已经得到诸多企业的认可。

（4）以数据为基础，支持大规模商业模式创新

只有依托数据和算法，将由海量数据提炼的洞察转化为行动，才能推动商业创新。数据中台在通过算法将洞察直接转化为行动、实现商业创新方面具有独特优势。因为数据中台可以将信息技术人员与业务人员之间的障碍打破，信息技术人员将数据变成业务人员可阅读、易理解的内容，业务人员看到内容后能够很快结合到业务中去，这样可以更好地实施商业模式的创新。

2. 数据中台的基本能力

数据中台不是一套软件，也不是一个信息系统，而是一系列数据组件的集合，工作原理是以应用为出发点进行数据整合，最终呈现的结果是数据应用的平台。目前并没有标准的数据中台框架，但一般来说数据中台应具备如下基本能力。

（1）数据融合打通能力

数据中台通过对数据进行整合和完善，提供适用、适配、成熟、完善的一站式大数据平台工具，在简便有效的基础上，实现数据采集、交换等任务配置以及监控管理。数据中台将数据规范化，真正实现数据融合打通，后台技术部门能够随时支持和满足前台业务部门的需求。

（2）数据资产管理能力

数据就像石油，需要经过提纯加工才能使用，这个过程就是数据资产化。企业需要完整的数据资产体系，围绕着能给业务带来价值的数据资产进行建设，推动业务数据向数据资产的转化。数据中台可以连通全域数据，通过统一的数据标准和质量体系，建设提纯加工后的标准数据资产体系，以满足企业业务对数据的需求。

（3）数据质量自动跟踪能力

数据在使用过程中往往有多部门多角色参与，各个部门会定义不同的数据指标、标签和

使用方式，数据治理体系会越来越复杂。一旦数据无法跟踪，就会导致前端的数据应用出错，最终影响企业决策，让企业付出更大代价。数据中台可以避免出现以上问题，通过数据质量智能追踪和血缘分析，确保数据质量。

（4）数据处理能力

数据中台对数据的采集、治理、融合、同步提供了强大的技术支持，真正实现了数据的打通和共享。不同的业务场景需要不同规模的计算平台处理海量数据，建设数据中台可以帮助业务人员根据应用需求随时调度计算能力。

（5）数据应用开发能力

数据中台可以向不同业务岗位的工作人员提供个性化的数据探索和分析工具，并在此基础上生成数据接口，赋予业务人员分析数据的能力。业务人员可以根据需求，探索和发现数据价值，做深度应用开发，这些应用可以变成独立产品。

（6）数据服务能力

为了尽快让数据用起来，数据中台必须提供便捷、快速的数据服务能力，让相关人员能够迅速开发数据应用，支持数据资产场景化能力的快速输出，以响应用户的动态需求。数据中台可以帮助业务部门建立工作台，业务人员可以通过工作台快速获取相关服务。此外，伴随着人工智能技术的飞速发展，AI 的能力也被多数企业期待能应用到数据中台上，实现自然语言处理等方面的服务。

3. 数据中台建设思路

目前数据中台建设并没有放之四海而皆准的方法和模式，建议采取如下的思路推动数据中台建设。

（1）明确痛点、梳理现状

在建设数据中台的时候，一定要从企业的业务痛点出发，不断解决业务问题才能逐步走向深入。目前很多企业在没有了解业务需求之前，首先采购了先进的数据平台，然后强制要求各分支机构、部门把数据汇总进来，但这些数据如何进一步应用往往并不清楚，最终能够对外宣传的仅仅是我有多少数据，而不是有多少应用，创造了多少价值。因此，数据中台的建设应该是以业务痛点为出发点，不断迭代，一步一步地逐步建设。只有快速解决各部门的业务痛点和需求，业务部门才会积极响应数据中台的建设。

在了解需求之后，就需要对业务和现状进行系统的梳理，了解系统现状、数据以及业务现状。要针对性与业务部门、IT 部门进行沟通，获取企业的产品和服务信息，详细调研目前企业的 IT 建设情况和业务数据沉淀情况，比如采用的什么数据库、总体的数据量、数据库表和字段、数据更新周期等，同时了解目前企业数据服务方式、满足程度等。一份完整、准确的数据资源现状评估报告是后续数据化建设的有力保障。

（2）架构设计、建立规范

在确定了业务痛点，需要相应的数据能力来解决问题的时候，首先必须梳理顶层的组织架构和业务架构，并确定全局的数据架构和数据规范。传统观点认为需要通过这个过程对企业数据现状做一个完整的盘点，通过完整的流程梳理建立企业级的数据模型，这样的思路是非常理想化的，但对很多企业来说实现起来难度过大。很多企业请外部咨询机构进行数据模型的梳理，明确了数据的所有者，但其自身并不具备持续维护的能力，很多数据模型就会被丢弃在一边。因此，更为可行的一种做法是不进行全局的业务梳理、数据梳理，而是确定统一的数据规范，只要有合适的数据规范并贯彻执行，系统中就不会出现数据孤岛，而总体数据模型会随着时间的积累逐步完成。当然，这对规范的管控也提出了更高的要求。

(3) 汇聚资产、建设平台

数据资产是企业数据化建设的基础。所有的数据化建设最后都以数据资产为基础，并且围绕这个基础展开。数据资产将是企业在全面数据化建设前期中投入最多、见效最慢的基础层模块。这个步骤涉及数据汇聚、数据仓库建设、标签体系建设以及应用数据建设，其中最关键的是标签体系建设。所谓标签体系是面向具体对象构建的全维度数据标签，通过标签体系可以方便地支撑应用，大数据的核心魅力和服务能力主要就体现在标签体系的服务能力上。

当然，数据资产的管理需要技术平台的支持。要借助云原生、容器等技术构建先进的数据分析平台。有了这些技术，再加上快速稳定的 DevOps 和 CI/CD 流程，整个应用的开发和部署变得更快捷，从开发到上线的流程变得更加流畅。

(4) 优化治理、完善职责

数据中台的建设几乎涉及企业所有部门，参与各方的责权利必须明确。如果不将各个部门的责权利定义清楚，最后就会陷入相互推诿的境地。因此，要在此阶段构建完整、科学的数据分析、应用的组织结构，明确 IT 部门、数据管理部门、业务部门之间的职责，形成一种相互合作、相互协同的局面。

另外，数据中台建设往往面临的挑战是数据自身的治理问题，包含数据质量、数据标准、数据安全等，要配合数据中台建设，进一步完善相关的制度、路径、考核机制等，为中台建设提供有力的保障。

(5) 应用数据、持续运营

数据只有应用到具体的业务中才能发挥价值。要将数据服务包装成服务，与业务对接，在业务中产生数据价值，实现数据的服务化、业务化。当然，在服务过程中，要考虑数据的安全和权限问题，哪些人能看到什么数字资产，能选择什么类型的服务都是需要严格审核的。

以往信息系统建设都存在重建设轻运营的问题。数据中台是个复杂工程，数据的汇聚、开发、管理、服务都是要持续进行的工作。可以说，数据中台建设是一个没有尽头的持续工作，因此，需要建设完善的运营机制，推动中台持续更新、持续完善。

近几年很多传统企业都在探索数字中台的建设，但真正成功者并不多，本章最后，分享一下平安银行在数字中台建设上的探索和经验（本案例参考了平安银行 CIO 张斌、技术总监储量等的公开演讲材料）。

案例：平安银行在数字中台建设上的探索

2020年9月，《欧洲货币》在其官网揭晓了"2020年度卓越大奖"评选结果，继7月中旬拿下"亚洲最佳数字银行"后，平安银行再度斩获"全球最佳数字银行"，成为首家获得该奖项的中资银行，也是首家在同一年度包揽《欧洲货币》全球及亚太区"最佳数字银行"的中资金融机构。

国际权威媒体《欧洲货币》对此有一段非常有力的评价："自2015年来，这家总部位于深圳的银行采取了大刀阔斧的彻底改革。正所谓不破不立，平安银行几乎从内部进行了自我颠覆。"在获奖词中，《欧洲货币》评委会还重点突出了平安银行在数字化资金投入、团队建设和口袋银行App等方面的亮眼表现，并表达了对平安银行内部创新能力的认可，认为"平安银行树立了属于自己的数字化银行全新标准"。

平安银行董事长谢永林认为，之所以能后来者居上，关键原因就在于平安银行从转型开始就完全用互联网的模式重新规划零售业务，"我们引入了纯互联网人才主导零售业务转型，将纯互联网思维、领先的IT科技和金融应用融会贯通，跳脱出传统金融行业的视野，引入了近300位大数据、人工智能专家，让平安银行更像一家互联网公司。"

谢永林将平安银行在科技方面的规划、投入形象比喻为"盖大楼"——平安金融中心开工动土四年，楼高不过围栏，但此后一年半，600米高的大楼就拔地而起。在他看来，前几年平安银行一直在打基础，根基稳了，就能支撑未来全行实现更快的增长、更好的转型。从现在的业绩增长情况看，平安银行已经过了临界点，开始进入正向回报曲线一侧。

科技引领战略之下，平安银行的数字化思维已经渗入全行各大业务条线，并全面赋能于产品创新、用户服务、业务运营和风险控制等经营管理各个领域，推动业务流程、经营管理全线上化。具体说，平安银行科技应用经历了四个阶段。

阶段一： 系统重构（2016年底-2017年）。核心系统改造，从审批到预警，到放款，全过程的控制，包括对管理机构的智能化监测和评估，覆盖了整个产品的生命周期，全部进行了重构，同时新系统还支持移动化和线上化，即实现了自主可控，系统稳定性也得到显著提升。

阶段二： 技术中台和数据中台（2018年）。建设技术中台、零售大数据平台和数据中台服务，敏捷开发模式建立起来，让IT交互效率变高。

阶段三： 业务中台（2019年）。通过智能化体系改造业务，通过零售AIBank项目，体系化建设11大业务中台能力，赋能480多个前台场景，业务共享能力快速增长，业务创新效率显著提升。

阶段四： 开放银行（2020-）。开始建立中台开放银行平台体系，进行外部合作对接。

其中中台建设是平安银行科技应用发展历程中的重要环节。中台建设包含数据中台、技术中台、业务平台三部分，分为两个阶段建设。平安银行中台总体架构如图6-13所示。

平安银行的数据中台和业务中台建设思路如下。

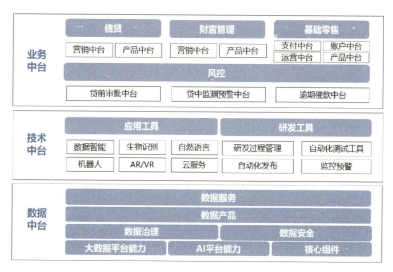

图 6-13 平安银行中台总体架构

1. 平安银行数据中台建设

谢永林认为,"数据是科技的血液,假如不愿意做这些'脏活'和'累活',那积累的海量数据就是一片垃圾。"为了更好地进行数据统一处理,2018 年平安银行启动数据中台建设,其总体框架如图 6-14 所示。

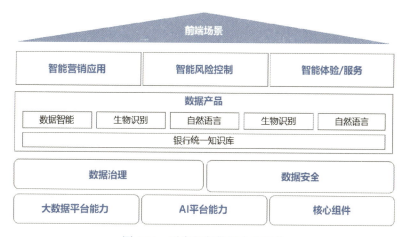

图 6-14 平安银行数据中台架构

- **大数据平台能力**:数据中台最底层是大数据基础能力,这是大数据特有的基础架构的能力,也是底层大数据算法的工程化能力。

- **AI 平台能力**:这是为构建数据模型提供服务。为了更好地训练智能客服机器人,平安银行专门成立了一个有 200 个座席的团队,每天处理数万笔用户电话记录,将用户录音信息整理成知识条目，录入系统成为训练样本，包括营销、陪练、审批等机器人都是一样的模式，而这样的投入平安银行坚持做了三年。有了统一标准、口径的底层数据，打造强大的大数据中台就有了可能。

- **数据治理**：银行真正想用大数据最大的障碍在于源系统和业务系统。如果数据治理做不好，数据无法整合，跨业务线使用数据就更做不到了。几年来，平安银行持续做好数据整理及清洗，给数据打标签，提高底层数据的标准化、标签化、颗粒化、流程自动化、应用智慧化能力，这些基础工程也为 AI 学习积累了充足的样本和案例。平安银行的数据治理分为几个阶段：第一阶段是做到数据覆盖；第二阶段开始建立数据标准；第三阶段是建立安全应用规则建立；第四阶段是创造数据价值，基本上形成了这样的循环。目前做到数据资产化率为 60%，即全量数据库数据里面大概有 60% 左右能够进入到大数据的标签体系，而通过标签体系能够对外输出产生一定的调用价值，这就是数据资产。

- **数据安全**：以前在数据安全或应用安全上投入很少。安全团队要做的是合规，包括内部的合规管理、应用的合规管理、权限的合规管理。很多合规并非用技术手段而应是使用管理手段，这是很大的缺陷。最开始建设时如没有使用系统和工具保障安全的体系，信息泄漏的风险很大。外部合作过程中也会有很多反欺诈的诉求，这正是信息安全要关注的，最重要的是要如何保证数据的安全性。客观来说，不能靠人工审核，要靠系统工具保障，按照原先定好的规则，通过系统进行系统风险防范。

- **数据产品和应用**：将复杂的大数据处理技术封装起来，将数据以服务 API 的方式提供给前台应用，提升业务开发及运行效率。这些产品和应用覆盖银行业务的各个环节。

数据中台建设完成以后，大大加速了数据分析利用的效率。以指标系统为例，比如传统给行领导、分支行行长、团队长提供管理决策数据的系统，从需求澄清、数据探源、数据开发、报表制作、上线验收，需要 12 天的开发周期。平安银行建立的指标系统进行指标沉淀和重用，越来越多的指标可以直接继承和拖拽，不需要重复开发，大幅缩短开发周期，6 天就可以完成管理决策数据的交付。

2. 平安银行业务中台建设历程

传统意义上大家做业务，往往是一个业务场景做一套开发过程、实现一个功能，N 个场景就要做 N 次。但当银行与外部合作时，当每个合作方提的需求大同小异时，如果每个合作方都垂直开发，效率很低。怎么办？假设业务场景有很多种不同的组合方式，但是后台的某些关键能力是可被抽象提取的，只要做好组合定义，定义好系统之间的边界，就能通过快速配置就可以完成。这就是业务中台要做的事。但是要做到这一点难度是很大的，目前平安银行也只有部分领域做到了。

平安银行业务中台的建设从技术角度可分为两步，目前正在全面向第二阶段推进。

第一步，核心系统重构升级。系统能够自主可控，具备快速迭代能力；内部可以用微服务的方式提供服务。

第二步，中台化 NoCode，大部分业务逻辑可参数化、配置化、流程可自定义，领域建模、高内聚、低耦合、灰度发布、ABTest，确保未来可以快速测试验收。

以平安银行打造的智能产品中台为例，通过固化相关功能模块，大幅提升产品上线效率。在这套新机制下，平安银行小企业数字金融产品最快一天上线，产品平均上线效率提升三倍，研发人力成本减少40%。

当然，平安银行中台建设也不是一帆风顺，在建立中台的过程中，也遇到了很多的挑战，从中总结了部分经验供其他公司借鉴。

第一，要做好中台，中台服务需要有职责清晰的组织治理结构，实现专业化管理和统筹规划。

第二，中台服务抽象边界的把握，要兼顾统一性和差异性。过于统一会阻碍业务的发展，过于差异又达不到中台共享的目的，这是技术人员和业务人员新的挑战。

第三，面向对象的抽象设计，需要经验丰富的应用架构师，但在这方面人才稀缺。

第四，中台上线后的持续闭环优化能力，中台最终体现的并不只是IT系统能力，还有业务运营能力能否固化至中台，使得业务场景不断丰富。

第 7 章
转型方法：有路径无捷径

> 我们总希望有捷径，只要稍作改变，就能一举解决所有问题。然而，生活中很少有这样的好事……
>
> ——白宫健康政策顾问 阿图·葛文德

前面的内容从商业模式、运营模式、企业架构等方面探讨了数字化转什么的问题，在明确了主要任务之后，接下来面临的就是怎么转这一问题。数字化转型是一个复杂的系统工程，牵一发而动全身，做不好的风险也是极大的。过去几年，很多企业在转型中存在的主要问题是保守问题。但近年来一些企业又频频出现冒进错误。

高瓴资本的张磊先生有一句很有名的话：流水不争先，争得是滔滔不绝。数字化转型是一场新的马拉松赛跑，只有开局、没有尽头；只有大致的方向，没有必胜的方法。马拉松赛跑比的是耐力、经验、策略，没有经验的人一开始就使劲加速，真正需要比拼速度的时候却缺乏后劲，这是不可取的。

本章我们就从乐高这个典型的数字化转型案例说起，引出一套变革与创新的总体思路：全局思考、单点突破、有序变革。通过这套方法为企业的数字化转型提供一个科学的方法和路径指引。

7.1 转型有风险，变革需谨慎

幸福的家庭都是相似的，不幸的家庭各有各的不幸。数字化转型已经进行了不少年头，大部分的企业都或多或少的开展了部分的转型和变革，但真正成功者却不多。这是因为成功的变革是一个复杂的事情，这期间既要反保守，又要反冒进，要在综合平衡中寻求一条合适的路径。笔者总结了数字化转型常见的失败原因和误区，具体见图7-1所示。

虽然避免这些错误，不见得能保证转型变革成功，但是其中任何一个错误都可能使变革走向失败。下面就具体分析一下这些常见的错误。

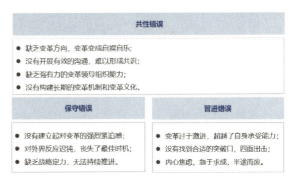

图7-1 数字化转型的常见错误

7.1.1 数字化转型的共性错误

所谓共性错误就是不论冒进还是保守都会经常出现的问题，主要包含以下几点。

（1）缺乏变革方向，数字化转型变成自娱自乐

因为缺乏顶层设计，企业没做好必要的先期工作，大家不知道企业为什么要进行数字化转型，朝哪个方向转，数字化转型为企业和个人所带来的益处是什么。这也导致了企业实施转型举步维艰。很多企业的所谓创新，根本不是为了业务的创新，而是为了迎合这些潮流，甚至有时候是为了满足自己跟上潮流的虚荣心而采取的行为，并没有真正的思考这些创新能够为用户带来什么样的价值，在根本上违背了为满足用户需求而进行创新这一基本规则。

（2）没有开展有效的沟通，难以形成共识

很多企业已经开展数字化转型很长时间了，但几乎没有人说得清楚数字化转型的解决方案到底包含着什么，能解决什么问题，到底为什么要这么做。在这样的情况下发动数字化转型，员工肯定会产生怀疑。

领导层对数字化转型的态度不能模模糊糊，一定要把未来前景讲清楚，首先，说明为什么要实施数字化转型。在正视现实的基础上，使员工了解数字化转型的重要性和必要性；其次，对数字化转型的过程和结果要抱有美好而坚定的信念；最后，为数字化转型实施描绘出未来的蓝图和实际行动的路线图。总之，要利用各种渠道去宣传、贯彻，切实让员工理解数字化转型的必要性。

（3）缺乏强有力的数字化转型领导组织能力

数字化转型是一项庞大的系统工程，是和沉积多年的企业惯性的博弈，必须要有强大的领导力做支撑。变革管理专家科特认为，成功的组织变革有70%~90%缘自变革的领导者，

另 10%～30% 来自于管理部门的努力。

在企业数字化转型的过程中，会打破以前稳定的利益格局，触碰一些人的利益。所以，企业领导者或创始人的决心和信心是非常重要的。有许多领导者虽然自身有强烈的变革意愿，但是在变革的过程中常常妥协、退让，在重点疑难问题上打退堂鼓，这样是不可能真正实现变革的。当然，数字化转型从来不是一个人的行为，不是领导者拍板就能完成的任务，还需要强有力的执行团队，否则组织变革永远不能得到推进，更难以获得成功。

(4) 没有构建长期的变革机制和变革文化

数字化转型这一变革将是企业生存和发展的常态，绝对不能以毕其功于一役的思路来搞，要构建企业的长期变革机制，把变革内化成企业经营管理的新常态，才能不断推进企业数字化转型逐步向前。

另外，变革文化只有融入组织的血液才能持久。如果新的态度和行为没有深入根植于共同的价值观，那随着外部压力的消失，它就会退化。因此，公司要通过强化手段，尤其要以制度化的方式将变革融入公司文化，否则，企业数字化转型就无法持续深化。

7.1.2 数字化转型的保守错误

所谓保守错误是指企业对外界环境不敏感、反应迟钝，缺乏对新技术发展带来冲击的充分认识，变革迟缓。主要有如下的表现。

(1) 没有建立起对数字化转型强烈的紧迫感

一个企业要成功推动数字化转型，首先要强化员工的紧迫感。很多企业都有无比辉煌的历史，在这个过程中也积累了大量的资源，凭借这些资源企业能够在市场上长期居于领先地位，这些企业的很多人就长期沉浸在过往的辉煌和资源优势中，对外界的环境和技术变化变得麻木，尽管全新的竞争对手正在磨刀霍霍，但他们仍不能从长期养成的思想惰性、组织惰性中摆脱出来，很难直面变革。这正如温水煮青蛙，温水中的青蛙开始感受不到死亡威胁的，当刺激达到了一定程度，它想要跳出来的时候，却已经力不从心了。所以，如果不能增强员工的紧迫感，不能让大家真正认识到问题的严重性，企业就没有力量实施变革，数字化转型就难以获得成功。

(2) 对外界反应迟钝，错失了数字化转型的最佳时机

对很多企业来说，数字化转型这一变革往往发生在危机重重、内外交迫的时候，但是当企业真正面临重大危机的时候再进行数字化转型已为时过晚。像 IBM 或者苹果公司那种惊天逆转式的成功案例在企业界是少之又少的。

每一个企业都应当未雨绸缪，在其所处行业处于鼎盛时期时，就应该思考可能到来的危机，并且做好准备。

(3) 缺乏战略定力，无法持续推进

有一幅名为《挖井》的漫画（如图 7-2 所示），曾经是某年的高考作文，后来还获得过国内漫画比赛的大奖，很多人估计都见过。这幅漫画是很多企业目前数字化转型的生动写照，这些企业为了追赶潮流做了一系列的探索与尝试。不管什么新技术都买来试一试，而且

是什么热门买什么，但很多与自己的业务没有太多交集，自己找一个所谓的场景去尝试一下，发现短期内难以见到成效，于是就对外宣布这个新技术没用，不适合我们公司。一段时间以后，就会发现，所有的新东西都试了一遍，但没有一个取得了成效。既浪费了资源，又打击了大家的积极性。

7.1.3 数字化转型的冒进错误

所谓冒进错误就是指企业数字化转型过于激进、急躁、四面出击，期望毕其功于一役，但一旦短期内难见成效又容易轻易放弃。

（1）变革过于激进，超越了自身承受能力

很多企业在原有业务频频受到攻击的情况下，急于启动新业务的创新，希望通过新的互联网业务、数字化业务，带动传

图7-2 漫画——挖井

统业务转型升级。这种愿望无可厚非，但很多企业的做法有些过于急迫。其实这是对数字化转型的误解，数字化变革并不一定意味着鼓励组织使用最具创新性的新技术，或者贸然进入尚未积累足够经验的新领域。组织可以在改进更简单、风险更小的事情中创造价值。

（2）没有找到合适的突破口，四面出击

数字化转型是一个全局工程，牵一发而动全身，必须要找到合适的破局点，突破一点掌控全局。之所以要重视突破点，主要是因为全面的变革难以同时推进，必须向庖丁解牛一样，顺着牛体的肌理结构，劈开筋骨间大的空隙，沿着骨节间的空穴使刀，才能游刃有余地解决问题。

另外，要寻求突破点还与现实的约束有关。首先，数字化转型迫切需要建立一个既懂数字技术与管理、又熟悉具体业务的团队，但这样的团队很难一蹴而就，需要在实践中持续积累。其次，数字化转型需要企业持续投入大量资金，任何企业的投资都需要考虑风险和回报，在没有看清方向的时候大规模的投资都是不理性的。

（3）内心焦虑、急于求成、半途而废

很多企业的数字化转型都是在企业面临严峻的形势下启动的，要求快速见效。这种想法和期望是无可厚非的，而事实上，成功的数字化转型至少需要5~10年的时间，新观念和新的手段只有经过了长时间的洗礼，才能在组织的文化中生根发芽。企业的数字化变革历程从来没有一帆风顺的，中间会有很多反复。数字化转型要成功，必须积小胜为大胜，从小成走向大成。

应该说，前几年企业更多的是保守错误，在犹豫中错失了很多的机遇。因此，近些年有很多企业开始以"一万年太久、只争朝夕"的气概奋起直追，这就掉进了冒进的陷阱中。

7.2 从乐高的数字化转型说起

本节就来看一个著名的数字化转型失败案例，从这个案例中探寻一条成功的路径（本

案例的基本素材来自戴维罗伯逊和比尔布林的著作《乐高：创新者的世界》一书）。

这个案例是关于乐高的数字化转型，很多年轻的读者估计都亲自玩过乐高，也有些年级稍长者也肯定会给自己的孩子买过乐高玩具。乐高玩具给人们带来了无尽的快乐，成为很多人童年的美好回忆之一。乐高的成功靠的是创新。万科集团创始人王石就曾说过："要想了解创新，你就需要读读乐高。不断激发出创意，并利用小创新创造出大利润的乐高，值得每一个人体会学习。"但在乐高发展历史上却差点被数字化转型这一创新搞崩溃，这究竟是怎么回事呢？

7.2.1 乐高不成功的数字化转型

乐高创立于 1932 年，公司总部位于丹麦。它的商标是"LEGO"，来自丹麦语"LGg-GOdt"，意思是"playwell"（玩得快乐）。2018 年，乐高进入世界品牌 500 强，2019 年，乐高收入约 400 亿元人民币，营业利润 113 亿人民币，乐高品牌真正地成为优质玩具和创新的代名词。

从成立到今天乐高已经走过了近 90 个年头，期间有过几次起伏，甚至是生死考验，其中最大的一次挑战发生在 20 世纪 90 年代前后。在经历了多年的高速发展之后，1998 年乐高第一次出现了亏损。同年，乐高解雇了近 1000 名员工，经历了历史上第一次裁员。为什么会出现这种情况呢？主要有三个原因。

第一个原因，90 年代，信息产业、IT 产业开始日益蓬勃发展，越来越多的小朋友被电子游戏、电动玩具所吸引。调查数据显示，当时世界上的所有小朋友中，大概有 2/3 钟情于网络游戏或电子游戏，只有约 1/3 的小朋友还喜欢玩积木；第二个原因，乐高赖以生存的拼插式积木专利即将到期，竞争对手可以无偿使用这些专利；第三个原因，类似于"孩之宝"这样的玩具巨头公司开始迅速崛起，威胁了乐高这个老大哥的地位。

和所有企业一样，面对新事物带来的破坏性创新，乐高也无法淡定了。公司感觉到了来自数字化时代的挑战，新生的数字化技术要从根本上断送自己最核心的产品，怎么应对这一挑战呢？乐高给出的答案是："创新、创新、再创新"。

乐高做的第一步是找人，公司高薪请来了业务转型专家布拉格曼来接管公司的日常管理，而乐高这个家族企业的第三代传人凯尔则退居幕后。布拉格曼也得到公司的许诺，如果他能在 2005 年让乐高的销售额翻番，他就会得到一笔丰厚的奖金。严峻的形势给了布拉格曼巨大的压力，但重金的刺激也激发出了布拉格曼急于求成的心理。带着对销售增长的迫切希望，布拉格曼的团队围绕七条创新法则开启了乐高全面的转型。这七条法则是：

- 吸纳具有不同背景的创新人才——搭建不同背景的团队，相互碰撞，形成更好的创意；
- 驶向蓝海市场——避开正面战场的激烈竞争，寻找竞争相对缓和的新领域；
- 以客户为中心——深入研究目标客户的喜好，挖掘新需求；
- 实践破坏性创新——结合新技术带来的变革，自我突破；
- 培养开放式创新——从企业外部寻求灵感和帮助，倾听外面的声音；

- 探索全方位创新——全方位改造产业链的上中下游，寻找新的商业模式；
- 创建创新型的企业文化——从封闭走向开放，以创新为导向。

这七条法则覆盖了团队、市场、客户、产品等多个领域，每一条都是类似物理定律一般的存在，十分正确。布拉格曼的团队围绕上述的创新七法则在每一个领域都进行了大胆的尝试，但是在实际推进的过程中，每一个创新尝试都引发了巨大的问题，最终使局面变得更加不可收拾。

（1）吸纳具有不同文化背景的创新人才

当布拉格曼加入乐高的时候，发现乐高的企业文化孤立而僵硬，领导层和设计师大多是经验丰富的丹麦男性，缺乏紧迫感，思维同质化严重，急需引入不同文化背景的设计师带来不同的声音。于是在很短的时间内，乐高在全球范围内建立了乐高设计师网络，除了传统积木玩具人才以外，也请来了绘图、动画和3D电影等领域的顶级开发人才，快速建成了玩具界的梦之队，以此期望通过不同国家、不同文化、不同行业的人才来创造出新的玩具趋势，但是，由此而来的管理问题也如期而至。

一方面新团队虽然在原有领域颇有建树，但是缺乏通过积木创造游戏体验的经验，而且管理层并没有清晰地传达其核心诉求；另一方面新团队和总部之间几乎没有合作，管理层也并未想过如何在新团队和原有团队之间形成良好的化学反应，只是简单粗暴地给予新团队产品设计上的最高话语权，不接受任何反驳。

在这样的氛围下，乐高的米兰团队发布了乐高史上最为灾难的探索系列，这一系列严重脱离了乐高积木本身的拼砌体验，反而设计得很像费雪的幼儿玩具。由于探索系列与乐高传统形象差异过大，用户非常困惑，销量极其惨淡。当时乐高集团中欧团队的领导人马斯·尼佩尔反对激进的探索系列，更反对放弃经典的得宝系列。布拉格曼对此态度十分强硬：如果尼佩尔不闭嘴并完全支持探索系列，就必须离开公司。在高压下尼佩尔只好选择了暂时沉默。

（2）驶向蓝海市场却忽视了蓝海市场的成长规律

在专利过期和新技术来临的双重夹击下，传统的积木市场似乎已经被困在了一个日益拥挤、竞争越发残酷的红海市场，而以视频为代表的数字化浪潮之下，玩具市场似乎有一片相对广阔的蓝海等待开发。所以乐高发布了"一体式工作室"，用乐高积木来创造静态动画片。开发了可以制作静态动画片电影工作室套装，这个套装包括一套乐高人仔，用来搭建影棚的道具，运动检测数码相机，以及编辑用的软件。这个方向其实很有趣，这是典型的乐高产品，又提供了全新的体验。而且这个系列的出现对乐高的其他系列可以达到相辅相成的效果，因为只要小孩子能用这个套装拍出电影主题，也就能够拍出其他的主题，这个电影工作室套装很好地提升了其他主题系列例如城市系列和海盗系列的销量。这是一个成功的开端，孩子们很喜欢。然而，由于急功近利，在很短的时间内，乐高紧跟着推出了9个补充积木套装，这些积木套装没有考虑成熟，缺乏清晰的价值取向和特色，一直没有流行起来。

（3）以用户为中心却疏远了老粉丝的需求

通过调查，乐高发现有2/3的儿童宁愿玩游戏机之类的玩具也不愿意玩积木建筑玩具，而这些儿童都是潜在的新用户群体，乐高想尽办法跳出积木的框架，用新的系列玩具来吸引这些注意力原本不在积木上的儿童用户。在调查的过程中，乐高也发现玩具市场正在越来越受到故事的影响，一个吸引人的故事或者角色对玩具的销量会产生巨大的推动。

于是乐高为了将引人入胜的叙事和拼砌体验结合在一起，围绕一个容易搭建的英雄人物，着手打造了一个以角色为主导的玩具系列。这个新英雄被命名为杰克·斯通，是热门电影《特种部队》和《蝙蝠侠》中动作英雄的混搭。它比普通的人仔大30%，细节更加丰富，而且为了迎合欧美男孩不断变化的需求，新的英雄打坏蛋的故事更黑暗，更边缘，更快节奏。新故事和新人物都有了，这个系列没有失败的理由。

然而这个系列销量及其惨淡，一方面这个英雄没有任何真实历史背景做支撑，孩子们相对于忍者和超人，根本不关心杰克·斯通是谁；另一方面这个新英雄疏远了公司的核心粉丝，乐高的老粉丝发现他们不再能够看到乐高的核心价值观"搭建的乐趣和创造的自豪。"乐高并没有太多顾及老客户的感受，而是雄心勃勃追求新的客户群，结果却是两头不讨好。除此之外还有另外一个副作用：因为杰克·斯通特殊的尺寸，重新开模带来了高昂的成本，因此很难盈利。

（4）实践破坏式创新却没有把控好方向

与其让任天堂这样的电玩新贵对自己产生毁灭性的降维打击，不如自己革自己的命，全面拥抱数字化。在这样的背景下，乐高启动了达尔文项目。如果说电影工作室套装还是在探索实体积木的新边界，达尔文项目则是完全抛弃了实体的存在，这个项目的目标就是将乐高集团的所有产品数字化，搭建高质量的数据库，包括积木、轮子、人仔、棍子、工具等，一旦完成，乐高任何一个设计小组都可以快速创建实体玩具的数码版本以及对应的动画/电影/广告等周边产品。达尔文项目小组用来建设巨型数据库的超级计算机会引发乐高的再次革命。

达尔文项目会让乐高进入数字化时代。这个项目当时在乐高内部就好像是含着金汤匙出生，项目团队有单独的办公大楼，项目创始人开着保时捷，风光无限。但达尔文项目遇到的问题是全方位的：技术上，达尔文项目试图为所有人做所有事，从创建玩具系列的数字版本到用三维技术来表现几千个乐高元素，结果选择了错误的数据模型重塑乐高零件的形状；管理上，由于缺乏清晰的方向感和保持项目正确前进的建议，达尔文项目组坐拥北欧最大的计算机图像工作室，却从来没有做出可投入使用的数字工具。

（5）培养开放式创新却缺乏清晰的规则

20世纪90年代中期，乐高粉丝自发建立的交流讨论的网站逐渐兴起，分享MOC（My Own Creation）开始在乐高粉丝群体中流行起来。粉丝们的创意天马行空，各种精彩的作品让乐高的设计师们意识到，新产品的创意不仅可以来自封闭的设计实验室，也可以来自这些粉丝们。所以，为什么不尝试一下"群体智慧"的做法呢？

借助了达尔文项目的部分"遗产"，乐高上线了"乐高工厂"网站，在这个网站上，乐高粉丝可以使用虚拟3D积木来搭建自己梦想中的套件，然后乐高会将这些作品生产出来，并向消费者推广，如果其他粉丝也喜欢，他们也可以订购。

尽管"乐高工厂"在乐高和粉丝之间建立起了相对紧密的联系，理论上来讲人人都可以成为乐高的设计师，但是这也带来了新的问题：用户设计的乐高套件不同于量产套件，整个生产过程类似于定制的模式，其成本显然会高于量产套件，这个成本差异在消费者面前体现在了较高的售价上，在创作者面前则体现在了服务费上。一方面创作者贡献了创意反而还要交钱，另一方面消费者还要承受高昂的售价，乐高在整个运转机制设计上的重大缺陷使得"乐高工厂"网站的转化率极低，只有不到0.5%，因此这些粉丝套装的销量也因为价格问题远没有达到当初的预期，项目运转数年之后被黯然终止。

（6）探索全方位创新却遇到了全方位问题

全方位创新应该算是乐高在21世纪下的"最大赌注"，就是创造出一个没有积木的建筑系统，并以此打造一个玩具系列，用前所未有的方式进行推广。这个系列就是防卫者系列。

防卫者系列从产品上就抛弃了乐高原有的自锁积木，转而使用了一套全新的类似针和孔的组件来连接不同零件。为了将这个系列打造成畅销系列，乐高采用了与以前完全不同的营销手段——为这个系列玩具拍摄一部同名电视剧，然后通过视频游戏、DVD和麦当劳快乐餐来打造玩具互动和盈利的新商业模式。

从创意到产品到营销渠道的全方位创新固然是勇敢的探索，但是改造的环节越多，最后失败的概率就越高。防卫者系列的问题在于，它的每一个环节都有问题。防卫者系列前期的焦点小组测试中证实了孩子们对故事线是感兴趣的，但是并不能确定电视剧是否有同样的效果。不过由于星球大战和生化战士的成功，乐高的团队相信类似的故事线一定能够大火，在盲目的自信中投入了电视剧的制作，但电视剧的表现一塌糊涂，并没有为玩具的售卖提供任何帮助。失去电视剧助推的防卫者系列无法消化大量库存，很快就被摆上了打折销售的货架。

（7）构建创新型的企业文化却完全不考虑经济回报

乐高为创新提供一切可能的条件，并消除一切可能的限制。比如，本来乐高的研发小组在开发新项目时，都会有一个一个生产产品所需要的"FMC"（完全生产成本值）。FMC包括了套装的全部成本——采购原材料、制造积木和其他零件、生产建筑指导、产品分类包装，甚至还包括塑料注射模具机器的折旧费。任何开发团队都不得超过它的FMC，如果超过，就会损害公司的利润。而在布拉格曼时期，乐高管理层允许设计师不受限制。结果，设计师制造出越来越多的特殊零件。管理层也鼓励他们设计出越来越多的奇怪模型，这些都需要大量不同的零件。同时带来的就是成本的飙升。所以，在乐高全力创新的同时，利润也随之远去。

这套看起来无比正确的创新七法则，就像是七颗龙珠，但集齐了七龙珠却没有召唤来神龙，反而召来了恶魔。2003年底，乐高产品销量同比下降30%，94%的乐高套装都不盈利，在所有的核心市场都失去了领先地位。

2004年1月，乐高集团宣布布拉格曼将离开公司，标志着长达五年的创新变革彻底失败。创新七法则的错误使用让这家有80年历史企业从乌云密布的市场竞争中直接走向了破产的边缘。用时任乐高战略负责人克鲁德斯托普的话来说,"我们站在了一个正在燃烧的钻井平台上"。乐高的这次转型和创新可以说是用自身案例验证了一句玩笑话:不转型是等死,乱转型是找死。

7.2.2 乐高转型是如何起死回生的

为了扭转这一个困局,乐高任命了公司当时的战略负责人克鲁德斯托普作为新的 CEO,这位新 CEO 当时"压力山大",根本不知道该如何收拾这个烂摊子。一次出差坐飞机时,他恰巧碰到了《回归核心》的作者克里斯·祖克,他对这位新任的 CEO 说了这样一句话:"如果一个企业拥有强大的核心事业,每 5 年它就能发展一个周边产业。"这给了克鲁德斯托普当头棒喝,他想到乐高并不是每 5 年发展一个周边产业,而是刚好相反,乐高是每一年就发展 5 个周边产业。乐高根本没有能力去管理那么多自身根本不了解的业务,而且也跟不上步伐。经过一系列的反思,克鲁德斯托普找到了乐高处于困境的根本原因。

首先,最大的问题是失去了自己。乐高失去了对自己核心产品的自信。布拉格曼坚持认为积木时代在数码游戏大行其道的时代会逐渐死掉,于是,乐高越来越远离自己经典的产品,淡化了本来的堆砌体验,频繁破坏乐高最核心的系统完整性。用一句话来说,乐高变得越来越不像乐高了。在集团新 CEO 的带领下,乐高开始回答与客户相关的战略问题:乐高的目标客户究竟是谁?乐高应该向他们提供什么产品和服务?提供这些产品和服务的最佳方式是什么?经过反思和复盘,乐高发现,自己失败的原因就是在于不够重视核心产品,一味地追求太多潮流而忽略了安身立命之本。

其次,就是无限制地打开了创新的边界。太急于创造出与众不同的新产品,盲目扩张,激进发展,但新的团队和旧的团队不能相融,新的产品嫁接不到传统的体系中去,产生着强烈的排异反应。比如,乐高的新设计师帕尔·史密斯说:"我们都想成为行内优秀的产品设计师,成为第二个菲利普·斯塔克。我们以为画得好就够了,但没人告诉过我们,设计师必须能将自己的作品融入乐高的文化氛围中去。"

第三,过度的创新却忽视了财务的承受能力。无论以任何标准来衡量,乐高集团新的管理体制为创新的种子带来了肥沃的土壤,从中生长出一系列让人眼花缭乱的创新成果。但是从创新管理的角度来看,布拉格曼的管理团队太满足于浅尝辄止,他们的创新从来没有赢利,也没有考虑过财务的承受能力,最终导致资金的枯竭,企业正常的运营都几乎难以为继。

幸运的是,乐高找到了回来的路。乐高决定回归本源,全面走向客户中心化,聚焦客户的需求,重新定义产品和服务,以客户驱动的战略赢得发展。而这条路一直走下去的目标还是创新。只是步骤不同,执行的人不同。

乐高迅速采取了以下举措:简化产品难度,提升乐高积木拼插的体验,这让城市系列获得了重生。将一直忽视的成年玩家作为重要的目标客户群,为他们设计适合的产品。放弃了部分娱乐产品线,聚焦那些能够真正吸引孩子们的产品线。拥抱玩具的数字化时代,开发可编程积木产品线。建立客户社群,与用户建立和保持持续的互动。

从 2004 年到 2009 年的五年时间，就是乐高起死回生的五年。这五年时间中，乐高集团一共经历三个阶段：追求销量的生存期，追求利润的打磨期，追求增长的发展期。具体如图 7-3 所示。

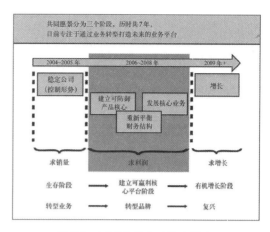

图 7-3　乐高自救的三步走策略

（1）**2004～2005 年，生存阶段**

乐高在此阶段的核心任务是求销量，通过砍掉销量差的产品线进行业务转型，控制乐高销量日益下滑的趋势，稳住乐高的基本盘。新领导小组走的第一步是重塑企业文化，包括目标、信念、习惯和工作方式。乐高创造出了一种真正的创新文化——让开发人员像关注创新一样关注成本和赢利能力，员工认同追求卓越的愿景，脚踏实地开创未来。乐高打开大门，与核心粉丝沟通，真正做到以客户为中心。这些原则是乐高创新安全的盒子，无论如何都不能打破。然后，还建立了一套清晰有效的支持创新的管理体系。领导小组把这个过程定义为：简化公司业务、重塑竞争力和增加现金储备。

（2）**2006～2008 年，盈利阶段**

求利润是该阶段的重中之重。为了最大限度地利用自身的核心业务，乐高不能只通过产品创新来增加利润。公司内部需要全方位创新来打造可持续盈利的核心产品并将之快速推向市场，同时通过开放式创新吸纳外部创意，形成新的差异化竞争力。乐高必须开发更多的补充创新，开拓新的市场渠道、构思新的商业模式以及调整内部和外部的合作方式。而且，乐高必须开放群体智慧的创新过程，因为公司有幸拥有众多能力超群的粉丝，乐高能够也必须寻找新的办法来与它最有创意的客户合作，创造新的游戏体验。

（4）**2009 年以后，增长阶段**

有了核心业务的支撑加上创新业务的不断探索，让乐高可以保持良性的增速。在"寻求新发展"的第三阶段，乐高成功地改善了财务状况，确定了可赢利的核心业务。乐高的业绩重回增长的轨道，实现了强劲的增长。2010 年，收入比 2006 年增长了 105%。2011 年，在美国市场的营收达到 10 亿美元。2012 年，收入比 2008 年增长了 166%，几乎相当于 2007 年的 3 倍。2014 年，发布了增长强劲的 2013 年年报，在不到 10 年的时间里收入增长了 4 倍之多。2015 年，乐高产品在全球 140 多个国家销售，收入继续保持强劲增长。

乐高数字化转型的故事是一个非常典型的案例，对于数字化转型的很多问题都会在其中得到验证，例如怎样平衡专注与发散思维，怎样兼顾责任与自主性，怎样协调长期目标与短期目标，尤其是要怎样在传统结构中制订出一个有的放矢的转型与创新计划。

- **认清自我，发挥优势**。乐高创始人奥勒先生几十年的培育给乐高品牌注入了"组合"的灵魂，这是乐高的基因，它的核心优势就是利用简单的拼接给全球的孩童们创造无与伦比的玩乐体验，而后来的诸多创新与这一基因相去甚远，貌似是创新，其实是乱来，遭遇失败也是必然的。先守本分，再做创新，并让创新有清晰的边界，这是乐高数字化转型案例带来的第一个教训。

- **控制变革与创新的步骤。** 为了赶上这飞速变化的世界，乐高采用的这七条创新法则是有道理的，分开来看，这七条创新法则都对其他公司起过作用，但放在一起，对公司的冲击太大，以至于自身都难以承受。这就像吃补药一样，吃一两味药有助于身体健康，但一下子吃掉七味补药，身体却会吃不消。涉足多个创新型项目时，企业必须摸着石头过河，尽量降低风险，而乐高显然这一点上疏忽了，这是乐高带来的第二个教训。
- **对创新与变革的过程进行严格的管控。** 创新与变革是一个充满风险的过程，领导绝对不是说简单说一句"我支持你们，你放手去干吧"就可以的。乐高的领导者欢迎大量优秀新设计师的到来，但是从来不将他们的贡献与公司真正的需求融合在一起。乐高的管理层促进创新，但从来没有正确地引导这些创新。在大张旗鼓地将产品推向新市场时，并没有有效地关注过项目的推进，结果导致创新失控。这是乐高带来的第三个教训。
- **聚焦收益，善控成本。** 乐高在1998年首次出现亏损的时候，放弃核心的乐高积木，转而采取激进的扩张策略，但缺乏必要的财务管控，导致了成本的飞升，并且乐高缺乏一个有效的体系来监控创新，出现问题时未能及时地警告管理层，导致公司在毫无防备的状况下遭遇财务危机。措手不及。而克鲁德斯托普上台后的一系列举措都是为了让乐高的重新聚焦主业、节省开支。这也提示我们，不能以"创新需要试错，要勇于失败"为名义而放弃了财务的管控，所有的创新都应以价值创造为最终目的。就算有些创新不能带来短期的收益，也要控制这类项目的数量，要做好投资组合的管理，确保不会出现财务危机而导致"出师未捷身先死"的悲剧。这是乐高带来的第四个教训。

7.3 数字化转型推进方法指引

7.3.1 数字化转型的三步走策略

乐高的案例带给我们很多的启示，企业若想走上转型的成功路，仅有良好的动机和愿景是不够的，还需要有一套科学的实施策略。关于这个问题，已经有很多的专家从多个维度给出了解决方案，这里首先对其中比较有代表性的两大方法进行介绍，然后给出本书的转型策略。

1. 勒温的三阶段变革法

德国社会心理学家勒温（K. Lewin）认为，成功的组织变革应该遵循三个步骤，这三个步骤是一个"打破—创新—重新固化"的过程。

（1）解冻现状：通过"解冻"打破原有秩序

解冻过程的焦点在于创设变革动机，鼓励员工改变原有的行为模式和工作态度，采取新的适应组织战略发展的行为与态度，增强危机意识。其内容包括：对旧的行为与态度加以否定；使干部员工认识到变革的紧迫性；通过对比最佳实践，找到差距，帮助干部员工解冻现有态度和行为。

（2）移动到新状态：推动变革

勒温认为，在变革阶段，变革是个人进行认知和学习，并获得新概念和新认知的过程。所以，企业要为员工提供新的认识视角，指明变革方向，进而形成新的态度和行为。在这一过程中，为新的态度和行为树立榜样至关重要。所以，组织应采用角色模范、导师指导、专家演讲、群体培训等多种途径来达此目标。

此外，勒温认为，中层经理是变革的核心焦点，他接受来自上级和下属的倡议及反馈意见，并积极地传递双向信息。这就意味着，中层经理有责任做好上情下达以及下情上传的工作，将上级的变革指令向下传达，并将变革的建议向高层反馈。企业要允许员工提出变革建议，发动大家一起参与变革，并最终由中层经理向下推动，从而形成一个正向的循环，使变革有序地展开。

（3）再冻结阶段：建立新秩序

在再冻结阶段，企业要利用必要的强化手段，使新的态度与行为固定下来，使组织变革达到稳定状态。为了确保组织变革的成果，要注意使员工有机会尝试和检验新的态度与行为，并及时给予正面强化。同时，要注重强化群体新的变革性行为，保持其稳定性，促使其尽早转化为持久的自觉行为和组织规范。

2. 科特的变革管理八步法

哈佛商学院教授约翰·科特是一位享誉世界的变革管理专家，他在 1995 年出版的《领导变革》一书中，介绍了变革管理的八步骤，得到了各界的广泛认可。

1）**创造一种紧迫感**。第一步的重点是如何激励人们意识到变革的重要性。创造一种紧迫感，让人们明白他们现在需要采取行动。突出计划的目标，展示目标如何对团队或组织有益。

2）**组建领导团队**。建立强大、权威的领导团队，推进变革。

3）**设计愿景战略**。制定战略，并传达给更大的群体，要以更详细更简洁的方式来确定战略，为实现小型里程碑创建具体举措，并共同指导组织实现其最终目标。

4）**进行大规模沟通**。向更范围更广的组织传达战略和倡议。目标是沟通计划，并获得共识，使人们认同变革。招募人员帮助把这些变化付诸行动。

5）**清除变革障碍**。遇到障碍时很容易失去动力。为实现目标和倡议，任何阻碍进步的障碍都需要消除。

6）**积累短期胜利**。重要的是在变革过程中实现小目标。清晰的进展和频繁的成功将持续激励团队。不断完成的小成果结合在一起，就成功地实现了最终目标。

7）**促进变革深入**。实现短期的胜利是一回事，但是真正的目标是朝着组织的长期目标持续不断地前进，要专注于重复的胜利。

8）**成果融入文化**。将变革置于企业文化之中。不断努力确保变革被接受并被视为整个企业的机会。这使得任何新的战略计划更容易实现,从而创建一个更敏捷的组织。

尽管步骤不尽相同,但这两种方法是有异曲同工之妙的,都为企业变革提供了一套完整的思路和流程,但笔者认为这两种方法也存在一些不足。

第一,这两种方法都是一次行的变革步骤,没有形成一套完整的变革管理机制。数字化转型不是毕其功于一役的战斗,而是一场复杂的系统性企业变革,缺乏完整的变革机制,是难以推动转型持续进行的。

第二,这两套方法都是20多年前设计出来的,是指引企业变革与转型的一般方法论,还缺少数字化时代的变革特点,在如何把业务、组织变革与IT有机融合在一起方面还需进一步强化。

在对数字化转型进行定义时曾经说过,企业变革的动力是多种多样的,只有数字化技术推动下的变革才能算是数字化转型,数字化转型既有一般变革的共性,也有数字化时代的特性。数字化的变革是以流程为核心的整体变革,包括业务流程、组织结构、信息技术、人力资源、企业战略和企业文化等各个方面,是企业管理理论中与流程相关的业务、IT、运营、组织等其他关键要素的一系列变革。是一场长期的、新旧理念、新旧组织结构之间的互相碰撞。要实现这样一场复杂的变革需要一套科学、完整的机制与流程。

本书根据数字化转型的特点,构建了一个三步走的转型策略,具体如图7-4所示。

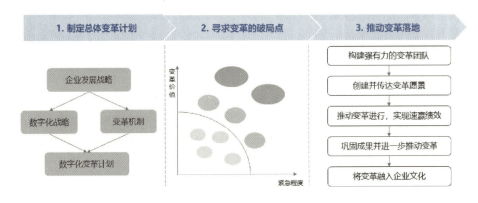

图7-4 数字化转型落地的三步走策略

(1) 制定总体变革计划

企业数字化转型计划必须基于全方位的视角,在企业的所有层面上实施。数字化转型需要全局的设计,这一总体计划包含三部分内容:首先是总体的数字化战略,即明确未来的数字化愿景、目标、策略、关键举措等;其次,总体计划要确定未来数字化转型的推动机制,要构建从上到下、强有力的变革组织和运作机制;第三,要有一个相对比较清晰的变革计划,为未来的变革提供指引。

(2) 寻求变革的突破点

乐高的案例告诉我们,全面开花是不可取的,也是企业难以承受的,必须要找到最主要的突破口,也就是找到那个一举撬动全局的破局点,把它做深做透,打开局面。但突破点的寻找也是一件困难的事情，突破点的选取可以从寻找关键点、消除现有痛点、引入新创新点、寻求牵引点等方面去寻找。

（3）推动变革落地

在做好总体规划、找到破局点之后，需要真正行动起来，让变革真正有条不紊地推进下去。在这个阶段需要讲究做事的章法、节奏，既不能过快，在大家还没有理解的情况下就贸然推动变革；也不能太慢，贻误了变革的窗口期。总体来说，这个过程可以细分为创造变革的紧迫感，构建科学的变革推动机制，创建并传达变革愿景，推动变革进行、实现速赢效果，巩固成果并进一步推动变革，将变革融入企业文化等几个阶段。

本书在前面章已经详细论述过如何制定企业的数字化战略，因此，本章对这一内容不再赘述，接下来分别对如何寻找破局点和推动变革落地进行详细探讨。

7.3.2 如何寻找转型的破局点

阿基米德说过：给我一个支点，我能撬动整个地球，破局点就是那个撬动企业数字化转型的着力点。

1. 为什么破局点如此重要

任何转型与创新都是一个复杂的系统工程，千丝万缕的事纠缠在一起，要解决这样复杂的问题，最重要的是要找到一个突破口，也就是破局点。这个点是关系企业转型创新的关键之点，通过破局点，企业的转型和创新就可能柳暗花明，形势豁然开朗；如果无法突破破局点，就永远只是在原有层面上低水平重复而已。

在商业环境中，通过破局点一举扭转局面的案例也是比比皆是。例如，苹果当年面临破产之际，将乔布斯重新请回公司拯救危局，乔布斯认为苹果当时的产品非常多，但是没有一个是我们所说的爆款单品。最终乔布斯帮助苹果选择的破局点锁定在一个音乐播放器产品上，就是我们所熟知的ipod。后来的事实也证明，ipod就是苹果绝地反击一个非常关键的破局点。

还有一个案例是在中国互联网领域。在支付领域阿里巴巴的支付宝是非常领先的，腾讯也一直希望在支付领域取得突破，它的做法和支付宝一样，面对的也是商户，希望商户放弃支付宝采用微信支付，为此不惜给予高额的奖励，但是一直无法撼动支付宝的地位。在大家几乎绝望的时候，一名员工在内部微信群里创造性地发了一个红包，这个意外之举快速得到公司认可，并在当年的春节里得到了全国人民的喜爱，微信支付借此打开了个人用户支付的局面，并逐步扩展至商户端。因此，抢红包就成为微信支付的破局点。

2. 如何寻找合适的破局点

如前所述，传统企业数字化转型的内容很多，可以是商业模式的创新、运营模式的变革，还可以是IT架构的升级，每一件事都是一个复杂的事情，全面铺开风险大、周期长，遇到的阻力也大，都需要找到合适的突破点。在前面章节谈到的商业模式画布就包含9个方面的内容，这9个方面都有可能成为变革的突破口，如果不分主次、均等发力、各点击破，那么企业数字化转型很难成功。当然，不同的转型领域突破点可能不一致，但选择方法还是有共性的。

（1）面向未来寻找关键点

站在现在看未来往往看不到事物的全貌，而站在未来看现在，却可以更清楚地找到走向未来的关键点。首先考虑长期目标，然后一步步往回倒推出现在应该做的最重要的一件事，关键点也就找到了。如为了长期目标，我未来五年应做的最重要的一件事是什么？为了五年目标，我今年应该做的最重要的一件事是什么？为了今年的目标，我本月应该做的最重要的一件事是什么？通过这样的分析一般就可以找到那个实现未来目标的最重要的关键点。最重要的事意味着答案就是一、二件事，而不是很多事，必须是某件具体的事。必须做出选择，就这一件最重要的事，也就是关键点全力以赴。

（2）面向当下寻找痛点

每个企业都会面临一个或多个制约其发展的痛点。企业选择数字化转型破局点时，也可以首先考虑从企业痛点入手施行数字化转型。转型的核心任务是突破行业痛点，因此，应以本企业或本行业的业务痛点问题为导向，结合企业自身的业务基础和优势，以数字化的视角重新审视并思考，也可以找到合适的破局点。

（3）借鉴标杆寻找成熟点

企业分阶段、分职能或按照业务领域分模块推进的数字化转型，可以走先易后难的道路，率先把相对成熟的领域作为破局点。这里所讲的成熟领域包括两层含义：一是就企业自身而言，以往的信息化建设已经为数字化转型作了不少积累，基础较好；二是就全社会的数字化进程来看，产业中已经有较为成熟的技术手段和软硬件作支撑，有清晰的实施步骤与办法和不少成功范例，易于落地。对很多企业尤其是面向C端企业来说，数字化营销是一个很好的破局点。通过"技术+数据"双驱动的方式，帮助企业构建全域会员、全触点营销、全渠道交易、全链路服务，形成兴趣、交易、服务、关怀的营销闭环，这是推进数字化转型的关键一步，是很多企业数字化转型的优先破局点。

（4）立足全局考虑牵引点

可以对企业整体价值链中的所有环节进行评估，哪个环节应该采用什么措施、获得多大的收益、在什么阶段将付出多少成本，综合来看，能够产生多大的价值贡献。经过评估寻找那些能够发挥牵一发而动全身、对企业其他组成部分的数字化转型具有较强引领和带动效应的领域，优先作为数字化转型的破局点。对很多企业来说，以某一项产品为龙头，是拉动企业整体转型的一个好的举措。这种做法已经有很多的成功案例，例如乔布斯的苹果公司、马斯克的特斯拉公司，都是通过某一项具体的新产品的开发突破全局的。

显然，具体到特定的企业，选择数字化转型的破局点时并不需要同时满足上述四个方面的要求，企业可以从这四个方面进行深度分析和推演，更好地甄选出破局点，从而更为从容和有效地推进数字化转型工作。

7.3.3 推动数字化转型真正落地

变革管理是二十世纪来管理学理论和管理学实践关注的焦点。尽管变革在理论上广受大家推崇，然而这种变革激情在实践中也经常受到巨大挑战，实践证明，数字化驱动的变革与以往相比，有自己的特性，更需要有正确的实施方法论来指引。参考科特的变革管理八步法，给出如下的推动数字化转型这一变革落地的具体步骤。

1. 创造变革的紧迫感

在企业中，不同层级、不同岗位的人对变革必要性的理解可能完全不一致。要想真正推动变革，第一步就是让员工从心里认可变革的必要性，承认转型的急迫性。所以，推动变革的第一步就是在组织内部创造变革的紧迫感。创造紧迫感不只是简单地向人们呈现下滑的销售业绩或严峻的竞争态势。变革的领导者应该开诚布公地在公司内部会议上向员工介绍变革的驱动因素，探讨如果不进行变革可能会有怎样的后果。当人们理解了为什么要变革、并开始更多地谈论问题的解决方案时，变革的紧迫感将会自然产生。本阶段的关键工作包含如下几项。

（1）分析行业趋势，理解变革的必要性

在这个阶段需要通过行业分析识别企业面对的潜在威胁，并通过场景描述来帮助员工理解不变革会有怎样的后果。企业需要认真考虑并回答两个问题：第一，数字化技术的发展会不会对所处行业带来新的机会？第二，有没有可能颠覆行业传统格局的企业出现？如果答案是否定的，那说明本行业暂时还不会收到数字化技术的严重冲击，企业还可以从长计议，逐步开展数字化转型。只要有一个问题的答案是否定的，那么当下就是转型的最佳时机。

（2）与员工坦诚地沟通，调动大家讨论的积极性

在这时，要在公司内部展开大讨论，调动大家思考、讨论的积极性，让员工主动去了解外部行业的变化。领导要精心组织变革讨论，引导大家的思路、汇总有价值的思想、传播变革的紧迫感，让员工意识到任何的犹豫不决都可能错失转型机会，都会给企业埋下失败的隐患，从心底增强变革的紧迫感。

（3）从外部获取对变革的支持

在一个组织内部时间久了，人们的思维容易固化、僵化，这时候需要一些外部的力量来引导、激活大家的变革意识。企业可以从客户、咨询公司、行业专家，甚至竞争对手那里获取支持，听取来自第三方的意见和建议，增强说服力，提升紧迫感。

2. 构建科学的变革组织机制

数据表明，变革项目失败的最主要原因就是员工的抵制和领导不充分的支持。管理变革的成功源于变革管理，没有卓越的变革管理能力指导下的变革就如同自寻死路。企业数字化转型既有一般转型变革的共性，也有自身的特点，既要强调高层的支持，又要调动中层的积极性；既要IT部门冲锋陷阵，更要将业务与IT捆绑在一起，形成一股合力；既要按照项目一次性推动变革，又要构建长久的变革机制，推出转型持续向前。要满足这些目标，有两个

关键点，一是构建企业级的数字化变革管理机制，二是强化业务与 IT 的融合与协同。

(1) 构建企业级的数字化转型推动组织

数字化转型是一把手工程，但仅有一把手的个人支持是远远不够的。一把手是整个企业数字化转型进程的总指挥，指引方向、调动资源、解决难题，但也需要其他团队成员的共同努力才行。这就需要一套完整的机制推动数字化转型，而不是事事都要一把手出面、亲力亲为。

过去在信息化建设阶段，很多企业也对建立了类似"信息化领导小组""信息化推进委员会"之类的组织，一般都是领导挂帅，亲任组长，诸多高管担任副组长、组员。为了让领导小组或委员会真正能够运转起来，经常还要设立负责日常工作的办公室，这一办公室一般都设置在信息化管理部门。今天，为了推动数字化转型，很多的信息化组织摇身一变，变成了"数字化领导小组""数字化变革委员会"。

这些领导小组当然是非常必要、也是非常重要的，没有这样的组织，数字化转型通常是很难真正推动的，尤其是当数字化建设进入深水区时，领导小组在跨部门变革推动中的作用就更加重要。但目前很多企业的数字化推动组织还存在一些问题：第一，领导小组形同虚设。领导小组属于企业内的虚拟组织，一个企业可能会有很多这样的组织，领导自己可能都不知道担任了多少个小组的职位，很多时候也仅仅在成立时召开一次会议就再也没有下文了。第二，很多数字化推进组织看似面面俱到，所有重要部门的人员都进来了，但并没有真正进行全局设计的专职人员，导致数字化建设仍然是小、散、乱的状态。第三，业务与 IT 的关系没有完全理顺，虽然业务和 IT 人员都进入了推进小组，但仍然没有建立科学的业务 IT 协作、融合机制，遇到问题争吵不休、效率低下、效果不佳。

针对第一个问题，就要求领导带头，切实履行自身职责，定期召开领导小组会议，讨论重大决策事项，推动重点项目建设。这个时间周期要固定下来，不宜过长。在数字化转型推进的关键期，领导小组会议最长周期也不宜超过两个月，否则就很难及时解决转型中遇到的难题。

针对第二、三个问题，要设置企业架构师团队，并赋予其足够的权力，让其进入数字化推进组织体系中来，进行总体架构设计与管控，确保数字化投入和建设既能够满足各个部门的需求，又能够达到全局最优的目的。如某集团企业构建了如图 7-5 所示的数字化推动组织机制，在其中，企业架构团队居于重要的地位。

在这个转型推动组织中，除了我们经常看到的领导小组和办公室之外，企业架构师在其中起到了重要的作用。企业架构师包含业务架构和 IT 架构，这样的设置可以最大限度确保业务与 IT 的一致性，而企业架构师所处的地位也确保了他可以做好跨部门、跨项目的整合和协同，实现方案总体最优，而不是部门最优的目标，这样的设置在需要跨部门整合需求、系统建设时是至关重要的。

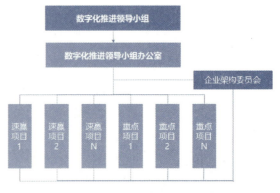

图 7-5　某企业数字化转型组织架构示例

（2）业务与 IT 融合，共同推进变革

数字化的转型与变革最显著的自身特点就是如何解决业务与 IT 的协同关系。业务与 IT 关系是一个老话题，也是一个常说常新的话题，从更长的时间轴来看，业务 IT 关系可以分为三个阶段，如图 7-6 所示。

图 7-6　业务与 IT 关系的演进示意图

第一阶段称为 IT 跟随业务阶段，主要特征是 IT 作为业务的附属，基本没有发言权，企业在进行业务决策、设计时也基本不会想到 IT，业务对 IT 的关系类似于餐馆点餐，想要什么 IT 就要按照要求去执行。目前，处于这个阶段的企业还有很多，很多企业的业务部门还天生地认为 IT 就应该无条件支持它们，不满意时就会各种指责 IT 支撑不力。这也是很多 IT 管理人员感慨工作难做的主要原因之一。

第二个阶段称为伙伴关系阶段，主要特征是业务与 IT 基本成为平起平坐的合作伙伴，业务部门在进行业务变革、优化时也会主动想到 IT，让 IT 提早参与业务方案设计，IT 从后台走向了会议桌；业务也不再简单地要求 IT 去做什么事情，而是会听取 IT 对业务改进和优化的意见。为了更好地融合业务与 IT 的关系，很多企业还依据 BPIT 的策略设立了流程管理部门，牵头对企业级的流程进行梳理和优化。这个阶段的企业，业务与 IT 关系相对会比较融洽，相互之间职责界面的切分也会比较清晰，业务与 IT 能够形成一股合力共同解决难题。

第三个阶段称为相互引领阶段，在这个阶段，由于数字化技术的作用日益凸显，在某些技术领域确实可以出现引领业务的机会，IT 部门分析现有业务的应用场景，嵌入全新的技术解决方案，增强企业的洞察或体验能力，提高效能。某些领先企业还可将这些成熟方案变成产品向外输出，形成新的业务增长点。应该说，数字化技术确实给了 IT 部门一个非常好的表演舞台，让 IT 人员扬眉吐气。但也应该冷静地看到，IT 能够引领业务的领域还不够多，IT 到目前为止还不具备全面颠覆、全面引领业务的能力，业务的引领仍然处于主导地位。

在数字化转型日益走向深入的今天，业务与 IT 如何有效融合仍然是一个很重要的课题。华为在这方面的实践是比较成功的。华为认为，业务、流程、IT、质量、运营之间的关系非常紧密，要一起考虑，首先业务流是一切工作基础，抓紧了业务流，就不会偏离正确的工作方向，因此识别业务流最为重要。华为以建设流程化组织为目标，企业组织中的一切元素在流程中不断流转，同时在流转中将质量构筑于流程中，当这个流程变革成果符合业务的时候，通过 IT 将流程固化下来，然后再持续地流转运营，不断地优化，最终使业务和 IT 建设都取得了非常好的成效。

3. 创建并传达变革愿景

在变革项目的实施初期，变革的领导者们对于如何传达变革的目标和意义可能存在各种不同的想法。需要将这些好的想法整合在一起，形成一个公司层面的变革愿景，领导者要明确地告诉大家，5~10年以后，我们的公司会是一家怎样的公司？而且这要变成全员的共同愿景，让大家真心接受这些愿景和目标，并愿意为了这些愿景去奋斗。《孙子兵法》里面讲"上下同欲者胜"，就是这个道理。这是检验一个领导人的关键因素，真正成功的领导人都具有这样的特质。

当然，要想转型成功，不能仅仅有远大的愿景，还要有清晰的、具体的目标，要有步步为赢的实施计划，要让转型在短期内带来实际的现金流，提升主业的竞争力。只有这样，才能让大家感受到转型的价值，对目标与愿景形成共识，坚定信心。通用电气公司有一个非常著名的变革有效性公式：$E = Q \times A$。E指的是变革的有效性，Q指的是解决方案的质量，A指的是利益相关者的接受程度。这个公式说明，要让变革成功，解决方案的质量和利益相关者的接受程度同等重要。再好的方案，如果大家不理解、不接受，其效用就是零。

为使变革愿景的传递区别于公司日常工作中传达的各种其他讯息，必须通过有力的方式、借助各种合适的场合反复地向员工传达变革愿景，使之深入人心。要不断挖掘一些成功的案例，并与员工分享，这样员工就会知道自己应该朝哪个方向努力。尤其在刚开始的时候，与员工分享成功的案例，可以让员工对什么是成功达成共识。最好能定期与员工分享成功案例，具体次数可以根据当时的情况而定，但至少要保证一个月一次。只有这样，员工们之间才有动力寻求变革。

更重要的是，领导者要身体力行，用变革愿景来指导自己的日常工作，解决发生的问题。如果企业希望员工以实际的行为转变来拥抱变革，那么变革的领导者应该先让大家看到自己的行动以及对变革深信不疑的态度。

4. 让变革快速见到成效

变革是一项漫长的系统工程，往往要很长时间才能让人们感受到变革的成效，这无疑会消磨掉支持变革者的信心。变革领导团队要设法在变革项目的早期就创造一些速赢的成果，因为没有什么比分享胜利的果实更能激励人心了，这样做的同时还能够部分消除抵制者所产生的负面影响。这也是我们强调要找好破局点的原因，破局点中最好包含部分速赢的因素，能保证让人们快速感受到改革带来的成效。因此，要在变革的进程中，设定一些切实可行的短期目标。每当达成一个短期目标时，即向人们展现变革的成效，从而激励人们朝着下一个目标继续努力。这一阶段主要包含如下几方面工作。

- **寻找并实施快速见效的速赢项目**。寻找一些对资源投入的要求不太高的短期速赢项目，集中投入人力、物力资源，确保速赢项目顺利达成。在数字化转型初期实现好的开始，增强人们对变革的信心。
- **挑选合适的人承担速赢变革项目**。在一个组织内部，肯定会存在一批有理想、有变革意愿的人，尤其是年轻人，他们是变革的主要推动力，要适时把他们推到变革的一线，承担速赢项目。同时高层领导要给予高度的支持，确保速赢项目取得成功。

- 奖励那些对达成短期目标做出贡献的人。在速赢项目取得初步成效之后，要及时召开庆祝活动，这个庆祝活动很重要，因为它能让数字化转型成为一种风潮，在企业内形成一种以参与、推动数字化转型为荣，以不参与、不推动数字化为耻的文化，为后期进一步推动数字化转型奠定舆论基础。

5. 巩固成果并进一步推动变革

速赢项目取得初步成功后，部分企业会过早地宣布变革已经取得成功，这是不可取的。其实速赢项目成功只是万里长征走完了第一步，仅仅只是有了一个好的开端。后面的任务更艰巨，要不断复制速赢项目成功的经验，开展全面的变革，将战果不断扩大。

在进一步推动变革时肯定会遭遇到很多的抵抗。很多人不想变革，口头上支持，但就是不行动。推动变革最难解决的是人的问题。

在解决人的问题时，既要有魄力，又要谨慎行事。要具体分析反对者的诉求，真诚沟通。不同的人会有不同的反对理由，管理者不能一概而论。通过沟通，挖掘深层次原因，分类整理后，制定相应的解决方案。一方面，对于部分能力不足的人，要给予培训提升的机会；另一方面，对于一部分不但跟不上变革的步伐，还会拖累转型的强硬反对者，对这些人就要有壮士断腕的勇气。只有展示出变革的决心，并及时清除变革的阻碍，才能让大家感受到震动，切实推进变革向纵深发展。

6. 将新方法融入企业文化

随着变革的持续推进，在领导的大力支持下，在资源的持续投入下，变革会渐入佳境，那是否可以宣布改革大功告成了呢？其实不然，此时胜利的成果可能还十分脆弱。数字化转型只有起点没有终点，数字化转型伴缩着数字技术的不断发展，是不断利用数字技术重新定义产业发展模式和企业业务战略模式的持续过程，因为数字技术的发展没有终点，注定了数字化转型是企业的持久战。

为了进一步固化变革成果，还需要做出持续的努力，将变革融入企业文化之中，使得企业日常运营的方方面面都能与变革愿景保持协调一致。可以开展如下的一些活动，强化企业的变革文化与理念。

- 分享成功故事。抓住一切合适的机会，谈论变革取得的进展，分享变革过程中的成功故事。尤其是让那些主导变革者现身说法，通过他们来宣导变革的益处、理念，让更多的现有员工转变思想。
- 招聘新员工，并灌输新理念。在不断培养现有员工的同时，还要注意引入新的血液，并在招聘和培训新员工时，将变革的理念系统地传递给新员工。
- 表彰有功人员。隆重表彰那些在变革团队中发挥核心作用的人，确保他们所做的贡献得到企业的认可，以先进带动后进。

第 8 章
资源保障：数字化转型的软实力

我们生活的这个时代充满着前所未有的机会：如果你有雄心，又不乏智慧，那么不管你从何处起步，你都可以沿着自己所选择的道路登上事业的顶峰。

——管理大师彼得·德鲁克

很多企业发现，即便通往数字化企业的路径看起来很清晰，但在转型过程中依然障碍重重。在进行颠覆性变革时，仅仅靠愿景是不够的。除了明确的愿景和路径之外，它还需要高管的支持，需要科学的组织设置、需要强大的团队、需要充足的资金保障，更需要外部宽松、容错的文化，这些都是数字化转型成功的保障，是企业成为数字化企业的软实力。缺乏这些软实力，就难以突破企业内部的条条框框，无法积蓄对抗组织惯性的力量；缺乏这些软实力，数字化转型的美好愿景很难实现。

管理学大师彼得·德鲁克曾说：在动荡的时代，最大的威胁不是动荡本身，而是延续过去的逻辑。数字化要想转型成功首先是要提升领导力、培养人才，其次是组织和文化的重构，最后是 IT 投资模式的优化，这些是数字化转型的软性保障措施。

8.1　领导力与人才：为转型提供生力军

支持企业数字化转型的组织不是某一个部门，涉及从上到下、从业务到 IT 的多个部门，多个角色。

第一，企业高层领导。企业高层领导主要通过数字化转型领导小组、委员会等形式推动转型和变革，对重大事项做出决策，解决变革中的难题等，为数字化转型提供领导力。

第二，首席数字官（CDO）。随着数字化的深入推进，很多企业纷纷设立 CDO 职位，有些是原来的 CIO 变身而来，也有些是新设立的岗位。CDO 到底是负责什么，应该如何在企业数字化转型过程中发挥作用是重点要关注的。

第三，很多企业都面临着数字化人才不足，现有人员 IT 能力不够的问题，如何吸引优秀的外部人才加盟，如何提升自有人才的能力也是一个重要课题。

8.1.1　领导力：发挥一把手的作用

1. 为什么变革领导力如此重要

正如约翰·科特所言：如果变革涉及整个公司，CEO 就是关键；如果只是一个部门需要变革，该部门的负责人就是关键。信息化搞了这么多年，有一个基本的共识就是"信息化是一把手工程"。尽管人们一直强调机制的重要性，试图在企业内构架科学的 IT 治理机制来完成变革，但这一机制的构建仍然离不开"一把手"的支持。

在推动企业全面数字化转型时，虽然一把手仍然重要，但作用已经有所差异。一把手仅仅靠行政力量已经难以应对复杂的形势了，因为行政力量仅限于企业内部，在应对外部挑战时就显得力不从心了。这时候就需要领导力而不仅仅是行政力量来引领和推动转型与变革。

2. 数字化转型需要哪些领导力

很多做技术的 IT 人员常常对战略、领导力、治理这样的概念不屑一顾，总觉得太虚、不落地。这种思想需要改变，尤其是对很多在甲方工作的 IT 人员来说更是如此，他们从事的工作基本与基础技术研发无关，都是某项成熟技术在企业的应用，而应用就要面对"人"这个最复杂的变量，人的复杂性往往超越了技术的能力范畴，要解决人带来的复杂问题，就需要前面所提到的那些"很虚"的概念，尤其是领导力。

简单说，领导力的核心就是创造重大的变革以实现更美好的愿景。在数字化转型日益提速的今天，领导力在企业中的作用也愈加重要。作为企业的一把手，要想切实推进企业这艘大船开启数字化转型之旅，就需要培养自身的数字化转型领导力。数字化转型的领导力至少应该包含如下几个方面。

（1）面对新事物具有积极、正向的心智模式

所谓心智模式是根植于内心，影响我们如何了解这个世界，如何采取行动的许多假设、成见，是对于周围世界如何运作的既有认知。我们通常不易察觉自己的心智模式，但它真实存在并影响着每个人对外部世界的理解和认知。

心智模式深受习惯思维、定势思维、已有知识的局限。管理者会对复杂系统建立心智模式以便能够理解复杂系统包含什么、系统是如何运转的及其为什么要如此运转。在面对企业的全面变革时，管理者的心智模式有正负之分，具体可用图8-1来表示。

图8-1　面对变革时的心智模式

如图所示，在面对变革时人们心底的反应是不同的，既有恐惧与焦虑、欲望与愤怒这样的负面心智模式；也包含正视困境、宽容和睿智这样的正面心智模式，领导采取什么样的模式往往决定着转型与变革的成败。

如果领导者的心智模式在"恐惧与焦虑"层级，那么对任何新生事物的来临最初都会抱着恐惧的心态，认为这些新技术、新模式和新方向可能意味着灭顶之灾。进而，恐惧就会带来排斥；如果领导者的心智模式处在蔑视和傲慢层级，那他们更多地会看到新生事物的不成熟，低估新事物的发展速度和能量，而对自身给予更乐观的判断和盲目的信心。

如果企业高层领导处于这两种心智模式中，那么整个企业的氛围就会变得压抑、紧张、消沉。员工在这种氛围中工作，数字化转型与升级是不可能取得进展的。

反之，面对变革时如果领导者所展示出的是包容、乐观和理性的正向心智模式，能够客观和正面地看待面临的处境，承认现实但不悲观，愿意在艰苦复杂的环境里找出解决方案，承认自己的不足，同时愿意尝试新的方法改善不足。这种心智模式不论是对个人，还是对组织，都是积极的、正向的，就能够为企业提供一种正向的能量，有助于企业化解各种潜在的障碍和问题，推动数字化转型向前进展。

（2）感知变化，对外界的变革趋势做出准确的预判

在正向的心智模式的基础上，领导者还要具备感知趋势变化的洞察能力。通过洞察能力，把不确定性转化为确定的事件和情景，这是一项极其重要的领导力。

领导者通过这种洞察力识别转型企业面临的机遇、挑战与政策环境，判断企业转型的时机和方向，使企业资源和外部环境有效适配，推动企业数字化转型。

当然，在迷雾中找到方向是一件艰巨的任务，没有人是神仙，人的判断经常会出错，这就要求领导人要不断思考、不断判断，遇到问题能够及时纠偏。

（3）调动员工积极性，并在转型遇到困难时鼓舞士气

数字化时代的领导者需要善用以意义、使命等来激发员工的共鸣，通过各种激励手段使

员工全情投入到转型的过程中，确保员工的有足够的信心来克服沿途的路障。

对员工进行激励的手段包括：阐述愿景时充分强调员工的价值，使他们获得尊重感；让员工充分参与决策过程，涉及如何实现与他们密切相关的愿景或部分愿景，使员工获得掌控感；积极支持员工为实现愿景而做出的努力，为员工提供指导、反馈以及树立榜样，帮助他们提升专业水平；需要在充分信任员工、推动组织去中心化的同时，保持组织整体不脱轨；对员工取得的一切成功公开表彰嘉奖，给予员工认可和关爱，培养员工的归属感和成就感。

（4）领导者要担当冒险的责任

这是最为重要的领导力要素，因为转型是有代价的，更是有风险的，任何一种转型都是一次冒险之旅，风险很大，不论是企业最高领导者还是管理团队成员，如果不愿、不敢对转型中出现的问题甚至重大问题承担责任，转型一定是无法顺利进行的，更谈不上什么转型成功了。企业数字化转型的过程纷繁复杂，谁也不能打包票一定会成功，如果各个层级领导者缺少风险责任担当意识，那么，转型就极有可能变成了一种文字游戏。

（5）要有足够的战略定力，不会轻易让转型夭折

变革与转型过程中肯定会遇到重重困难，保持足够的战略定力非常重要。战略定力既是一种冷静睿智的战略思维能力，也是一种坚定沉着的战略行动能力，具有定目标、明方向、指道路、辨正误、防偏差的功能。古人云：知止而后有定，定而后能静，静而后能安，安而后能虑，虑而后能得。拥有战略定力，就能够在遇到困境时仍然保持"乱云飞渡仍从容"的沉着和"咬定青山不放松"的坚韧，披荆斩棘、砥砺奋进。

8.1.2　CDO：数字化转型的先锋官

近年来，为了更好地推动数字化转型，不少企业成立了数字化部门，设立了首席数字官（CDO）的高管岗位。那CDO在数字化转型中能起什么作用呢？CDO需要具备什么能力呢？

1. CDO在数字化转型中扮演的角色

20年前，企业都在呼吁设立CIO职位，今天这一职位在很多企业已经成为标配。随着数字化转型的发展，企业又在呼吁设立CDO，即首席数字官。CDO是CIO职位在数字化时代的一种进化，CDO与CIO在工作内容上有很多重合，也有诸多不同之处，最大的区别是CDO职能涉及战略规划、业务创新、运营管理、数据管理等方面，涵盖范围更广，综合性更强，与之对应的，对个人能力的要求更高。而CIO是信息化工作的领导职位，职能主要是内部信息系统建设、IT平台建设等，业务范围相对较小。但CIO可以进化为CDO，很多设立CDO职位的企业都是由原来的CIO出任CDO的使命包括以下几方面。

（1）进取的战略创新者

CDO的主要使命是富有创造力地思考企业该如何进行数字化转型，要深刻洞察行业发展趋势，深刻理解企业未来的业务战略，同时又要对IT技术的发展及应用有深入、广泛的理解，并能将这些因素有效融合，形成富有远见的、科学的洞察，供企业领导参考，共同制定企业的数字化创新战略。

（2）运营、管理优化的专家

CDO 还要能够深刻理解数字化技术给业务和管理带来的创新价值，并能结合本企业的实际需求确定如何创新性地应用这些技术，以更好地解决运营、管理中存在的难题。

（3）数字化战略的执行操作者

CDO 不仅要能够制定数字化转型战略，明确数字化技术在运营与管理领域的最佳应用场景，还要具有强大的推动力，能够将数字化转型战略真正落地。CDO 要具有相当的影响力和权限，能够推动跨部门、跨组织的业务变革、IT 架构整合、数据治理体系完善。

2. CDO 需要具备的能力

CDO 旨在通过采用数字技术创造新的商业机会，主要负责推进企业的数字化转型执行工作。如果把一把手比喻为企业数字化转型的统帅，那 CDO 就是数字化转型的先锋官，他要逢山开路、遇水搭桥，既需要勇猛，又需要超强的能力。对于 CDO 这样一个重要的角色来说，通常需要具备以下几方面的能力。

（1）全局视野和战略理解能力

CDO 需要明白企业为何要制定这样的战略，并清晰地理解数字技术如何优化企业战略。CDO 只有了解了这些关键点，才能更好地明确数字化转型的方向与目标，才能推进和把控数字化转型的进度。

（2）战略执行力

CDO 需要在数字化转型战略达成、推进技术变革、提升业务价值三者之间取得平衡。在执行过程中，CDO 需要有一流的执行能力，实现新旧商业模式无缝融合。CDO 需要以企业的数字化转型战略为指导，以数字技术的应用促进企业的业务价值得以提升，稳步推进企业的数字化转型工作。

（3）始终保持对业务的好奇心

CDO 在推进数字化转型时首先需要了解行业和本企业的业务，了解企业的业务特点，对于企业业务、流程、行业特点等都应有一定程度的了解。CDO 必须保持对业务的好奇心，多问一些为什么，不要把当前的业务现状视为是理所当然，要试图发掘表象之后的根因，并通过深入分析寻求问题解决之道。

（4）业务场景抽象的能力

CDO 应通过对业务场景的抽象，描述数字化转型的愿景，让业务人员了解数字化是什么、为什么、有什么益处。在推进数字化的过程中，CDO 应该带领团队，从业务出发，识别出数字化可能带来价值的部分，把业务活动过程提炼出来，将数字化方案融合进去，并以用户熟悉的方式（如流程图、视频、图表等）加以呈现，确保方案能被业务部门接受。

（5）沟通、说服和拒绝的能力

数字化转型是企业业务持续改善的过程，在这个过程中，需要做大量针对性的工作。这对于 CDO 的沟通能力有较高的要求。一方面，CDO 需要获得企业从上到下尽可能多的支持，因此需要针对不同的对象采用不同的行之有效的沟通方式。对于沟通中发现的疑问、抵触,需要了解深层次的原因,对症下药,尽可能多地团结有生力量,获取支持。

(6) 快速了解评估新技术的能力

作为数字化转型的领军者,CDO 需要有较强的学习能力和广博的知识面,需要了解市场上层出不穷的新技术和新概念,了解这些技术和概念的适用场景,不同技术甚至同一技术的不同解决方案之间的优缺点。CDO 不可能什么技术都精通,也不必要成为技术专家,但要对这些新技术架构与公司业务的匹配度有深刻认识。

8.1.3 人才:留人与管人的学问

当企业向数字化转型迈出第一步时,很多企业发现所面临的关键障碍不是技术,而是没有足够的数字化人才。数字化转型的关键资源是人,企业需要一大批不同层次、不同类型的数字化人才。数字化人才及其技能是企业实现数字化转型的关键,但往往也是传统企业的最大短板。技术和产品可以花钱买,系统也可以请专业公司开发,但人才缺失问题却不是一朝一夕可以解决的。

1. 数字化转型需要什么样的人才

数字化转型对人才的需求是全面的,不仅需要制定数字化转型战略的高层人才,也需要流程管理、数字化产品研发、数字化运营和数据分析等领域的专业人才,这些人才覆盖了数字产品与服务价值链供应端的各个环节。数字化转型主要人才类型如图 8-2 所示。

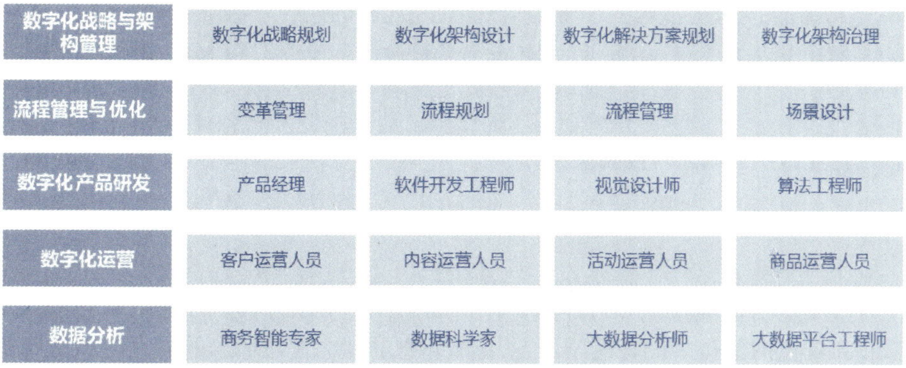

数字化战略与架构管理	数字化战略规划	数字化架构设计	数字化解决方案规划	数字化架构治理
流程管理与优化	变革管理	流程规划	流程管理	场景设计
数字化产品研发	产品经理	软件开发工程师	视觉设计师	算法工程师
数字化运营	客户运营人员	内容运营人员	活动运营人员	商品运营人员
数据分析	商务智能专家	数据科学家	大数据分析师	大数据平台工程师

图 8-2 企业数字化转型急需的几类关键人才

(1) 数字化战略与架构管理人才

数字化战略的制定和总体架构设计十分重要,数字化战略规划人员、数字化解决方案规划人员、数字化架构设计人员等具有丰富经验的数字化人才是数字化转型的中坚力量。数字化战略与架构管理人才属于 T 字形复合人才,既具有广博的知识结构,又需要具备宽泛扎实的专业知识与软性技能。这类人才绝对属于高端人才。

(2) 流程管理与优化人才

数字化转型的复杂性,决定了转型不仅仅需要专业技术人才,更需要业务创新、流程优化等领域的高端人才。"十四五"期间，企业数字化建设的一个主要任务是从纵向的烟囱式系统建设向横向整合转型，这一转型对流程管理、公共组件抽取、场景分析等都提出了更高要求，这就需要一个由流程管理人才构成的流程管理团队。这个团队既要成为数字化转型的先导部队，还要成为业务与 IT 部门的黏合剂，促进业务与技术的融合。

（3）数字化产品研发人才

近年来，数字化产品经理、软件开发人员、算法工程师等数字化产品研发人才十分紧缺。这有两方面原因，一是互联网企业的快速发展，对技术开发人才的需求量非常大；二是传统企业的数字化建设渐渐深入，系统建设模式也逐渐从软件包实施向自主开发转型，很多企业成立了独立的 IT 公司，且规模日益增长，它们对软件技术开发人才的需求量也非常大。

（4）数字化运营人才

很多传统企业，尤其是直接面向 C 端的企业发现，传统的线下用户服务方式已经完全无法满足数字化时代的服务需求，必须要尽快组建一只数字化运营团队，包含用户运营、内容运营、活动运营、商品运营等专业人员。通过这样一个团队直接连接用户、倾听用户的心声、指导产品与服务开发、指引市场营销和用户服务。

（5）数据分析人才

数据的整合、深度分析与利用成为数字化时代企业的核心竞争力之一。因此，数据平台工程师、高端数据分析人员、数据科学家等成为企业急需的人才。数据分析人才不但要具备如人工智能、算法、数据分析等方面的知识和技能，还需要有产品、市场相关的知识储备，如市场分析、产品研发、市场营销等技能。数据分析人才是典型的跨领域、复合型人才。

2. 传统企业数字化人才的挑战与应对

由于数字化建设的快速推进和持续深入，目前的数字化人才市场是一个供不应求的局面，人才总体上看处于短缺状态。

在外部人才争夺日益激烈的大背景下，企业仅仅靠引进外部人才的方式弥补人才缺口是远远不够的，企业内部员工的持续学习与培养至关重要。人才培养的重点应该是帮助员工转型，激发他们学习新技能的动力，再搭建平台，提供给员工丰富的学习资源，员工就会自动地在目标的驱动下去学习和成长。

针对建设数字化人才培养，大量企业开展了诸多实践，大型集团企业建设具有一定公共职能的企业大学，以及联合高校探索产学研联合培养模式等强化对内部员工的培训。例如，在全球拥有超过 40 万员工的德国博世公司，提倡的是学习敏捷力，关注不同类型员工的专业需求，打造定制化的学习项目和培训平台，为技术员工提供虚拟现实（VR）工具，帮助他们学习新技术和设备零部件的维修；为工厂主管提供蓝领领导力培训项目，博世还鼓励员工根据特长和专业创作微课，共同丰富移动学习平台。类似提升企业员工数字化能力的例子还有很多。

8.2 组织与文化：培育转型的软实力

8.2.1 数字化推进部门：合适就好

数字化转型是一项全局性的工作，企业既需要组建一个统领全局的数字化领导小组，也需要一个专职部门去牵头。在数字化建设的不同阶段，可以有不同的组织设置模式。而不同的设置模式也可以看出不同企业对数字化的重视程度。这些模式各自适应不同的阶段，也各有利弊，下面分别加以介绍。

1. 独立拆分式

这种模式在很多企业尤其是零售类企业很常见，这类企业数字化转型的切入点是电商，为了推动电商发展，会成立专门的部门或者公司，与原有业务相对保持独立。具体的组织设计模式如图 8-3 所示。

这种模式的好处是独立公司可以高度专注数字化的创新与应用。但这种模式也有明显的弊端，就是电商业务与现有业务存在定位冲突的风险，很多企业在开展 O2O（线上线下融合）业务时就会面临这个问题。面对这一问题，有些企业采取线上、线下销售不同品类产品的方式来解决。

图 8-3 独立拆分式数字化组织设计模式

2. 分布式

这种模式是多元化集团企业经常采用的模式，这类集团企业业务条线之间差异相对较大，相互之间的业务协同也很难实现，只好由业务条线牵头制定自身的数字化战略，并开发相应的应用和数据服务，不同的业务条线之间仅能共享部分基础设施。分布式数字化组织设计模式如图 8-4 所示。

这种模式的优势是高度符合各业务单元的功能需求，对每条业务线的响应速度较快。但其存在重复建设问题，不同的业务条线会基于自身需要重复投资、重复建设很多小而全、大而全的应用系统和数据分析系统，造成资源浪费；其次，难以实现业务间的协同，一般来说，在一个集团企业内部还是会存在一些业务协同、资源共享关系的，但这种割裂的 IT 建设模式等于助长了相互独立，弱化了业务协同。

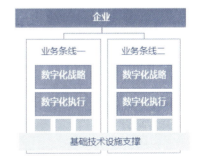

图 8-4 分布式数字化组织设计模式

3. 共享服务式

与第二种模式相比，共享服务式最大的区别是构建了数字化执行的共享中心，实现了 IT 的集中、共享，降低成本的同时，促进业务间的协同与融合。此模式如图 8-5 所示。

这种模式的优点是首先可以确保数字化战略与各业务单元的战略保持一致，同时数字化基础设施建设也能实现规模化，实现全集团范围内的投资最大化。这种模式依赖业务部门间的良好协作，需要在顶层设置强有力的跨部门协同机制，否则共享服务就很难实现，因此，这种模式在实践中是很难实现的。

图 8-5　共享服务式数字化组织设计模式

4. 部分集中式

与第三种模式不同的是，为了推动跨部门的协同与共享，部分集中式的组织设计模式在顶层设置了数字化领导小组，进行战略支持与管控，对全局重要事宜进行决策。该模式如图 8-6 所示。

这种模式的优点是数字化领导小组在高层发挥作用，可以提高各条业务线对于数字化战略理解的一致性，在执行层又能实现共享服务，这种模式对数字化领导小组的要求非常高，要求数字化领导小组切实履行职责，要具备强有力的数字化领导力。此种模式下，各业务线分别制定数字化战略，可以满足自身个性化需求，但共享服务与各业务线之间的个性化需求如何保持平衡是一个难题。

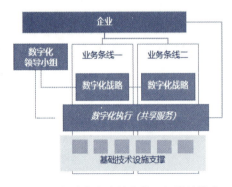

图 8-6　部分集中式数字化组织设计模式

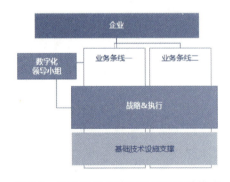

图 8-7　完全集中式数字化组织设计模式

5. 完全集中式

还有部分集团企业会在第四种模式的基础上把数字化战略也进行统一管理，构建完全集中式的组织设计模式。具体如图 8-7 所示。此类模式下，各业务条线基本没有主动性，而是一个完全的执行模式。

这种模式的优点是集中、统一、成本低，但要求各业务条线的业务非常接近，个性化需求少。完全的集中难以满足业务条线的个性化需求，难以响应快速变化的业务需求，因此，此种模式并不适应快速变化的数字化建设需求。

以上列出的仅是几种常见的模式，在实践中肯定还有很多其他模式，或者几种模式的组合形式，每种模式都有自身的适应条件，也各有优劣，没有绝对的好坏之分，企业应根据自身实际情况进行选择和设计。

8.2.2 文化变革：打破转型的心魔

很多企业数字化转型如此之难的关键原因就在于企业固有的文化和心智模式难以突破，但一旦突破便会迎来天翻地覆的全新局面。

1. 你的组织有数字文化吗

企业数字化转型中软件或技术并不是最关键的因素，最重要的是企业的文化变革。企业文化变革是企业管理变革的保障，企业进行一系列的变革所依靠的正是文化的变革，只有打破原来的企业文化，员工的思维才能得到解放，才能够克服心理上的惰性，从而推进变革顺利实施。

企业文化无处不在，时刻影响着一个企业的运行。数字文化也是如此，对待同一个问题的答案就可以判断企业是否具备数字文化，如图8-8所示。

弱	数字文化		强
我们不和客户谈，我们更愿意相信自己的判断。	1	客户是我们工作的核心，我们时刻都在了解他们。
我们用数据来衡量我们的表现。	2	我们用数据来预测和预见客户的需求。
我们相信多年来积累的经验。	3	我们基于实时数据做出决策。
我们避免风险，所有新的举措都需要经过审查和批准。	4	我们承担风险，但快速试错，从错误中学习。
我们的部门专注于自己的工作，彼此之间没有沟通。	5	我们依靠跨职能的团队来确保多种观点的融合。
员工只要做好本职工作就好，他们的创新没有价值。	6	员工是创新的源泉，要鼓励员工提出创新的想法。
高管团队做了所有的决定，员工只要加入进来就可以了。	7	高管团队会倾听整个组织的想法，并专注于沟通新的想法。
部门之间有很多孤岛，信息没有共享。	8	我们的信息标准化程度高，能够在多个部门共享。
我们的决策以风险控制为出发点，没有十足把握的事不做。	9	我们乐于实验，但发现错误要及时纠正。

图8-8 数字文化强弱判断示意图

从上面的问题可以看出，数字文化的核心包含：是否真正以用户为中心；是否重视基于数据进行决策；是否重视跨部门的协同；是否实现自由平等；是否敢于创新、敢于试错；是否重视信息的共享等。能做到真正把这些数字文化理念落到实处并长期自觉执行的企业并不多。很多企业或多或少都会存在如下的问题。

（1）重权力不重用户

很多传统企业，无论是在理念上还是在行为上都无法淡化权力的核心地位。这样的思想已经深深固化在了企业文化中，在这样的情况下企业很难做到以顾客为中心。

（2）重经验不重数据

黄仁宇说过，中国自古就缺少数目字的文化。大部分人的决策都是综合和归纳、都是感觉和经验，很多决策都是一个综合决策、一个折中的选择，很少会做严谨的分析和论证，数据在决策中的影子总是若隐若现。在这样的文化下，强化基于数据决策、数据驱动运营就很困难，这也是为什么很多企业开发的管理驾驶舱、经营分析系统得不到重视，最后不了了之的深层原因。

（3）重稳定不重创新

风险是经营的大敌，但风险也是突破创新的基础。很多企业在重重机制制约下，对创新视为畏途，很多创新的想法反复被提出但就是不敢尝试，这样的文化下是不可能孕育出大的创新和突破的。

（4）重评论不重行动

很多人喜欢发表评论，喜欢寻找问题，但就是不付诸行动去解决问题。发现问题人人都会，但企业真正需要的是针对问题提出建设性意见，并解决问题的人。如果只说不做，很多事只能长久不决，眼睁睁看着机会从眼前流失。

（5）重局部不重协同

金字塔型的组织结构、部门为单位的KPI指标决定了员工只重视局部利益，很难跨部门协同。

2. 打造宽容、创新的数字文化

变革意味着要离开原来的舒适区，到一个新的生态环境中重新发展企业要真正实现数字化转型就需要打造宽容创新的数字文化。

（1）鼓励试错的创新文化

对试错的容忍性，是数字化转型成功的公司所具备的一个非常明显的差异化特质。对错误的低容忍，通常是变革发生的一个最大阻碍。如果将企业每个新生事物，都放在公司现有的严格规则之下，那它存活的机会就微乎其微。因此，要鼓励企业建立内部的创新激励与容错纠错机制，打破只许成功不许失败的逻辑，容许创新过程中的"探索性失误"，鼓励人才创造性地开展工作，为企业的长远发展提供动能。

（2）以用户为核心的创新文化

以用户为核心的创新文化主要体现在创新要以用户为导向上。

过去，常说把产品推向市场。现在，数字技术可以使企业内部各组织统一对用户的认知，各部门比以往任何时候都更知道自己的用户是谁，他们为用户创造的价值是什么。所以，数字化转型倡导的是以用户需求拉动产品创新的文化。

（3）鼓励协同与合作的文化

企业应鼓励协同与合作的文化打通"部门墙"。对此，企业可以采取两类方式：正式结构调整和非正式连接。前者通常是通过自上而下的结构性调整，增加信息的横向流动和层层协调。具体的做法包括在高层、中层和基层等各个层级设立横向联系机制，例如正式的协调人、跨部门联席决策委员会，必要时甚至设立专职的协调机构；或者从整体上调整组织结构。企业还可以采用非正式的加强人际关系的设计，例如通过一些跨部门活动加强利益的一致性、态度的相似性和交往的密切性，最终形成协同的文化。通过非正式的、人际关系的方式打通部门墙，通过塑造新的文化促进员工协同，是组织和管理者在数字化转型过程中最能发挥创造力的领域。

（4）鼓励持续自我升级的文化

普华永道最新全球 CEO 调研显示，63% 高管认为缺少合适技能的人才是他们数字化创新中最大的障碍。为解决此难题，数字化转型企业应倡导自我升级的文化，推动员工进行思维变革，从固定思维转变为成长思维，即把论资排辈和稳定的文化转变为鼓励员工的好奇心、求知欲、远见性、灵活性和适应性的行为与文化。同时，从利用原有知识解决问题，转变为持续学习和研究数字化用户和新趋势，培养自治、协作、勇于创新的能力。

下面就通过两个案例具体了解领先企业在企业文化方面的最佳实践。

案例一：招商银行企业文化的蛋壳创新

随着科技变革速度的加快、用户体验时代的到来、经济增长的放缓、外部环境的高度不确定性，银行正在从传统的高资本消耗、高成本投入、低效益效能的粗放重型经营模式向内涵集约式的轻型发展模式转变。

"我们想要搭上科技变革的快车，却感觉组织进化速度还跟不上；想让组织更加轻盈，却发现文化的不够开放和包容让我们步履蹒跚。"招商银行行长田惠宇在《招商银行股份有限公司 2019 年度报告》致辞中说到。在田惠宇看来，构建一个开放、包容、敏捷的轻型文化，将成为转型深层次支撑力量。

田惠宇对于企业文化给予了高度的重视。他在年报致辞中说。"文化是最底层的生产力，是链接个人与个人、个人与组织的柔性价值网。如果管理是一个装满容器的过程，制度就是石头，管理者是沙子，组织文化则是水。企业文化与水一样，无处不在，润物细无声。凭借组织的文化自觉，可以解决许多制度和人覆盖不到的问题。"

"我们长成了 32 岁的身体，但心理和技能上可能还停留在 18 岁，特别是在管理上还有很多短板。我们在业务经营总体上较为成熟，但企业级的管理水平有待提升，管理的有效性不足，特别是总分行本部的管理能力和帮助一线解决实际问题的能力欠缺。比如组织割裂、竖井重重，部门银行盛行。管理越位，管理部门拥兵自重，市场一线深受其苦。管理缺位，解决问题的能力欠缺，对市场一线的支持不够。管理不到位，许多管理流于形式，过程管理缺失。"在一次内部讲话中，田惠宇一度痛批招行的大企业病倾向，也流露出自身的危机感。面对这种情况，田惠宇将文化的再造作为变革的核心支点。他领导员工在招行塑造"开放、融合、平视、包容"的轻型企业文化。

2018 年招行推出包容"异端"的蛋壳平台。作为田惠宇亲自发起并站台的交流平台，招行"蛋壳"平台上充斥着大量基层员工的意见及建议，其中不乏振聋发聩之言。到 2019

年,该平台上已经有 7600 多篇帖子、7 万多条评论、高达 20% 的意见采纳率。值得一提的是,招行还依据这些建议对实际业务的助推效果,将被采纳建议分为金牌、银牌、铜牌三个等级,并且在年终总结大会上给予颁奖鼓励。

在很多招行员工看来,"蛋壳"正孵化出更加平等、更具主人翁意识的招行精神,是在许多其他银行内根本不可能实现的话语权重新平衡。"若批评不自由,则赞美无意义。一个鸡蛋,从外部打破是灭亡,从内部打破就是新生,所以我们才叫它'蛋壳'。"田惠宇说。

2019 年 11 月,招行正式发布了"清风公约",共 156 个字:包括"长话短说,大家都挺忙的。""我们不是美工,别把时间花在做 PPT 上。""发现问题不解决,比不发现还坏。""领导不俯视,员工不仰视。""别用权力刷存在感,别人拥抱你只因为你创造价值。"等文化和行为理念。清风公约集中体现了"开放、融合、平视、包容"的招行轻型文化。有评论指出,"'清风公约'就像是一个系统的自我诊断疗法,从恢复机体活力的角度对症下药,帮助招行减脂增肌、去除冗白,在未来的竞争中身轻如燕。"

案例二:微软的企业文化如何"刷新"?

2014 年,微软新任 CEO 萨提亚·纳德拉上任,他认为微软所面临的发展危机是因为创新能力下降。此前,微软更强调个人成绩和竞争,导致组织内部缺乏合作,产品创新停摆,业绩下滑。微软的高管团队认为应该从工作行为和工作方式入手进行变革,也就是进行文化转型。文化的转型首先需要界定企业想要的文化。微软公司组织高层领导形成一个"文化内阁",贡献他们的专业知识和视角,进而确定了"协作"和"同理心"是微软文化转型的方向。

微软的首席人力资源官认为,文化不是墙上的贴纸,而是组织中行为和工作方式的结果。从工作行为和方式入手,公司鼓励工程师们跨部门合作,提升团队合作和组织创新能力。微软组织了一系列增强跨部门协作的活动,例如"黑客马拉松",员工可以依托创新项目招募跨部门、跨领域的成员参加,一同进行产品创新。仅在一次黑客马拉松大赛中,就有超过 1.2 万名员工发起了 3000 个创新项目,不仅提升了员工寻找解决方案的能力,也培养了员工跨部门协作的能力。

在变革过程中,微软也不断强调和突出符合变革目标的积极行为,表扬具有积极行为的员工和领导者,通过定期调研来衡量员工的情绪,检查文化趋势是否指向正确的方向。在绩效考核上,微软不再强调"个人成功",而是考察员工对同事和团队的成功所产生的影响;并通过"Perspectives"等反馈工具提供促进团队交流的环境。员工会慢慢发现,协作可以更好地利用不同的知识,也能发挥自身更大的价值。微软对于协作文化的强调,弱化了原来"各自为政"的内部竞争关系,逐渐形成合作、利他、包容的工作氛围,为业务转型奠定了基础。OneDrive 云存储、Cortana 语音助手等产品,都是转型期间跨团队合作创新的成果。

8.3 IT 投资管理:为转型提供资金支持

成功的数字化转型除了需要优秀的人才之外,还离不开充足的资金支持。不管是以前的信息化建设阶段，还是目前的数字化转型时期，投资支持都是必不可少的。

关于 IT 投资，人们经常会问两个问题，一是到底应该在数字化上投多少钱？二是这些投资可以带来哪些回报？

对于第一个问题，业界有一个可以跨行业横向比较的指标——IT 投资占比，即 IT 投入占公司业务收入的比例。当然，不同行业的比例会有差异，比如 Gartner 集团每年都会发布全球范围内的各行业 IT 投资占比统计表，国内企业的 IT 部门也经常拿着这个表去做比较，以证明本公司 IT 投入不足。IT 投资是一个非常复杂的课题，不是仅仅靠一个 IT 投资占比就可以说清的，为了能把有限的资金投到最合适的领域，还需要对 IT 投资进一步细化，IT 投资组合管理就是这样一个工具。

第二个问题确实是一个世界级的难题，到目前为止，还没有哪个经济学家、信息管理专家真正把 IT 投资产生的价值精确地计算出来。当然，如果非要寻找一套评估体系也是可以的。本书在第 3 章曾经把数字化转型分文三个层级，即现有运营与业务优化、新技术实现产品/模式创新、重新定义前所未有的产品与模式，延续这一思路，数字化转型的收益也可以从这三个维度入手去总结一些关键指标，具体如图 8-9 所示。

当然，这些收益的量化计算也是很困难的事情。近几年，随着数字化理念日益深入人心，越来越多

图 8-9　数字化转型带来的三方面收益

的企业正在不遗余力地增加数字化转型的投入，但与此同时也发现大量的 IT 投入被浪费了，或者至少是钱没有花到刀刃上。在这样的情况下，笔者认为与其去纠结那个算不清的价值，不如去真正管好投资，该花的钱花，不该花的钱不花，这才是正途。

接下来就重点从投资组合管理这个维度对如何加强 IT 投资管理加以探讨。

投资组合管理原本是投资领域的一个专业术语，是指投资管理人按照资产选择理论与投资组合理论对资产进行多元化管理，以实现分散风险、提高效率的投资目的。一方面可以通过组合投资的方法来减少系统风险，另一方面可以通过各种风险管理措施来对基金投资的系统风险进行对冲，有效降低投资风险。后来随着企业信息化建设的深入，把这一概念引入了 IT 投资领域，逐步发展成为保证"投资了正确项目"的一套理念和方法。

8.3.1　为什么要做 IT 投资组合管理

如何对 IT 投资进行更科学的管理是很多企业、研究人员很关注的一个课题，到如今为止，已经总结出五种不同的方式，具体如图 8-10 所示。

- **孤岛式投资**。这是一种早期的 IT 投资决策方法，没有确定的 IT 投资策略和流程，一

般是企业中"喊得最大声的"人获得的 IT 投资会比较多，IT 投资一般只关注孤岛式应用，IT 投资很难获得预期效果。

• **TCO 投资法**。这是 Gartner 总结出的一种投资方法，产生于 20 世纪 80 年代，当时 IT 投资更加关注成本，且只关注直接成本，针对这种做法，Gartner 认为应该计算 IT 的总拥有成本（TCO），企业采购计算机时，成本则包括服务与支持、网络、安全、员工训练、软件授权等。这种理念相较于当时的认识有了一个大的提升，也更加符合 IT 投资的特点。

• **ROI 投资法**。ROI 投资法是指 IT 投资关注重点从成本向商业价值、投资汇报转化，投资管理技术也

图 8-10　业界主流的 IT 投资管理方法

从 TCO 向 ROI 转化，开始按照 ROI 进行投资的管理和控制。"投资回报"定义了投资相对于企业利益回报的情况。它还是以财务和业务术语阐述技术影响力的最佳指标，但是 IT 的投资回报难以计算，要得到一个真实的 ROI 数据非常困难。

• **IT 投资组合管理**。虽然 ROI 是一个很好的计算方法，但数据难以获得。因此，很多人就将关注点从"钱花出去以后回报是多少"向"如何使钱花得更科学"转移，将投资领域的组合管理引入 IT 投资，从关注单个项目的投资，转向 IT 总体投资应该如何分类，确定每一类投资的具体比例，以使 IT 投资与企业数字化转型战略更加匹配。

• **实物期权法**。随着企业的 IT 投入越来越大，风险越来越高，而回报越来越容易计算，有企业开始借鉴风险投资的策略对风险较大的 IT 项目进行投资管控，采用包括实物期权等方法对 IT 投资进行管理和控制。但该方法过于复杂，在实践中的应用并不广泛。

从 IT 投资管理的发展历程可以看出，人们对 IT 投资管理的关注点在不断转移，从最初的关注成本，到关心回报，再到关注如何成功投资，是一个认知不断升级的过程。

IT 投资组合管理是企业信息化建设进入高级阶段出现的一种方法，它克服了以往在 IT 投入决策上的诸多弊端，最大的好处是可以确保 IT 投资与数字化建设的总体目标、战略保持一致。

8.3.2　怎样做好 IT 投资组合管理

前面简单论述了 IT 投资组合管理产生的背景、意义和价值，那如何才能实际使用这种方法呢？

采用 IT 投资组合管理时，一般先对项目进行分类，分类可以采用战略格模型，该模型把数字化项目分为四种类型，如图 8-11 所示。

如上图所示，可以把 IT 投资项目分为四类：

• **支持型**。数字化项目对企业现在和未来的战略影响较小，此类数字化项目只在绝对需要和没有争议的情况下投资。

- **关键运营型**。数字化项目对企业目前的运作非常重要，但对企业未来战略的支撑作用不大；工厂型数字化项目投资应该注重质量且与业务收益紧密联系起来。
- **高潜力型**。企业的运作依靠现有的数字化应用，但对未来的 IT 投资提出了更高的要求；高潜力型数字化项目投资应该先进行阶段型投资，看投资效果再决定是否追加投资；
- **战略型**。数字化项目对企业业务战略非常重要，并且新的项目将使企业保持竞争优势。战略型数字化项目的投资应该从团队选择和资源配置上给予更多支持。

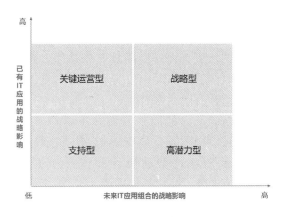

图 8-11　IT 投资组合分类法

了解了分类之后，每一个项目到底应该分到哪一类里去呢？可以通过如下七个问题来对项目逐一进行归类。

（1）为商业带来显著的竞争优势。
（2）是达成某个具体的商业目标或关键的成功因素。
（3）能够克服某种已知的与竞争对手相比的商业劣势。
（4）规避某种在未来一段时间将成为主要问题的可预知的商业风险。
（5）提高业务的生产力而降低长期成本。
（6）使得企业能够满足法定的需求。
（7）创造某种未知的价值，但可能达到上述的（1）或（2）。

对所有数字化投资项目进行分析，并将结果与表 8-1 做对应，就能快速地确定该项目属于什么类型了。

表 8-1　IT 投资组合对应表

	战 略 型	高 潜 力 型	关键运营型	支 持 型
（1）	是			
（2）	是			
（3）			是	
（4）			是	
（5）				是
（6）				是
（7）		是		

在初步对数字化项目进行分类后，还要对项目的收益、风险即成本进行评估，其中收益被分为战略收益和财务收益，评估的具体指标由企业自己确定。这里的评估既包含单独项目

的评估，也包含组合意义的评估。最终确定每一类投资在总体投资中的占比。

需要注意的是，数字化投资组合并不是一个固定的比例，而是要随着业务战略、数字化战略及时调整。如图8-12是某企业目前及未来的投资组合占比示意图。

当然，上面的四种分类并不是标准答案，企业还可以根据其他原则对IT投资进行分类，比如前面所说的谷歌就把IT投资分为三类，分别是核心业务、拓展核心业务、长期创新项目，并按照70/20/10的比例进行投资。

一个企业进行战略转型都要经历阵痛时期，在这一时期资金需求量大，但是转型的成效并未显现，还不能给企业带来收益，这时候就需要企业原有的核心业务为企业的战略转型保驾护航，提供资金以及其他经营和资源方面的支持，因此战略型和高潜力型投资是需要重点关注的领域。

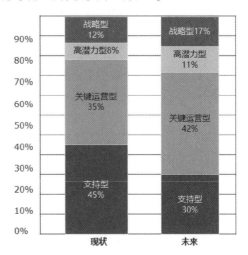

图 8-12　某企业数字化投资组合分析

第 9 章
创新机制：数字化转型的永动机

> 企业内部如果没有广泛存在的创业精神，没有许多员工朝着一个更大的梦想努力使之成真，公司就会陷入发展的困境，逐渐走向衰亡。
>
> ——耶鲁大学教授 吉福特·平肖

数字化转型是一项巨大的系统工程，所有的环节都有可能需要重构。那么，谁更有可能转型成功呢？谁又能在转型过程中抢占先机呢？答案是：持续创新者。创新活动一直存在，但在技术爆发期尤为活跃，以技术转型为核心的创新是一个新技术与社会应用逐步结合的过程，也是一个社会变革的过程。目前，数字技术就是这个推动创新的最活跃技术，谁能创造性地用好数字化技术，谁就能率先掌握通往未来大门的钥匙。

前面章节已经详细论述了企业数字化转型的战略、商业模式、运营模式、IT 架构等方面的应对之策。但笔者更看重企业的创新与变革机制，这个机制就是 SMART + 战略中的"+"。创新机制是企业进化的永动机，只有构建了科学的创新机制，企业才能生生不息。

本章就重点对数字化创新的过程、组织、激励、方法等创新机制进行探讨。

9.1 企业内部创新的困境

9.1.1 内部创新失败的原因

数字化转型只有起点没有终点,每一个企业,都必须在变革中持续进化,是否具备持久创新的能力成为企业数字化转型成败的一个关键因素。

1. 企业内部创新的驱动力

对很多中国企业来说,内部创新与创业的驱动力主要有四个方面。

- **应对互联网的冲击**。为了应对互联网企业对自身业务的冲击,很多企业制定了数字化和互联网化的转型战略,试图通过内部创新和创业来开拓新的数字化业务,实现业务和运营模式的创新与转型,既能维持现有主营业务增长,同时又能培育孵化颠覆性新业务。
- **变革内部管理体系**。作为传统企业,很多公司的管理体制较为僵化,效率较为低下,难适应日趋激烈的市场竞争,创新与创业是公司变革经营体制提升经营效率的需要;
- **挽留人才**。由于晋升缓慢,才能得不到有效发挥,很多优秀人才选择了离职,大量的优秀人才流失。内部的创新和创业可以给予优秀人才施展才能、发挥价值的平台,是企业留住和吸引优秀人才的举措。同时,通过内部创新与创业可锻炼员工,为企业未来的发展储备人才,支持公司的长远发展。
- **激发全体员工创新活力**。通过如鼓励内部创业的创业基金、股权激励、允许一定时间停薪留职创业等制度与文化创新,激活员工创新创业活力,让员工尤其是年轻员工真正看到希望,并愿意为实现希望努力。

与此同时,政府也在大力推动"双创"活动,创新与创业成为时代发展的潮流。在这样的背景下,很多传统企业近年来纷纷在推动内部的创新。

2. 企业内部创新的窘况

为了推动创新,很多企业做了很多的努力。

- 高层领导就创新对公司未来的重要性发表了令人鼓舞的演讲,号召全员投入到创新的潮流中来;
- 发布了关于创新的红头文件,就如何开展创新、创新的激励机制等给出了明确的政策;
- 公司开始倡导更加自由、宽容的文化,倡议大家对失败更加容忍、对等级化更加淡化、对创造性思维更加开放;
- 由高层领导挂帅,亲自主抓业务的创新,并亲自领导某个创新项目,配备专职的高级别领导来推动内部的创新创业工作;
- 领导组团访问创新先行者,尤其是到互联网公司进行参观,听取创新、创业的"真经";

- 开展全员的创新创意大赛，鼓励企业的每个人贡献创新想法，并成立创新孵化器或者专业的孵化公司，对脱颖而出的创新想法进行孵化；
- 构建开放性创新创业平台，希望外部力量也能参与到企业的创新中来，构建创新的生态体系，集中企业内外的合力共同实现创新创业。

总之，一派欣欣向荣的乐观景象。但是，一两年后，事情慢慢陷入困境，理想的状态并没有出现，事情却向着相反的方向发展：

- 很少有新的创新项目投入使用，即使是经过创新大赛评选出来、得到推荐的极少数项目也缺乏吸引力，还有一些代价高昂的失败案例；
- 公司感到盈利压力，曾经支持创新的领导担心创新项目难以在短期盈利，对创新项目支持和鼓励的积极性开始降低；
- 在整个组织中，许多旧的行为和文化仍然存在，公司不愿意承担风险，而高级管理层并不能真正容忍失败；
- 业务部门负责人开始抱怨他们缺乏升级产品线和抵御激烈竞争所需的关键资源，预算和人力资源支持都不够；
- 关于创新的沟通越来越少，随着时间的推移，员工越来越感觉这不过就是走过场。

3. 数字化创新失败的七个原因

上述种种背后的原因可以总结为以下七个方面。

（1）缺乏创新的顶层设计

目前很多企业的创新创业看起来非常热闹，全员创新、创业大赛，但很多企业最终的成果可谓寥寥，其中一个重要原因就是缺乏顶层设计。

任何一个企业的资源都是有限的，任何一个企业也都有自己的现实状况，脱离现状和资源的约束去搞创新，最终的结果往往是南辕北辙，创新必须要沿着企业战略的主航道开展。因此，企业要做内部创新创业，应选择自己有产业资源优势的赛道和项目进行孵化，通过新技术、新模式放大自身的产品或业务优势，才是企业作为创新创业项目孵化的核心价值。这是包括谷歌、亚马逊、华为等领先企业都坚持的一条创新原则。当然，根据既定的战略方向进行现有创业项目的筛选以及后续的资源配置，很有可能会漏掉一些具有广阔发展潜力的创业项目，这就要求企业动态地看待业务战略。

其次，大多数时候，企业内部的创新创业项目中，都至少会有那么1、2个项目关系到整个企业未来的成败，这些具有战略意义的项目的实现可能会对现有的业务、组织、KPI考核机制、企业文化带来巨大的挑战和冲击，必须从企业的战略诉求、顶层设计、落地机制上做全盘考虑，做全盘设计。

（2）没有形成科学的体系，盲目创新

企业内部创新与创业可不是过去简单想个点子，搞搞局部优化，而是商业模式和产品的创新，是关系到企业未来竞争成败的大事。很多企业虽然已经意识到创新的重要性，并通过一些创新机制的建立或举办创新大赛等活动，推动企业内部创新。但其中大部分的创新仅停留于"想点子"的阶段,无法真正推动规模化可持续的创新实践。

创新与创业一不能等,二不能错,必须有目标、有路径、有方法才可能成功。但很多的企业都没有创新创业方法论,就开始启动了内部创新创业。内部创新创业最大的失败,莫过于让团队和员工们自己瞎摸索,想当然地做事,资金消耗不起,时间更等不起。如果创新失败,后果可能很严重,自己的主营业务很可能就被跨界竞争对手给"挤垮"了。创新创业需要方法,既不能保守,也不能冒进。

(3) 创新文化缺失、激励机制不健全

目前企业创新管理普遍存在忽视非技术因素价值的问题,忽视企业的创新战略、文化、组织、制度与技术的相互协同,无法保证企业创新的连续性。很多企业虽然想搞内部创新创业,但企业原先的老机制、老政策流程慢、限制多,与创业公司所需的快速反应、灵活高效极不匹配。大企业自身的惯性,以及员工在企业沉淀下来的工作风格、依赖性、不愿承担风险等,都会成为内部创新创业取得成功的障碍。

尤其是很多公司对于创业人员的激励不足。互联网创业公司中,为了激励创业团队拼搏奋进,一般都会给予创业团队基于公司业务发展的奖金或股权分红。但有些传统企业对于创新项目团队的个人收入依旧是参照其原有收入,而不是根据创业项目的利润情况核定其收入标准并按照相应的股权给予分红,很难调动创新、创业人员的积极性。

(4) 没有平衡内部的利益冲突

传统企业往往历史悠久、规模大、商业模式较成熟,也正因此,导致企业管理模式落后、组织结构僵化,这些特点与创新形成了非常尖锐的矛盾。尤其是当新业务与原有业务存在利益冲突时,这种矛盾更加难以协调。

很多企业的创新业务与原有业务一定程度上存在此消彼长的关系,甚至是左右手互搏的态势,新业务的成长会使成熟业务受到威胁和冲击,新业务与原有业务发展思路迥异,存在资源争夺。在新业务需要与传统业务进行内部协作时,也可能存在诸多矛盾和博弈,这都会阻碍内部创新、创业的发展。

(5) 只唯上不唯实使创新成为走形式

只唯上不唯实的风气在很多大型企业中普遍存在,创新的决策来自老板,是一道自上而下的命题作文,而且只许成功不许失败,这是许多传统企业推进创新的现状。

当然,这并不是说创新不需要领导支持,也不是说领导就没有创新能力。而是说,领导要摆正自己在创新中的地位,要发挥合适的作用。领导要更多地关注创新环境的打造、创新投资组合的规划,制定投资决策并建立评价标准等机制建设方面,并帮助企业主识别出"真"创新,对验证无效的创新项目进行及时止损等工作。

(6) 创业人员缺乏背水一战的斗志

企业内部创新创业介于大企业运营与独立创业之间,它并非完整意义上的创业,因此要具备完全创业者的心态是困难的。即使创业失败,内部创业者所需承担的责任也很小。很多公司政策都对失败的内部创业者较为宽容,欢迎其重回组织,原有的级别和待遇不会受太大的影响。这使得内部创业者的心理负担也相对较小,也少了一些拼搏进取的劲头。还有很多企业内部创业的运营状况是99%的项目团队成员都是兼职，而且本职工作就非常繁重，经常加班，基本没可能投入足够的时间精力在创新创业项目上。这些情况，使得企业内部创业者无法破釜沉舟、背水一战，缺乏斗志。

（7）缺乏耐心难以持续坚持

很多企业要搞内部创新创业时，都是正在遭遇或即将迎来重大的增长挑战，业绩停滞，或者面临着老产品滞销、新产品没有方向的问题，对于创新项目无法给予足够的时间和耐心。如果企业没有足够的耐心，缺少坚定不移的战略定力，内部创新创业很难成功。

9.1.2 打造科学的数字化创新机制

面对创新这个高度不确定的难题，很多企业过于依赖个人，将成功的希望寄托在果敢的领导和创意满满的团队上。但无数的经验证明，创新虽然有很大的风险，但过程是可管理的，通过对过程的严格管理就可以减少创新面临的风险，提高创新成功的概率，实现规模化的创新。这就需要企业需要打磨适合自己的数字化创新机制。这一创新机制包含两大部分，即数字化创新的过程管理和创新的保障机制。企业数字化创新机制的总体框架如图9-1所示。

首先，要实现科学的创新管理，需要构建一套端到端可落地的流程，从创新提出、项目选择再到产品化、规模化，这是一套非常完整、非常严谨的流程和科学的方法。在创意提出阶段，主要任务是激励、激发更多的创意产生，要让更多的员工自下而上地参与到创新过程中来，同时要培训员工科学思考的方法，使他们能够提出更高质量的创意。在创意评选阶段，最重要的是挑选出真正有价值的想法，从而去进一步投资和开发。产品开发和推广阶段，最重要的是决定如何设计、开发产品，并最终让创新项目成长为独立的业务。

图9-1　企业数字化创新机制的总体框架

其次，仅有流程还是不够的，还需要具备完善的保障机制，包含组织和人员保障、资金保障、创新文化建设等。明确创新项目各参与方的权责，防范"创新断链"。还需强化各职能部门的协同，明确在不同创新环节各职能部门的参与形式，并配套监督和赏罚机制，避免"孤岛式创新"。和流程相比，保障机制更加重要。亚马逊公司就遵循这样的流程进行新业务的孵化，亚马逊每年会在大约50个大胆想法上下注。在这些想法中，只有15~20个想法获得立项。大概有 4 – 5 个能够进入产品阶段。最后，只有 2 ~ 3 个创新项目能够拓展成为独立的新业务。亚马逊的创新遵循了"大胆想象，小步测试，快速失败，不断学习"的原则，其流程如图 9-2 所示。

图 9-2　亚马逊的创新漏斗示意图

20 多年来，亚马逊可持续的创新并非侥幸得到，而是积极作为、用心设计的结果。多年来，该企业不断完善其创新引擎，通过构建想法漏斗，将个人好奇心转变为具有可持续性的创新。基于大家熟练掌握了 PR&FAQ 这种鼓励创意的工具，亚马逊鼓励员工快速提出和尝试创新想法。当提案获得首肯时，员工将被授予权力，就某个产品或服务原型开发进行一段时间（如 6 个月）的开发。功能强大的亚马逊共享平台，小型团队能高度自主地进行运作。当阶段性回顾的期限临近时，创新团队需要展示它们的产品原型和用户反馈数据，管理层进行严谨的检视。根据反馈数据和项目成果，企业要么给予团队更多的资源投入和扩大这些创新想法，要么解散团队将注意力转向别的项目。

9.2　数字化创新的过程管理

创新的过程就是一个将想法变成产品和服务，并使其能够被企业、市场和用户接受的过程。这个过程可以粗略分为三个大的阶段，即创意提出阶段，创意评选阶段、产品开发和推广阶段。本节重点从过程管理的角度，对数字化创新的三个阶段进行论述。

9.2.1　让新创意不断涌现

"问渠那得清如许、为有源头活水来"。在数字化创新活动中要确保产生高质量的创意，需要前端有不断涌现的新创意。管理大师德鲁克说："创新就是一项概率游戏，你做得越多，你就越有机会获益。"

要想让新创意不断涌现，目前有几种主流的方式，包括内部创新模式、平台开放创新模式、合作创新模式等，限于篇幅，下面重点对应用比较多的内部创新模式加以论述，看看怎样才能把这个看似简单的模式真正做好。

内部创新模式是目前企业采用最多的方式,就是通过创新大赛、课题评选等方式来生成创意。这种模式要解决几个问题,首先是如何调动大家的积极性,愿意参与;其次是提升员工的创意探索能力,提出高质量的创意;第三是要有专职的团队对方案进行整合,提高方案的质量。

1. 如何让员工愿意参与创新

目前开展数字化创新的企业大都在进行开放式创新的尝试,不仅鼓励本企业的员工踊跃提出好的创新、创意。如某银行就尝试建立组织级金融科技创新模式,全行员工包括分行员工有任何创新点子都可以试一下,不刻意强调颠覆式创新、降低创新申报的门槛,鼓励大小颗粒度不同的百花齐放式创新,使得大家都能有自信申报创新,创新的规模和数量获得了持续增长,成效很明显。再比如思科为了鼓励大家参与创新,对于创意优胜者,提供高达25万美元的奖励。

2. 如何提高创意的质量

很多企业在收集创意时发现,汇总上来的创意质量不高,必要性、可行性、创新性都存在诸多不足。可以通过如下几种方式让员工提出更有价值的创意和方案。

(1) 挑战习以为常的惯例

创新者必须向那些行业内部习以为常的惯例发起挑战。在任何一个行业里,随着商业模式和技术的固化,对问题的理解都会随着时间的推移而趋同,固化的心智模式和思维使人无法去想象不一样的东西,行业稳定的时间越长这种现象越是严重。针对这一点,可以通过提问如下的问题来激发员工的创造性。首先,你的业务在哪些方面与竞争对手不同?产品定价、销售模式、用户支持或者供应链是否有别于他人?其次,在过去几年里,你的商业模式、运营模式有哪些因素一直保持未变?第三,现有的流程是怎么形成的?存在什么不足,哪些地方走不通?通过诸如此类的问题,帮助员工开拓思路,发现问题,提出新的想法。

(2) 了解行业和技术发展趋势

应让员工密切关注行业和技术出现的新趋势,并判断这种新趋势可能会给业务带来的影响。要想让员工提出符合行业趋势的新想法,可以从如下方面去引导:第一,你在最近一段时间在工作中看到、听到或者经历了哪些让你意外、困惑的事情,这些事情可能超出了你的原有认知?第二,分析这些事情背后的驱动力是什么?第三,进一步预测这些趋势会如何发展?可能会对行业和企业带来什么影响?第四,在这些趋势和影响中,有哪些是业内人士已经反复提及的,哪些是尚未探讨的?第五,该如何利用这些机会,才能提升我们的影响力?指导员工结合自身的工作去系统地思考上述问题,就能够提高他们识别未来趋势的能力,也有助于员工提出高质量的新提案。

(3) 深入挖掘用户的需求

我们常说以用户为中心,尤其是那些延续性创新更是要以用户的需求为基础进行开发,但简单的用户调研有时候并不能获得很好的反馈,因为用户也经常被熟悉的事务限制了想象力。因此，需要处在一线的员工深入、系统地去总结用户的需求。可以从以下这几个方面去思考：我们在哪些地方浪费了用户的时间？我们业务的哪些环节在操作上过于复杂？假如我是用户，会对哪些业务环节有不满？哪些是我们应当解决的问题，但是我们转嫁到了用户头上？这些问题对一线员工来说其实是很容易回答的问题，他们积累了大量的用户的想法甚是抱怨，也大概知道解决问题的思路，但却缺乏系统的整理，也没有顺畅的反馈渠道。通过提出这些问题，可以引导员工将用户的埋怨转化为解决方案系统的提出来，然后统一解决。这样的创新方案可能是很小的、琐碎的方案，但是真正能够解决实际问题的很有价值。

(4) 充分利用企业资源

要激发员工提出新的创意，还需要调动员工去思考如何充分利用好企业各类资源用于创新。员工应该思考企业拥有哪些独特而重要的资源可以用于创新以创造更高用户价值，这些资源还能在哪些方面创造价值，还能向哪些行业扩展。这样的思考有助于提出更科学、更高质量的创意。

3. 创意的初步筛选与整合

在创意征集时，组织者需要做两件事，一是通过初步筛选将价值较小的创意筛选掉，二是对有关联、重复的创意进行整合，把它们整合成比较成规模的方案。

第一，创意的初步筛选。

一般来说，汇集的大量潜在的创新想法、新方案往往都比较粗糙，大部分都难以成为有价值的创新项目。因此，在接到这些初步方案之后，要快速进行项目计划书的遴选。需要根据公司的发展战略来制定基本的筛选准则，确定入孵项目的基本必备条件，通过对项目计划书基本信息的浏览来剔除不满足必备条件的项目，从而将减少后续审查项目计划书的工作量，提高整个创意筛选评估过程的效率。其次，针对项目计划书的基本信息进行判断，确认该项目计划书是否符合孵化机构的基本标准，从而快速舍弃不合适的项目计划书。

第二，关联创意的整合。

统计研究和具体案例研究均已表明，最具影响力的创新产生于对相互关联的技术元素的更广泛组合。因此，企业要想产生变革性创新，就需要将多种看似不同的创意融合成协调一致的体系，这个过程称为整合或者重塑。这就需要组织专门人员对创意进行初步整合。

但这样做也会带来很大的风险。因为很多的重塑是由企业的中层管理人员来完成的，他们把未成熟的方案进行包装、整合使之成为完整、可行、与吸引力的方案。在这个过程中，他们的个人偏好、对风险的承受能力、对创新思维的判断能力等都会影响对创意质量的判断。

要解决这个问题，需要把那些淘汰的创意也保留下来，通过正规的渠道向大家公开，让更多的人看到并做出自己的判断。对于那些反馈比较多的创意也要提交专家或者领导进行下一步审议。

4. 创意的最终呈现——商业计划书

创意最终的结果是产出一份比较完整的商业计划书。无论商业计划书结构上如何编排，商业计划书写作都有其不变的内在逻辑,一份好的商业计划书应具备以下几方面的内容。

- 能用一句宣言定义你的想法。
- 描述用户的痛点。
- 商业模式是什么。
- 竞争优势是什么。
- 潜在风险在哪里。
- 时机选择。
- 经营计划和财务预测。
- 哪些人去执行计划。
- 融资方案。

9.2.2 让好创意脱颖而出

在创意收集、汇总完成后,接下来要做的就是评选,要尽可能把高质量的创意挑选出来,进一步孵化、培育。

很多大企业创新的失败,不是因为它们缺乏发现问题的能力,也不是因为它们无法将不同想法综合成一个新颖的解决方案,它们的问题是没能做好项目选择。这样的反面例子简直数不胜数,很多知名的创业公司最初的创业都是在原来的大公司内诞生的,但没有受到应有的重视,好的提案被束之高阁,最后不得不离职创业。当然,也有很多在评审阶段看起来不错的创意,后来被证明是一个伪需求,或者商业模式不成熟等。因此,如何让真正的好创意脱颖而出绝对不是一件简单的事。

为了能够成功将优秀的创意挑选出来,本书提出了一个创意选择漏斗模型,该模型具体如图 9-3 所示。

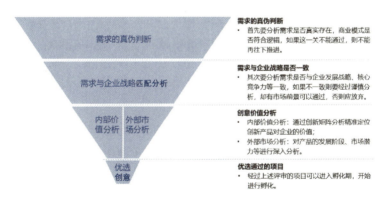

图 9-3 创意选择漏斗模型

这个创意选择漏斗模型可以分为四个阶段,逐步选择出最符合企业需求的成果。具体过程如下:

1)创意涉及的需求真伪判断。首先要判断需求是否真实存在,商业模式是否符合逻辑,是否科学、可行,这是评价的第一关,也是最重要的一关,如果这一关不能通过,则不能再往下推进。

2）需求与企业战略匹配分析。创意应该与企业是一种"战略连接"关系，而非简单的资源链接或业务连接，要分析创意与企业发展战略、核心竞争力等是否一致，如果不一致则要经过谨慎分析，确有市场前景可以通过，否则应放弃。

3）创意价值分析。可以从内部价值、外部市场两个维度进行分析。

- **内部价值分析**。通过创新矩阵分析精准定位创新产品对企业的价值，首先将创新成果初步细分为内部支撑与外部推广两大类。为了创造更大的价值，应重点关注具有外部推广、能够创造市场价值的创意。
- **外部市场分析**。对于能够孵化成独立产品外部推广的创意进行深入的市场价值评估，分析市场潜力，寻找产品的差异化竞争优势，确定后续产品定位、开发、推广策略，提前做好开发、推广的准备。

4）评选出重点孵化的优选创意。根据业务价值选择出需要重点孵化的优选创意。优选创意要本着宁缺毋滥的原则进行选择，选择出真正有价值、有市场需求的创意来重点孵化。

上面这个过程就像一个漏斗一样，不断将不符合的创意筛选掉，最终大浪淘沙，优选出最佳的成果，进入下一阶段的孵化和推广。下面就分别对这四个阶段加以详细论述。

(1) 创新涉及的需求真伪分析

我们常说一句话，方向比努力更重要，如果我们的方向错了，越是努力我们反而可能离目标会越远。需求真伪判断就是创意判断的关键问题。需求真伪的判断重在评判创业项目对市场需求的把握，要判断创意所提到的需求是真需求还是伪需求，是需求痛点还是需求痒点，是大规模的需求还是小众的需求。只有那些抓住真需求、找到需求痛点、需求量大、有强需求特性的创业项目，才能培养出真正有价值的商业模式，才可能继续往下走。

(2) 需求与企业战略匹配度分析

在创意评选时还会遇到一个挑战，就是创意是否一定要与业务战略一致？过于强调一致可能导致无法诞生更大的创意，无法真正开拓第二曲线；不强调一致性又可能会带来创意的百花齐放，但没有资源和能力落地，这确实是一个两难的选择。我们先来看一看别人是怎么做的。

对这个问题谷歌在不同的阶段会有不同的做法，在 1998~2010 年期间，谷歌强调"20%时间"强化员工自下而上的创新，既可以增加产品的多样性，又可以提高员工创新的积极性。在这个阶段，公司诞生了大批的产品，到了 2011~2015 年期间，公司发现缺乏的不是新产品，而是重量级、战略性的新产品，于是创新理念发生了变化，从自下而上的流程转变为自上而下的聚焦型战略，开始逐渐精简产品，在关键方向上投入更多资源；2015年以后，公司提出要寻找"10倍增长的机遇"，并提出"登月计划"，这时公司发现自上到下的方式不能满足需求，开始了自上到下与自下到上的结合模式，在强调回报率的同时，保持长远眼光并支持具有颠覆性的创新成果。

从谷歌的案例中可以看出来，采用什么样的方式与所处的阶段息息相关，在需要更多新的创意时就可以适当放松尺度，可以允许更多与现有企业战略不太一致的新创意出来；在新产品足够多而需要培养大型新业务的时候就要集中资源打大仗，这时就要求新的创意要与企业战略保持一致。对于初步尝试创新、创业的企业来说,是可以适当放宽尺度的,但也要使创意方案尽量与业务战略和核心竞争力匹配。具体说可以从这三个方面来判断:

- **与现有业务、现有资源的匹配程度。**这类创意更多是对现有业务的补充、完善、优化,与现有业务相关性比较强,能够更好地利用现有资源,比较容易起步,难度相对较小。
- **利用企业的核心能力。**核心能力是指企业长期积累而成的一种独特能力,可实现高于竞争对手的价值,难以复制和模仿。比如,技术能力、生产能力、营销能力等可以成为企业的核心能力。基于核心能力的自然延伸进行创新创业也是应该大力鼓励的。
- **满足公司未来战略目标的。**公司现有战略已经不能满足持续增长的需求,需要瞄准更高远的战略,新的创意如果与新战略相匹配则应该大力支持,给予更高的评价、更多的支持。

(3) 创意的价值分析

经过前两关审核的创意接下来要接受价值的审核。价值可以分为内外两类。接下来分别进行论述。

1) 内部创新价值分析。

一般企业在开展创意收集时,会受到来自公司内部的很多好的创意和想法。如果再进行开放式创新的话,那还会收到很多来自外部的创意。这些好的想法可能覆盖企业的各个方面,从销售到设计、生产、采购等各个环节,其价值体现可能也不相同,有的能够带来成本降低,有的能够提升销售额,而有的能够满足某一类新用户的需求等。但这些创意质量可能参差不齐,真正能够给企业带来价值的可能并不多,如何从这些想法中大浪淘沙找到真正的金子就至关重要。

前面提到的创新矩阵可以解决这一难题,通过这一矩阵可以快速地将这些成果加以分类,给他们寻找一个合适的位置,从而判断哪些成果能够带来市场价值,哪些成果可以提高内部效率等,通过这一筛选可以将具有外部推广、能够创造市场价值的创新成果挑选出来。数字化创新成果内部价值分析示意图如图9-4所示。

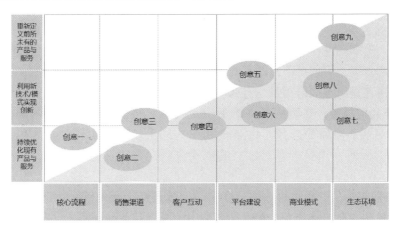

图9-4 数字化创新成果内部价值分析示意图

如上图所示，把创新成果在创新矩阵上进行分类，会发现这些成果通过纵横两个维度就可以大概区分出相应的价值，一类是更多支持内部流程或者实现小的创新的成果；另一类则是有可能通过新技术实现商业模式等方面重大创新的成果。未来独立孵化的重点是后一类。

2）外部市场价值分析。

对一个创新成果进行外部市场价值分析可以从以下几个方面展开。

首先，产品成长阶段。由于产品在不同成长阶段的未来空间不同，面临的创新风险也不同，因此首先要明确该创新成果所处的市场阶段，未来成长空间。一般看，产品的成长可以分为四个阶段，具体如图9-5所示。

创新成果所示的产品成长阶段越早，其价值成长空间可能也越大，但风险也大。但一旦发现创新成果已经进入产品成熟期，甚至产品衰退期，即使风险不大，也要谨慎考虑是否要全力投入了。

其次，市场成长率。具有市场前景的创新成果首先需要具备足够大的市场容量和较快的市场成长率。因此，要明确界定目标市场的范围，并运用确切的数据对目标市场需求进行分析与预测，否则将无法估计是否有足够的市场需求来支撑项目未来的成长和盈利。

图9-5　产品成长的四个阶段

第三，风险分析。在创意评选阶段就要全面分析在创新过程中哪些技术因素或是市场因素可能导致创新失败，针对这些风险会有怎样的应对与控制策略。

（4）评选出重点孵化的优选创意

一般企业在进行项目评选时会把上述评价内容绘制成表格，由评委对每个项目分别进行打分，最终再根据评分排定最终项目。大多数企业的投资决策都是很谨慎的，如招商银行第一届小团队创新大赛，申报了700多个项目，通过决赛立项的也只有5个，把关很严。

（5）创意筛选阶段的风险与应对

如此低的入选率就使得决策过程和决策依据的科学性非常关键。这个决策过程这个过程本身看起来非常合理，但创新项目的不确定性却使这一选择过程困难重重。在不确定性较高的情况下，要快速做出正确的决策，有几项原则可以遵循。

- **让领导共同决策**。在面临更多的不确定性时，很多公司就采用集团决策机制。比如，在思科，对创新项目的选择是由多个领导共同决定的。如果创新失败，领导也需要负更大的责任。因此，领导需要对已有的资料进行全面、深入的分析，以决定创新项目是否可行。

- **鼓励激烈辩论**。对严谨的选拔过程来说，激烈辩论至关重要。三个臭皮匠赛过诸葛亮，集体的智慧往往会超越个人。在这种辩论中，可以对各种事实、设定和逻辑进行仔细审查。对任何复杂的方案来说，缺乏辩论都是一个令人担忧的迹象，它表明人们要么没有积极思考，要么缺乏信心，不敢参与建设性争议。

- **保持开放心态**。在做决策时，每个人都会带着个人意见，有时这种意见还很强烈。每个人都会基于自身的认知、经验对某一类创意更加关注、更加肯定，而对另外的则做出相反的判断。这都是正常现象，但每个人在进行判断时都要保持开放的心态，尤其是在对待那些与自己观点有冲突的创意时。

9.2.3 让创新理念快速实现

创意通过评审后，就要进入产品孵化阶段。关于产品孵化，目前大企业最常用的做法是企业提供资源，让那些具有创新意识和创业冲动的员工和外部创客组建创业团队在企业内部进行创业，企业变身为一个孵化平台或建立专门的孵化器，孵化创新项目，企业和创业团队双方通过股权、分红、奖励、文化等方式成为合伙人，最终共享创业成果。

如某央企就采用"专业孵化＋创业导师＋天使投资"的孵化模式，将创新项目分为苗圃培育、孵化加速和市场化运作三个阶段来孵化，目的是发现和开发具有发展前景的移动互联网产品，从而培育新的业务增长点。

1. 项目培育阶段

入选的创业团队在签订创业协议后，由企业建立的孵化器向创业团队提供免费的创业服务，服务包含办公环境、创业导师、创业资源、人力资源招聘和培训、法律咨询、财务等，帮助创业项目的成长。

在公司内部创业项目培育期间，一些孵化器还会对创业项目进行评估。如某央企组织的孵化器会组织三次评估；第一次评估时，创业团队应基本完成产品的探索和验证，完成原型的开发。孵化器对未达到要求的创业团队予以提醒；第二次中间评估时，创业团队应基本完成产品的试商用，产品主要功能完备，形成了一定的用户或测试用户规模。孵化器对未达到要求的创业团队予以警告，并可酌情安排提前结业；毕业评估时，产品应基本成熟，具备商用条件或已实现商用，用户数、业务量或业务收入开始呈快速增长的趋势。评估结束后，孵化器根据评估结果安排创业项目毕业或结业，对于达到预期目标的准予毕业，发放毕业证；对于未能达到预期目标的准予结业，发放结业证。个别项目依据评估可考虑适当延长培育期，但时间不超过3~6个月。

2. 项目毕业阶段

经过一段时间的内部培育，创业团队的创新项目进入项目毕业阶段。毕业阶段的创新项目有两种发展轨迹。

对于适合公司化独立发展的项目，企业的创新运营人员组织进行项目公司化评估，安排和协助创业团队注册成立公司，在一定时间内完成公司化注册。在创业团队公司化时，孵化企业应控股或者持股。

对于更适合在企业内部产品开发体系发展的项目或未能达到毕业评估要求的项目，可以安排创业团队返回原单位或者自主发展。

3. 市场化运作阶段

创业团队正式注册为独立公司后,原公司还可向创业公司持续提供创业服务,并以市场化方式与创业公司进行结算。并基于股权投资对创业公司进行持续跟踪,进行投后管理,必要时派驻董事监督创业公司财务、业务状况。此外,公司还可根据创业公司发展情况,与社会资本合作,追加股仅投资或实施股权处置。

9.3 数字化创新保障机制建设

除了上述的数字化创新流程之外,还要具备完善的保障机制才能为创新保驾护航。保障机制包含组织、人员、激励机制、文化建设、方法与工具等。本节重点关注创新的组织和激励机制等数字化创新的保障机制建设。

9.3.1 构建科学的创新组织

1. 创新组织的基本结构与类型

创新离不开组织的保障,一个科学的创新组织应由决策层、咨询层、管理层和实施层构成。具体如图9-6所示。

(1) 创新管理委员会

数字化创新需要企业高层领导的直接支持,需要成立以高层领导组成的创新管理委员会,由CXO层级的领导牵头,一般5~7人,行使创新决策、战略管理、组织整合等决策职能,使员工的创新能获得到企业的支持和引导。

(2) 创新的专家团队

由公司内外部的专家团队构成,担任创新创业导师的角色,主要提供行业知识、技术指导、商业模式支持以及创业指导、财务、法律等方面的支持,并且进一步催化员工的突破性创新和重大创新。

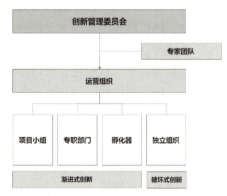

图9-6 推动数字化创新的组织结构

(3) 专业运营组织

要实现创新的有序运行,需要有专职的人员来运营、管理,运营人员主要从企业内部各相关单位、部门招募,牵头进行企业内部创新、创业项目的筛选、评审、创业及后期的公司化运作、投融资服务等工作。

(4) 创新的实施组织

创新项目的实施组织包含多种不同类型的组织形式。

- **部门内或跨部门的项目小组**。对于某个部门内部,或者跨几个部门的微优化、微创新建议，一般可以软课题的形式立项，在部门内部或几个部门之间成立项目小组来研究创新如何实现、如何落地，这是典型的渐进式创新或微创新的做法。微小的、集中的行动，会积土成山、积水成渊，累积带来可观的、持续的改善。这种模式适合连续性的微创新。

- **成立新的团队或部门**。对于某些比较重大的、可能会带来较大市场价值的创新，可以组建新的团队，或者在组织内部成立新的部门，来推进创新的成果转化，这是目前企业采用最多的内部创业形式。项目小组以完成某个具体任务为目标，以矩阵式的组织结构存在。新的部门则以独立和相对稳定的部门形式存在，服务企业的整体战略构想，致力为企业创造新的利润增长点。

- **创业孵化器**。创业孵化器，是企业为内部诞生的，或外部引入的创新企业或项目提供基础设施、资源支持，帮助和促进其成长的一种创业运作模式。创业孵化器能够帮助企业挑选和培育有潜力的技术或项目。内部创业项目局部脱离原有大企业的机制束缚，但同时又能利用原有企业的一些资源，在襁褓中被扶持长大，与母体保持协作关系。因此，这种方式也是近年来国内大型企业采用较多的模式，通过孵化器实现创意挖掘、项目孵化，多批创业项目入孵、毕业和进入公司化运营。

- **体制外构建新的独立组织**。在第三章详细论述了一个问题，为什么在破坏性创新背景下，旧轨道上的领先者大都难逃厄运，比如曾经的打字机巨头、照相机巨头、胶片巨头、计算机巨头、手机巨头等。当然，也有部分企业成功的开辟了第二曲线，实现了技术的跨越，这些企业的成功要诀就是，用新思维及新制度管理新技术和新业务。其中的一个关键点在于创新组织方面，即在发现重大创新机会时，为了避免与现有业务产生冲突，对新旧业务"分区经营"，即成立新的组织、组建新的团队、设计新的激励考核机制、开发新的业务和审批流程，单独开发新产品、新服务。甚至有些企业为了减少冲突，新组织都是保密的，只有很少的高层领导才了解情况。亚马逊开发 Kindle 阅读器、腾讯开发微信时都是采取的这种方式，这也成为目前公认的可以产生破坏性创新最合适的组织模式。

当然，这些模式并不是相互割裂的，很多企业就构建了这几种模式融合的创新、创业体系。从目前的实践来看，企业一般采用两种模式来推动内部创新。一方面从机制上把与业务直接相关的创新部分建立内部提案，进行基于现有业务的微创新。另一方面，把一部分经过评选或者领导提议的"大胆"的创新想法送入企业的创新孵化器，或在体制外成立新型公司。这一点与谷歌、亚马逊的做法不谋而合，可以把这一做法称为"多元化创新模式"。不同的创新模式对应的定位和创新流程不同，只有通过多元化创新模式灵活对待，才能提高创新效率。

3. 处理好内部创新创业的"三环"关系

上面总结了内部创新、创业的组织结构，很多传统企业的人可能会说，我们也是这样搞的，但依然没法让创新、创业真正在公司持久、深入地开展下去，更深层次的原因是什么呢？对这个问题，蔺雷、吴家喜在其著作《内创业革命》一书中有一个观点很有道理。两位作者认为，内创业的生态圈比社会化创业的两环生态圈多了一环——它是三环生态圈，恰恰是多出来的这一环使得内部创新创业复杂度大幅提高，具体如图9-7所示。

上图中共有三环，由内到外依次是一环、二环和三环。

"一环"就是内创业团队，它位于整个生态圈的中心。团队成员既有内部员工，也有外部创客，这是内创业不同于社会化创业的一个方面。

"二环"是夹在一环和三环中间的那一环，它是直接孕育出内创业的母体组织。正是这多出来的一环，让整个内创业生态变得复杂。因为一个组织中涉及的利益相关者众多：高管们

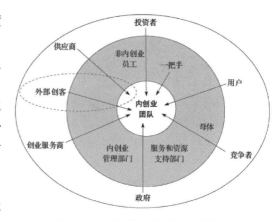

图9-7 内部创新创业的三环模型

之间的看法可能不同；你创新的业务可能会与现有业务有冲突，现有业务部门肯定会有意见；提供相关资源和服务的职能部门是否有动力支持创新；普通员工中也是既有积极支持者，也有消极应对者。这么多的不确定是内部创新、创业复杂性的一个主要原因。

"三环"就是通常所说的外部环境，它构成了整个生态圈的外围，包括投资者、创业服务机构、供应商、用户和政府、协会等，这与社会化创业面临的环境一样。

这样一个复杂的"三环生态圈"的存在，让内部创新、创业同时受到外部环境和本企业的双重影响，内部创业团队要处理的各种关系比社会化创业还要多。要解决这个问题，有以几个关键举措可供参考。

（1）一把手的强势推动

对于企业领导来说，在创新创业方面，需要对创新创业有高度的价值认同，把它定位为企业发展甚至生存的重要举措，需要对创新项目给予强有力的措施和资金支持，要有战略定力，要勇于排除创新创业过程中的困难。

（2）有效利用内部资源

内部创新、创业成功的一个关键是要充分利用企业的优势，尤其是在创新创业初期这点更为重要，但母体企业的资源也是一柄双刃剑，用得好可以如虎添翼，用得不好也会事倍功半。因此，内部创新创业团队在这个问题上要有清醒的认识，不能过多依赖内部资源，如果新业务开展的一个重要前提是公司的某项重要资源，那这个多半会失败。因为企业长期以来形成了一套完整的管理模式和制度体系，使得内部的人员、资源和文化都具有一定的封闭性，再加上还有可能会有利益冲突，有很多资源不会轻易地转移过来。当然，内部创新在一开始也不能完全放弃企业的资源，其中最重要的是企业的品牌资产。当然，企业的技术、供应商、产品等也有可能会成为你创新可以利用的资源。

9.3.2 设计创新的激励机制

良好的激励机制对创新的重要性不言而喻，没有足够的激励估计不会有人心甘情愿参与

创新创业活动的，尤其是那些历史比较悠久、比较安逸的国企，这里面涉及很多的问题：原来的工资、级别待遇还能不能保留？创业失败还能否回到原来的岗位？在新公司创业能否获得股权激励？等。应该说，这些问题没有标准的答案，每个企业的做法也不一致，有些方面甚至完全相反，但也都能在自己公司范围内取得一定成效。本书就结合这些问题谈一下如何设计创新的激励机制。

1. 内部创新创业人员要不要有退路

很多想搞创新、创业的员工都是有一定级别的，在企业内部的待遇也还不错，就是因为不甘于现状才想放手一搏。那就带来一个很直接的问题：如果创业失败了这些员工还能回到原来的岗位、享受原来的待遇吗？

对这个问题不同的企业有不同的做法。一种是保底型，一般会为内部人员设置最低保障，解除创新创业者心理上的后顾之忧；另一种则主张破釜沉舟，认为如果有后路就不会全情投入，创新创业本就是一件无比艰巨的任务，全力投入尚且不能保证成功，再存有侥幸失败率肯定会更高。这两种观点都有一定道理，也有不同企业会采取不同的策略，但总体看起来，那些真正想干一番事业的人就算是没干成，也很少有人再回到原来的部门、岗位了，一方面是因为原来的岗位已经被别人占了，另一方面可能也跟面子有关，失败了再回去肯定会被人笑话，索性就直接离职走人了。再者，通过几年的磨炼，个人能力也会大幅提升，可能自己也不想再回到原来的岗位去了。

虽然现实如此，但很多企业仍然会允许为员工在一定时间内保留岗位、待遇，这样做更多的是在初期更好地调动创新创业者的积极性，让他们真正下定决心、脱离原来的舒适区。

2. 不同类型的激励措施

内创业有多种激励方式，既有股权激励也有分红激励，既有内部奖励也有文化激励。这些激励方式有不同的应用场景和目的，不是每一种激励方式都适合于所有企业。企业务必找到最适合自己的模式，根据自身情况、内创业的特点和需求将不同激励方式灵活组合。

（1）股权激励

内创业激励最常见的方式是股权激励，即内创业者和母体企业共同占股，退出时根据各自股权变现，这在组织架构上表现为一种有限合伙制架构。在占股方式上，除了传统的资金投资占股方式外，还有通过科技成果、资源或品牌入股的方式成为合伙人。

（2）分红激励

除了股权激励外，收益分红是另一种常见的激励方式。主打房产销售代理的"房通网"公开招募创业合伙人，支持经纪人内部创业，将提佣标准涨至70%，把房屋买卖利润的绝大部分让利给经纪人，这就是一种分红式合伙。

韩都衣舍对构成品牌生态孵化平台基础的内部小组也采用了提成分红的方式。每个小组的员工都能够根据提成公式，即提成＝销售额×毛利率×提成系数，计算出自己每个月的提成有多少。

也有企业在采用股权激励后，转而采用分红激励，如在某企业中，最初规定给每个内创业团队5%～40%的股权予以激励。然而，在运行一段时间后，企业发现，有些内创业项目不可能上市，股权激励实际上发挥的作用较小，于是就调整激励措施，从股权激励变为分红激励，以更好地调动创新创业人员的积极性。

9.3.3 数字化创新的方法和工具

关于数字化创新，目前业界已经探索出了一系列方法论，包括设计思维，精益创业，敏捷开发等，这些方法相互融合被应用在创新的不同阶段中。部分方法我们在前面已经有过论述，本节再简要地介绍一下这几种工具和方案。

图9-8很好地解释了这些方法之间的关系。

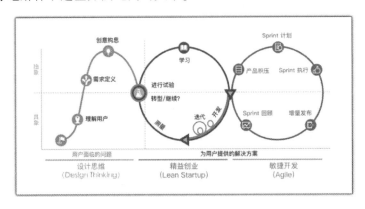

图9-8 设计思维、精益创业与敏捷开发的关系

1. 设计思维：站在用户视角定义产品

传统的产品开发方法强调研发人员的自主感知能力和经验，但在数字化时代，闭门造车式的开发只能是死路一条。所有的产品和服务开发一定要从用户角度出发进行设计，基于这样的思路，业界总结出了一套设计思维方法（Design Thinking）。

设计思维是一个过程，是设计师用来了解用户和深入理解用户问题而使用的一套原则和方法。在设计思维的早期阶段，产品团队要分头采访用户以及其他利益相关者，并且了解他们的问题。然后，整个团队将搜集得来的观点和问题分类，并将常见的痛点和需要完成的任务分组。当团队对问题有了充分的理解之后，成员则需要再次分开行动，并且头脑风暴出尽可能多的解决方案。好的想法之后可以转化为解决方案的原型，也可以在真实的用户身上进行测试。

听起来这是一个很简单的方法，但它却是一套非常严谨的产品开发思路和方法，这种方法可以确保产品开发与用户需求保持一致，也可以优化以往依靠天才灵光一现式的开发模式。它最大好处是用逻辑和方法论解决复杂的不确定性问题，将创新变成了一种可复制的常态。设计思维可以分为三个大的阶段。

(1) 以同理心感知用户需求

要创造受用户欢迎的创新产品，首先要准确地把握用户的现实和潜在需求。为洞悉用户真正的需求，设计思维要求产品设计者换位思考，设身处地地为用户思考问题，甚至要做到比用户更了解他们自己。那么，设计思维是如何来感知用户需求的呢？主要包括以下三点。

- **角色扮演**。了解一个人最好的方法，就是成为那个人。"角色扮演"让人们得以亲身体验对象的处境，用感同身受，代替主观臆测。这种思考，比先入为主的"我以为"，要更深刻。
- **观察**。不仅仅是简单的观察用户行为，还需要将自己进入用户的视角，洞察用户为什么这么做，以及了解用户的行为所产生的连带效应。
- **采访**。通过提问了解事情的本源，最基本的原则是"5个W，1个H"。

在发掘需求的环节，虽然用户洞察一直是商业世界的准则，但设计思维将洞察上升到同理心的层面。所谓同理心即是做换位思考和体验，是跳出了旁观者和评判者角度的更深刻的深层次感受。为什么乔布斯从来不做传统意义上的消费者研究，却能设计出打动消费者心灵的产品？苹果产品设计背后的用户同理心，是乔布斯对用户需求深层次洞察的基础。

产品设计者通过同理心感知用户需求，进行分析提炼后，总结出一个问题描述。该问题描述使用简练的语句归纳三个要素：用户、需求、原因，即如何定义用户，其根本需求是什么以及需求背后的深层次原因是什么。

(2) 定义真正的问题

爱因斯坦曾说：如果只给我一个小时拯救地球，我会花59分钟找准核心问题，然后用1分钟解决它。设计思维的第二步，就是要"定义正确的问题"。它的意思是，明确问题到底出在哪里，并用一句很精简的话告诉别人，你想如何解决什么问题。

(3) 头脑风暴产生创意

上面两步的目的是发现问题，下面就要进入解决问题阶段了，这个阶段最主要的工具是"头脑风暴"。头脑风暴这一激发创新想法的讨论方式，即根据前期定义的问题描述，经由集体讨论尽可能多地构想出潜在解决方案。这一步的首要目的不是为了得到唯一正确的方案，而是为了产生尽量多的最有可能的方案，再通过下一步原型搭建和迭代，从中挑选最合理的一个。

在这一个阶段，要从零开始，围绕用户需求展开头脑风暴，力图实现最理想的用户体验；思考时不要从现有产品、服务出发进行讨论，并避免预设立场干扰，尽可能多地预想方案，鼓励不同的创意，不要急着判断好或者不好。

总之，与传统的产品研发思维相比，设计思维是一种以人为本的解决复杂问题的创新方法，它利用设计者的理解和方法，将技术可行性、商业策略与用户需求相匹配，从而转化为用户价值和市场机会。作为一种思维的方式，设计思维是以人为本地利用设计师敏感性以及设计方法，在满足技术可实现性和商业可行性的前提下，来满足人们需求的设计精神与方法。它被普遍认为具有综合处理能力的性质，能够理解问题产生的背景、能够催生洞察力及解决方法，并能够理性地分析和找出最合适的解决方案。

2. 精益创业：快速试错的方法

创新创业自始至终都会遇到的一个问题就是怎么验证创意是否科学？虽然可以通过严格的评审，但那些还是基于过去经验的判断，不一定可靠。要想进一步验证创意是否可行，还需要经过实践的检验。针对这一问题，埃里克·莱斯在 2011 年首次提出了精益创业的方法。

（1）传统创业模式存在的问题

传统经济时代，产品的引入模型基本上是一个很线性的过程：通过产品调研和用户调研，形成产品概念，然后组织人力开发，进行内部测试和外部测试，最终投放市场。围绕这个流程，我们建立了层层的工具包和方法论，比如里程碑、漏斗模型、阶段门等各种工具，一切看起来非常线性。但是，整套流程背后存在一个非常大的缺陷：缺乏反馈机制。这可能会导致一种情况：企业做完所有一切，才发现产品和市场需求根本无法匹配，而此时自己已经耗尽了所有时间和资源。这种长周期、慢反馈的机制，对于一家创新、创业是非常致命的。

这种做法以自我为中心开展创新创业。这种模式的核心是天才式人物 + 天才式构想，以有限参数 + 已知数据对未来进行准确预测和分析，然后据此进行产品开发。在开发一个新产品时，核心技术人员一起研究竞争对手的产品，发现它们的弱点之后，大家就封闭起来逐步进行总体设计、逐个模块进行开发，一段时间后搞出一个产品来投放市场，结果可能很轰动，也可能无声无息。这种方式的创新创业在现代互联网企业出现之前，是商业创业上的一种常态。它的问题就是脱离市场、闭门造车，离顾客离用户太远了。

（2）精益创业的基本思路

针对这一问题，硅谷总结出了精益创业方法，其基本出发点就是先用小的代价去验证设想的商业模式是否成立，提出的用户痛点、用户需求是否真的存在。精益创业的基本假设在于，未来不可预测，用户痛点和解决方案具有极高的不确定性，需要不断迭代并不断积累认知，从而去逼近真实的用户痛点和有效的解决方案。精益创业的理念是小步快跑、快速迭代，开发出最小化可行产品。精准创业提倡企业进行"验证性学习"，先向市场推出极简的原型产品，然后在不断地试验和学习中，以最小的成本和有效的方式验证产品是否符合用户需求，灵活调整方向。如果产品不符合市场需求，最好能"快速地失败、廉价地失败"，而不要"昂贵地失败"。

（3）精益创业的操作关键

精益创业与"精益生产"的理念一脉相承。精益创业的理论框架分成三部分：第一，设立关键假设；第二，通过与用户进行互动来验证假设；第三，提供验证假设的最小可行性产品（MVP）。这套理论的核心是快速假设、快速验证、快速反馈和迭代。其中 MVP 是这套方法的核心。

MVP 是英文 Minimum Viable Product 的缩写，翻译过来叫"最小化可行性产品"，这是埃里克·莱斯在《精益创业：新创企业的成长思维》一书中提出的理念，它得到了许多创业者的认可。具体来说，当你想要尝试你的想法时，风险最小的方式是在开始时不要投太多钱，而是先做一个简单的原型，也就是最小化可行性产品，然后通过测试，收集用户的反馈，快速迭代，不断修正产品，最终适应市场的需求。MVP 有两个关键点，分别是最小化和可行性。

3. 敏捷开发：快速让产品问世

前面介绍的数字化创新的方法，无论是哪种，都涉及产品的开发，后期样品完成后，产品还需要进一步持续迭代，这个过程中需要一套能够快速让产品问世产品开发方法，这就是敏捷开发。

敏捷开发（Agile）是一种以人为核心、迭代、循序渐进的开发方法。敏捷开发最常用于软件开发领域，在敏捷开发中，软件项目的构建被切分成多个子项目，各个子项目的成果都经过测试，具备集成和可运行的特征。简单来说，敏捷开发并不追求前期完美的设计、完美编码，而是力求在很短的周期内开发出产品的核心功能，尽早发布出可用的版本。然后在后续的生产周期内，按照新需求不断迭代升级，完善产品。

敏捷开发是相对传统的瀑布模型提出的改进方法。瀑布模型式是最典型的预见性的方法，严格遵循预先计划的需求、分析、设计、编码、测试的步骤顺序进行。步骤成果作为衡量进度的方法，例如需求规格，设计文档，测试计划和代码审阅等。瀑布式的主要的问题是它的严格分级导致的自由度降低，项目早期即做出承诺导致对后期需求的变化难以调整，代价高昂。瀑布式方法在需求不明并且在项目进行过程中可能变化的情况下基本是不可行的。

相对来讲，敏捷方法则在几周或者几个月的时间内完成相对较小的功能，强调的是能将尽早将尽量小的可用的功能交付使用，并在整个项目周期中持续改善和增强。

天下武功，唯快不破。总之，数字化时代，用户的需求越来越高，时间越来越短，要想生产出满足用户需求的产品和服务，就需要企业创新开发方法，要逐步借鉴设计思维、精益创业、敏捷开发等理念，快速提出创新理念、快速建模、快速验证、快速开发，只有这样才能顺应新时代的要求和挑战。

参 考 文 献

[1] 克莱顿·克里斯坦森. 创新者的窘境 [M]. 胡建桥, 译. 北京：中信出版社, 2014.
[2] 尤尔根·梅菲特, 沙莎. 从1到N：企业数字化生存指南 [M]. 上海：上海交通大学出版社, 2018.
[3] 三谷宏治. 商业模式全史 [M]. 马云雷, 杜君林, 译. 南京：江苏凤凰文艺出版社, 2015.
[4] 张磊. 价值：我对投资的思考 [M]. 杭州：浙江教育出版社, 2020.
[5] 查尔斯·汉迪. 第二曲线：跨越S型曲线的二次增长 [M]. 苗青, 译. 北京：机械工业出版社, 2017.
[6] 李善友. 第二曲线创新 [M]. 北京：人民邮电出版社, 2019.
[7] 安筱鹏. 重构：数字化转型的逻辑 [M]. 北京：电子工业出版社, 2019.
[8] 李庆丰. 商业模式与战略共舞 [M]. 北京：北京时代华文书局, 2020.
[9] 科特. 领导变革 [M]. 徐中, 译. 北京：机械工业出版社, 2014.
[10] 魏炜, 朱武祥. 发现商业模式 [M]. 北京：机械工业出版社, 2011.
[11] 鲍舟波. 未来已来：数字化时代的商业模式创新 [M]. 北京：中信出版社, 2018.
[12] 刘继承. "互联网+"时代的IT战略、架构与治理 [M]. 北京：机械工业出版社, 2016.
[13] 顾颐, 张海红. 决战数字化运营：策略与实战 [M]. 北京：电子工业出版社, 2018.
[14] 马晓东. 数字化转型方法论：落地路径与数据中台 [M]. 北京：机械工业出版社, 2021.
[15] 陈新宇, 等. 中台战略：中台建设与数字商业 [M]. 北京：机械工业出版社, 2019.
[16] 韩永发. 重构：所有生意都值得重做一遍 [M]. 北京：中华工商联合出版社, 2019.
[17] 罗伯逊, 布林. 乐高：创新者的世界 [M]. 田琴华, 译. 北京：中信出版社, 2014.
[18] 蔺雷, 吴家喜. 内创业革命 [M]. 2版. 北京：机械工业出版社, 2020.
[19] 斯坦利·麦克里斯特尔, 等. 赋能：打造应对不确定性的敏捷团队 [M]. 林爽喆, 译. 北京：中信出版社, 2017.
[20] 黄天文. 引爆用户增长 [M]. 北京：机械工业出版社, 2018.
[21] 加里·哈默. 未来公司的挑战：管理者必须回答的5大问题 [M]. 宋强, 译. 北京：机械工业出版社, 2020.
[22] 史雁军. 数字化客户管理：数据智能时代如何洞察、连接、转化和赢得价值客户 [M]. 北京：清华大学出版社, 2018.
[23] 张明明. 数据运营之路：掘金数据化时代 [M]. 北京：电子工业出版社, 2020.
[24] 陈雪频. 一本书读懂数字化转型 [M]. 北京：机械工业出版社, 2020.
[25] 权五铉. 战略定力 [M]. 李民, 译. 南京：江苏凤凰文艺出版社, 2020.
[26] 埃里克·莱斯. 精益创业2.0 [M]. 陈毅平, 译. 北京：中信出版社, 2020.
[27] 陈劲, 郑刚. 创新管理：赢得持续竞争优势 [M]. 北京：北京大学出版社, 2018.
[28] 马丁·里维斯. 战略的本质 [M]. 王喆, 韩阳, 译. 北京：中信出版社, 2016.
[29] 加里·皮萨诺. 变革性创新 [M]. 何文忠, 桂世豪, 周璐莹, 译. 北京：中信出版社, 2019.